우리시대의 이념 갈등과 뿌리

우리시대의 이념 갈등과 뿌리

1판 1쇄 찍은날 2007년 1월 29일
1판 1쇄 펴낸날 2007년 2월 5일
지은이 이종호
펴낸이 오 명
펴낸곳 **쿠북**
등록 / 제 4-3 호(1971. 6. 21)
주소 / 143-701, 서울시 광진구 화양동 1번지 건국대학교출판부
전화 / (02)450-3891~3
팩스 / (02)457-7202
홈페이지 / http://press.konkuk.ac.kr
e-mail / press@konkuk.ac.kr
책임편집 / 이지은
찍은곳 이호문화
정가 11,000 원

ISBN 978-89-7107-460-2 03340

이 도서의 국립중앙도서관 출판시도서목록(CIP)은 e-CIP 홈페이지(http://www.nl.go.kr/cip.php)에서 이용하실 수 있습니다.(CIP 제어번호: CIP2007000254)

우리시대의 이념 갈등과 뿌리

이종호 지음

쿠북

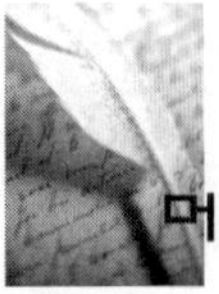

머리말

현실과 밀접한 관련을 가진 이데올로기적 사상은 어디까지나 생활의 유용한 도구가 되어야 한다는 것이 이 책에서 일관되게 주장하는 관점이다. 그 같은 입장에서 건국 이후 한국을 이끌어 온 민주주의 · 자본주의 · 민족주의 · 반공주의를 정치사 중심으로 살펴보았다. 정부와 민간 부문이 서로 대립, 갈등 혹은 협조도 하면서 오늘에 이르기까지의 과정과 앞으로의 방향을 모색해 본 것이다.

이들 사상에 대하여서는 개별 혹은 전체적인 면에서 그동안 연구 활동이 있어 왔다. 특히 이른바 좌파 계열 학자들의 활동이 활발했던 것은 이미 알려진 사실이다. 그들은 다양한 이론을 대입해 보면서 한국의 기존 체제를 이끌어 온 민주주의 · 자본주의 · 민족주의 · 반공주의를 그 내용에서 가차 없이 비판한 바 있다. 그러나 그들은 상당히 편향된 시각을 보여 주고 있어 적지 않은 문제점을 드러내 온 것도 사실이다.

우파로 분류될 수 있는 학자들에게서도 민주주의 · 자본주의 · 민족주의 · 반공주의에 대한 분석과 논의가 물론 있었다. 그러나 좌파 학자들의 맹렬한 공격 앞에 얼마나 설득력 있는 이론적 방어벽을 세웠는지에 대하여서는 아쉬운 감이 없지 않다.

민주주의 · 자본주의 · 민족주의 · 반공주의는 그동안 거의 일방적으로 비판만 받아왔다고 해도 과언이 아니다. 나는 오래전부터 좀 더 중립적인 입장에서 이에 대한 논의를 전개하고 싶었다. 그리하여 이들 사상이 우리의 생활을 위해 앞으로 어떻게 전개되어야 할 것인가에 대하여서도 모색을 해 볼 생각이었다. 이 책은 바로 그러한 노력의 결실이라고 할 수 있다.

이 책에는 적지 않은 허점과 잘못도 있을지 모르겠다. 그러한 점에 대하여서도 독자들의 솔직한 비판과 조언이 있었으면 하는 마음을 가지고 있다. 끝으로 이 책이 나올 수 있도록 애써 주신 출판사 쿠북 여러분에게 고마움을 전하고 싶다.

2006년 12월

저 자

차 례

2 갈등 속 사상의 전개 과정

3 과도기의 사상 변화

4. 탈기존 단계에서의 사상

서론

민주주의 · 자본주의 · 민족주의 · 반공주의가 과거에 그랬듯이 앞으로도 생활에 독소가 되거나 족쇄로 작용할 가능성이 없지 않다. 그 문제점을 제거하고 유용성을 높이도록 해야 할 터인데, 어떻게 하면 될 것인가?

우리가 여기서 보고자 하는 사상은 1948년의 건국 이후 현재까지 한국을 움직이고 있는 사상을 말한다. 더 구체적으로 말한다면 이 기간 동안에 직 · 간접으로 한국인들의 공동 생활에 실제적으로 많은 영향을 미친 사상, 즉 이데올로기 차원의 사상을 가리킨다. 내용으로 볼 때 사상에는 현실과 별 상관없이 고답한 지적 탐구의 목적으로 이루어지는 것도 적지 않다. 그러한 사상들도 궁극적으로는 인간의 현실 생활과 무관하지는 않겠지만, 직접 관련은 없으므로 여기에서는 논의하지 않기로 한다.

이 글은 사상을 인간 생활에 필요한 하나의 도구로 보는 관점에서 출발한다. 그리하여 건국 이후 한국에서 어떤 사상들이 어떻게 사용되어 왔으며 앞으로 어떻게 사용되어야 할 것인가를 논의해 보려는 데 목적을 두고 있다. 그를 위해 이론도 보겠지만 특히 사상의 실천 면에 관심을 가지려고 한다. 이론의 정밀함과 타당성도 중요하지만, 실천 과정에서 그것이 올바르게 구현되지 않는다면 이론이 추구하는 바도 잘못되거나 의미가 감소될 수 있다고 보기 때문이다.

논의의 시점을 1948년의 건국으로 잡는 데는 이유가 있다. 일제로부터의 해방 이후 한국인들이 주체적인 차원에서 자신들의 삶을 논의하고 만들어 갈 수 있게 된 것이 이 때부터라고 보기 때문이다. 건국에 즈음하여 제헌 헌법을 만들면서 한국인들은 국가를 단위로 하는 공동의 삶에서 사상적인 방향을 정립하게 되었다고 볼 수 있는 것이다.

미군정하에서도 좌우익의 대립과 합작 등 사상적인 움직임이 없지는 않았다. 그러나 그것들은 건국에 따른 구체적 자기 현실화의 양상을 띠지는 않았다. 논의와 움직임은 있되 국가라는 조직 단위에서의 현실적 삶과 그대로 연결될 수 있는 차원은 아니었다는 말이다. 건국과 더불어 정치, 사회, 경제, 문화 등 여러 방면의 토대가 마련됨으로써 비로소 그와 관련된 사상의 방향을 논의할 의미를 갖추게 된 것이다. 이는 사상과 현실이 긴밀한 일체화를 이루고 있다는 것을 알 수 있다. 이미 말했듯이 사상 없는 현실, 국가를 단위로 하는 사회 현실과 동떨어진 사상을 이 책에서는 논의하지 않기로 한다.

오늘날 국가의 기능은 다국적기업(MNC), 정부간기구(IGO), 비정부기구(NGO) 등에 의해서 그 절대적 권한이 상당히 축소되고 있다. 정치, 경제, 노동, 보건 등 여러 분야에서 그러한 경향을 확인해 볼 수 있는 것도 사실이다. 그래서 국가 중심의 사고를 새로운 사고로 대치해야 한다는 주장도 제기되고 있으며,[1] 시민사회에 대한 인식이 커지면서 국가를 넘어 사회를 강조하는 이론이 강화되고 있는 면도 있다. 분명 국가에 포함되지 않을 수 있는 사회 부문이 있고, 또한 그것의 자율성이 존중되어야 할 필요성을 부인해서는 안 된다. 그러나 어떤 경우에도 아직 국가는 우리의 삶에 최대의 영향력을 행사하고 있는 관리 조직체이며 조만간 이러한 상황이 크게 바뀔 가능성도 없어 보인다. 또 주권국가를 넘어서는 새로운 세계화의 조직이 가능하다 하더라도 현존하는 각각의 국가를 그냥 넘어서는 식으로 갈 수는 없을 것이다. 어떠한 사상도 그것을 가장 현실적으로 구현하는 조직체로서의 국가를 아직은 무시할 수 없다는 말이다. 한국 사상이라는 이름의 사상이 논의될 이유와 당위성은 그래서 당연히 존재한다.

크게 볼 때 건국 이후 네 가지의 주요 사상이 한국을 이끌어 왔다. 정치에서의 민주주의, 경제에서의 자본주의, 그리고 민족주의와 반공주의가 그것인데, 이들 중 앞의 세 가지는 건국 이전부터 이미 한국인들의 생활과 의식 속에 미약하나마 자리 잡고 있었다. 그리고 반공주의를 불러온 공산주의 사상도 1920년대부터 한국인과 만나게 된 만큼 그 역사는 짧다고 할 수 없다. 건국과 더불어 이들 사상은 한국인들의 삶에서 구체화되어 현실적으로 지표를 제시하고 권력을 매개로 하여 심한 통제도 해 왔다. 법 논리로만 본다면 이들 사상은 보다 나은 삶을 추구하는 인간의 보편적 욕구에 기초하여 한국인들이 스스로 택한 것이다. 민주주의 · 자본주의 · 민족주의 · 반공주의가 정신과 물질 면에서 보편적 인간으로서의 자신들이 바라는 삶의 욕구를 가장 잘 충족시킬 수 있는 사상이라고 판단해서 한국인들이 택한 것으로 볼 수 있다는 말이다.

합의적으로 이들 사상을 선택한 이후, 한국인들은 실천 과정에서 많은 논의와 운용상의 여러 시행착오를 거치면서 오늘에 이르러 왔다. 그것은 크게 볼 때 정부와 민간을 양대 부문으로 하여 이들 사상의 타당성 내지 도구적 유용성을 높이기 위하여 때로 투쟁도 하면서 노력해 온 과정이라고 할 수 있다. 이 같은 예는 1970~80년대의 민주화 과정에서 전형적으로 볼 수 있겠거니와 그러한 흐름을 우리가 맞닥뜨려왔던 현실을 통하여 살펴보고자 한다.

이들 사상에 대한 정부의 입장과 태도, 그리고 이와 관련하여 나타나는 국민 내지 사회 구성원들의 반응과 이론의 모색은 보다 나은 삶을 꾸리려 했다는 관점에서 함께 보아야 할 것이다. 이러한 관점은 정부에 대한 일방적 비판에 머물기 쉬운 행태를 지양하고 궁극적으로는 공동체적 삶의 질을 높이는 데 주목적이 있다. 이런 사상의 변천을 살펴보는 방법으로 필자는 정부의 경우 법제와 정책, 지도자의 담화, 저술, 정치 활동 등을 통해 나타나는 국가 차원의 자료를 검토함으로써, 그리고 민간의 경우는 언론이나 집단적 행동을 통해 볼 수 있는 국민들의 의사 표시를 자료로 삼았다. 이 과정에서 개인들의 사상적인 면모도 필요에 따라 논의될 수 있을 것이다.

그러나 위에서 언급한 네 가지의 사상은 따로 분리해 보지 않는 게 좋을 듯싶다. 한국의 건국과 더불어 그것들은 한국인의 현실적 삶을 위해 함께 받아들여진 것으로서, 민주주의를 중심으로 하여 각 사상들 간에 많은 관련을 맺어왔기 때문이다. 뒤에서 차차 보게 되겠지만 민주주의와 반공주의, 또 이들 사상과 민족주의 사이에는 상당한 관련이 있다. 자본주의도 이러한 연관에서 벗어나 있지 않다. 그러므로 각 사상을 별개로 보지 않고 시대 구분에 따라 상호 관련된 입장에서 살펴보고자 한다. 또 이 글이 지역적으로는 한반도의 남쪽에 수립된 대한민국의 사상을 주로 해서 논의하는 것이지만, 필요에 따라 북한의 사상적 움직임도 곁들여 언급하게 될 것이다. 현실적으로는 분단되어 있더라도 사상 면에서는 될 수 있는 한 통일의 관점에서 그 방향을 추적해 보고 싶은 의도가 있기 때문이다. 궁극적으로 이루어질 통일을 대비하는 사상의 준비 작업이라는 차원에서도 그것은 어느 정도 의미가 있으리라고 생각된다.

민주주의 · 자본주의 · 민족주의 · 반공주의는 그 체제 이념으로서의 성격에 비추어볼 때 조선 시대의 유교가 그러했듯이 정치사적 변동과 아주 긴밀하게 연관되어 있다. 그들 사상이 정치 현실을 통해 나타나고 또 변화를 촉진하는가 하면 일단 변화된 현실 위에서 사상이 변화해 가는 양상도 볼 수 있다. 사상과 현실의 이 같은 상관관계에 유의하면서 건국을 포함한 정치사적 주요 변화에 따라 한국의 사상 흐름과 앞으로의 방향을 논의해 갈 것이다.

그래서 다음과 같은 구분을 해 보았다.

■ 건국의 사상과 그 초기 양상

여기에서는 1948년 대한민국 건국으로부터 한국전쟁을 거쳐 이승만 정권의 통치가 끝나게 되는 4·19 혁명 때까지를 다룬다. 제헌 헌법을 주로 해서 본 건국의 사상적 지표, 한국전쟁으로 빚어진 사상의 변화, 이승만의 정치 행태와 관련된 1950년대의 사상적 실상과 4·19 혁명의 내용 및 그 후의 사상 흐름까지 살펴보게 된다.

■ 갈등 속의 사상

1961년 5·16에서 1987년 6월까지의 기간이 여기에 해당되는데, 다시 전·중·후기의 세 단계로 나누어 보게 된다. 즉, 5·16에서 10월 유신 이전까지와 유신 체제의 성립 이후 10·26까지, 그리고 그 이후부터 1987년 6월까지의 시기가 그것이다.

전기에는 5·16의 사상적 의미, 경제 개발과 국민교육헌장, 그리고 3선 개헌 및 정부 비판 세력의 반정부론을 중심으로 보게 된다. 그리고 중기에는 유신 체제의 성립, 지식인들의 반응 및 민주화 투쟁 과정을 보기로 한다. 후기에는 민주주의와 반공 사상의 시련, 좌파의 등장과 그들의 투쟁 양상 및 그에 대한 반론, 그리고 6·29의 사상적 의미를 중심으로 논의가 이루어진다.

■ 과도기의 사상 흐름

여기에서는 1987년 후반~1997년 후반까지를 보게 되는데, 내용에서는 과도기의 양상, 민주 정치에서의 정통성과 효율성 문제, 반공 사상의 변화 및 외환 위기를 중심으로 본다. 이 시기는 이른바 6·29 선언에 입각한 '87년체제'의 구체화라는 관점에서 바라볼 수 있는 때이다. 또 1997년의 외환 위기에서 드러났듯이 종래의 보수적 체제가 전환을 강요당했다는 점에서도 관심을 요하는 시기이다.

▣ 탈기존 단계에서의 사상 변화

자타가 통칭하는 '진보'의 이름으로 나타나는 1998년 이후의 사상 흐름을 여기서는 보고자 한다. 이른바 좌파 성향의 사상적 변모를 보게 되거니와, 좌파의 집권과 그로 인한 현실의 변화 모습으로 나누어 보게 된다. 이 때는 남북 관계에서 상당한 진전이 이루어지는 시기로, 2000년대에 들어서면서 좌파 노선이 사상의 흐름을 주도한다는 점에서 그 이전과 구분지어 볼 필요가 있다. 특히 반공주의에서의 동요와 변화가 이 시기에 특징을 이루고 있어 관심을 가지게 한다.

이처럼 여기에서 추적해 보는 사상의 흐름, 그러니까 민주주의・자본주의・민족주의・반공주의의 변동은 주로 정치적 차원에서의 시대 구분에 따라 이루어진다. 구분이 너무 미세한 면이 있고, 정치의 변동에만 치우친 감이 있는 것이 단점으로 지적될 수도 있겠다.

미세하다는 지적에 대하여서는 건국 이후 불과 60여 년의 역사를 가진 한국 사상을 보는 입장이라는 사실을 환기(喚起)시키고 싶다. 거시적으로 보기에는 역사가 너무 짧기 때문에 가능한 대로 작게 구분해서 볼 수밖에 없었다는 말이다. 또 정치의 변동에만 치우친 점에 대하여서는 국가 사회에 대한 정치의 통합 기능이나 정치가 사상의 흐름에서 가장 커다란 역할을 해 온 한국사의 전통을 말하고 싶다. 예컨대 조선 시대에서도 배불숭유나 주자학 우위의 흐름, 실학의 탄생과 성장, 그리고 개화 사상 등이 정치적 변동과 아주 밀접한 연관하에 이루어졌다. 정치가 이들 사상 흐름의 유일한 원인은 아니지만 가장 큰 영향을 미쳐 왔으며, 이것이 하나의 전통으로 지금도 나타나고 있다고 볼 수 있다. 더구나 이미 언급했듯이 이들 사상이 가지는 체제 이념으로서의 성격에 비추어 보더라도 그 흐름을 정치 변동과 관련지어 보는 데 무리는 없다고 본다.

생활 도구로서의 민주주의·자본주의·민족주의·반공주의는 한국인들에게 반드시 유용한 작용만을 하지 않았고, 앞으로도 그러할 가능성은 여전히 있다. 경우에 따라서는 과거에 그랬듯이 생활에 독소가 되거나 족쇄가 될 가능성도 없지 않다. 어떻게 하면 이 같은 문제점을 제거하고 타당성 내지 유용성을 높일 수 있을까? 이러한 물음을 전제로 하여 위의 네 가지 사상에 대한 이제까지의 흐름을 고찰하고 앞으로의 전망과 사상적 방향도 모색해 보고자 한다.

사상이 타당성과 유용성을 가지려면 뜻하는 바의 긍정성과 책임성, 그리고 이론적으로 타당할 것이 요구되지만, 그것을 현실에 적용하고 생활하는 인간의 마음도 순수할 것이 요구된다. 감성과 이성이 중립적으로 작동하는 마음, 거기에서 나오는 올바른 인식이 동반되지 않으면 아무리 좋은 사상도 생활에서 족쇄와 구속이 될 뿐이다. 이러한 결과를 방지하기 위해 민주 국가의 경우 복수 정당제와 함께 언론, 출판, 집회, 결사의 자유 등 헌법상의 제어 장치를 마련해 놓고 있다. 사상이 실천 단계에서 교조화되어 인간의 삶에 유용하기는커녕 오히려 생활에 해로운 정신적 도구가 되는 것을 방지하기 위한 조치인 것이다.

그럼에도 불구하고 한국의 경우 정부가 국가권력을 내세워 이러한 자유를 억압하면서 사상에 대한 해석과 변조, 운용을 자의로 한 면이 적지 않다. 그리하여 한국의 현대 사상사는 이에 대한 민간 부문에서의 투쟁을 빼고는 논의될 수 없을 정도이다. 그만큼 사상이 족쇄이자 독소로서 폐해를 끼친 면이 적지 않았다는 얘기도 될 것이다. 우리는 이 점에 대하여서도 관심을 가지고 위의 네 사상을 토대로 하는 한국의 사상 변화를 보아야 할 것이다.

인간이 불완전한 만큼 그의 정신적 소산인 사상도 완벽하기는 어렵다고 본다. 그 요인 중의 하나가 인간의 편향된 인식에서 비롯되는 것은 물론이다. 그러므로 사상에서 편향적 인식을 제거하는 것은 일상에서 늘 해야 하는 청소처럼 어느 때나 요구되는 과제라고 할 수 있다. 과거, 현재, 그리고 미래를 잇는 관점에서 민주주의 · 자본주의 · 민족주의 · 반공주의의 흐름을 살피면서, 그에 가해진 정부와 민간에서의 편견, 과오, 잘못된 인식과 비판의 그림자를 걷어내는 일은 그래서 중요시되지 않을 수 없다.

자기가 믿는 사상에 대한 아집과 반대하는 사상에 대한 인간의 가혹한 편견은 때로 놀라울 정도이다. 실천을 통해 사상의 진리성을 검증하려는 입장이 더러 있지만 그 경우에도 이러한 아집과 편견을 극복하지 못한다면 올바른 검증 결과를 얻어낼 수 없을 것이다. 내가 믿는 사상과 반대하는 사상에 대한 겸손함과 관용의 마음 자세가 학문적 논의에서도 확보되어야 한다. 겸손한 마음에서는 절대성을 주장할 수 없고, 관용의 마음에서는 일방적으로 다른 것을 부정하는 태도를 가질 수 없을 것이다. 사상의 옳고 그름을 판단하고 비판하기 이전에 이러한 마음 자세가 먼저 있어야 한다고 본다. 사물에 대한 인식에서는 논리적 타당성도 중요하지만 도덕적인 정당성도 그에 못지않게 중요하다는 사실은 새삼스러운 일이 아니다. 필자는 최대한 이러한 입장에 서도록 노력하면서 논의를 전개하고자 한다.

1

건국의 사상과 그 초기 양상

건국의 이념들

한국인들은 민주주의, 자본주의, 민족주의, 반공주의가 정신과 물질 면에서 보편적 인간으로서의 자신들이 바라는 삶의 욕구를 가장 잘 충족시킬 수 있는 사상이라고 판단해서 건국의 사상으로 선택하였다.

민주적인 정치 원리 채택

1948년 8월 15일에 건국된 대한민국은 제헌 헌법에서 민주주의・자본주의・민족주의・반공주의의 입장을 천명하였다. 한국인이 나아가고 추구하며 살면서 지켜 가야 할 사상의 진로를 설정한 것이다. 조선 시대의 유교 이후 한국인들은 비로소 국가를 단위로 하는 그들의 사상을 다시 정립하였다고 볼 수 있다.

제헌 헌법의 전문에 보면 '민주 독립 국가'를 재건한다고 했으며, '민주주의 제 제도'를 수립한다고 했으므로 민주주의가 건국의 사상으로 채택된 것을 알 수 있다. 헌법 본문의 각 조문에서도 근대 이후 문명 사회가 이룩해 놓은 민주주의의 여러 원칙을 규정함으로써 이를 구체화하고 있기도 하다. 즉, 신체의 자유(제9조), 거주・이전의 자유와 주거의 침입을 받지 않을 권리(제10조), 신앙과 양심의 자유(제12조), 언론・출판・집회・결사의 자유(제13조), 학문과 예술의 자유(제14조)를 규정하고 있는 것이다. 교육을 받을 권리(제16조), 남녀 동등권(제20조), 청원권(제21조) 등을 규정하여 권리를 보호하고 있기도 하다. 또 국민의 선거권과 주권에 대한 규정(제25조 및 제27조), 대통령을 수반으로 하는 행정부와 별도로 입법권을 가진 국회(제31조), 사법권을 가진 법원(제76조)에 관한 규정을 둠으로써 삼권 분립의 원칙을 구현하고 있다.

뒤에 헌법이 여러 차례 개정되면서 민주주의의 원칙들이 더욱 세밀하게 규정되지만, 이상의 내용만으로도 건국에 즈음하여 한국인들이 합의적으로 추구한 민주주의의 수준은 결코 낮은 게 아님을 알 수 있다.

민주주의 국가를 세워야 한다는 국민의 뜻이 이때 비로소 나타난 것은 아니다. 기미 3·1 독립 운동 후 중국 상해에 세워진 대한민국의 임시 헌장에서도 제1조에 민주 공화제를 채택한다고 선언한 바 있다. 그리고 제3조와 제4조에서는 각기 남녀·귀천·빈부의 계급적 차이가 없는 평등과 언론·저작·출판·결사와 집회·주소 이전 및 신체의 자유 등을 규정하고 있다. 실제로 영토와 국민을 가진 정식의 국가는 아니었으나, 민주주의를 건국의 사상으로 삼았던 것인데, 제헌 헌법의 전문에서 이것의 계승을 명백히 하고 있는 것이다. 즉, '기미 3·1 운동으로 대한민국을 건립하여 세계에 선포한, 위대한 독립 정신을 계승'한다고 밝혔던 것이다.

일부에서는 건국의 기틀이 된 1948년의 5·10 총선에 김구 등 남북 통일 국가 수립을 주장하던 이른바 민족주의 세력이 참여하지 않은 사실을 들어 제헌 헌법이 제시한 국가 이념에 대한 국민적 합의가 부족했던 것으로 본다. 그러나 김구 등이 일제 식민지하 대한민국 임시 정부의 주축이었던 점을 생각할 때, 그들의 입장도 건국의 사상 중 하나로 민주주의가 채택된 것에 대하여서는 별다른 이의를 가지지는 않았으리라 본다. 다만 한반도에 거주하던 한국인 전체의 의사로 합의된 것이 아니라고 한다면 그 말은 타당성이 있다. 북쪽의 한국인들은 분단이란 현실적 여건으로 인해 처음부터 여기에 참여할 수 없었기 때문이다.

광복 후 한국이 민주주의의 제도화를 이루는 데는 군정을 담당했던 미국의 영향도 컸다. 그들은 구일본 영토였던 한국에 군대를 주둔하면서 사실상의 국가 운영자 역할을 담당하였다. 미국은 그들의 헌법 전문에서 "우리들과 우리들의 자손에게 자유의 축복을 확보하기 위하여(secure the blessings of liberty to ourselves and our posterity)" 합중국 헌법을 제정한다고 선언한 국가이다. 이처럼 자유를 축복으로 받아들이는 미국인들의 민주주의 정신이 제대로 그것을 생활할 줄 모르던 한국인들에게 제헌 헌법을 통해 스며들게 된 것이다.

그러나 건국 과정에서 다수의 한국인들이 비판적 입장에서 민주주의를 이해하고 수용할 능력이 있었다고는 보기 어렵다. 그들은 거의 수동적인 입장에서 주어진 절차에 따라 민주주의를 자신들의 이념으로 받아들였다. 따라서 건국 이후 민주주의의 토착화 과정에서 많은 시련이 있게 된 것은 이미 충분히 예상되는 일이었다.

자본주의로 경제의 기틀 마련

제헌 헌법은 경제 면에서 자본주의의 입장도 명확히 하였다. 제헌 헌법 제15조에서는 개인의 재산권을 보장한다고 하였으며, 그것의 수용, 사용 또는 제한에는 법률에 따라 보상을 지급한다고 하였으므로 자본주의의 원리 중 하나인 사적 소유를 인정한 셈이 된다. 여기에서 중요한 것은 보상이 이루어진다는 점에 있다. 1948년 9월 9일에 제정된 '조선 민주주의 인민 공화국 헌법'(북한 헌법)에도 토지의 개인 소유(제6조)와 개인 재산의 상속을 법적으로 보장한다(제8조)고 하여 얼핏 보면 사유를 인정하는 것처럼 보인다. 그러나 여기에서는 개인 재산에 대한 보상 규정이 없다는 점에서 실질적으로 사유를 부정하고 있는 것으로 보아야 한다. 이로써 보더라도 남북한은 출발에서부터 전혀 다른 체제였음을 알 수 있다.

또 제헌 헌법 제18조에서는 '영리를 목적으로 하는 사기업'과 관련된 규정이 있어 이 또한 자본주의의 원리 중 하나인 영리도 인정한 것을 알 수 있다. 사유와 영리는 제헌 헌법이 이미 존중하고 있는 자유 없이 이루어질 수 있는 것이 아니다. 더구나 그 제84조에서는 '경제상의 자유'를 밝혀 적고 있음을 볼 때 한국인들은 자유, 영리, 사유라는 자본주의의 세 가지 원리를 빠짐없이 받아들인 것이 된다.

그런데 제헌 헌법 제87조에서는 "대외 무역은 국가의 통제하에 둔다."고 하여, 이 부문에서는 경제 활동의 자유에 제한을 가하고 있는 것으로 생각된다. 유진오(兪鎭午)는 『헌법해의』(憲法解義)에서 이것은 국가가 일정한 계획하에 무역을 하되 개인의 자유 활동을 전혀 허용하지 않는 것도 아니라는 해석을 내리고 있다.[1] 즉, 대외 무역에서 국가의 계획이 있지만, 그것이 개인의 경제 활동이라는 자본주의적 근간을 해치는 것은 아니라는 말이다.

그러나 그의 말은 무역에서 사회주의적인 계획 경제를 인정하는 것이 아닌가 하는 의구심을 주는 등 명확하지 못한 면이 있다. 생각건대 헌법의 이 규정은 국내의 경제 활동과 다른 대외 무역의 특성에 비추어 국익을 보호하고자 하는 차원에서 나온 것으로 보인다. 국가의 계획에 따른다기보다 국가의 관여로 보는 것이 이 규정의 취지를 해석하는 데 더 적절하지 않을까 싶다. 대외 무역이 상당히 커진 이후에도 국가의 관여에 관하여서는 헌법에 계속 규정되고 있었다는 사실이 그와 관련해 참조될 만하다. 즉, 1987년에 개정된 현행 헌법 제127조에서도 대외 무역의 육성을 표방하면서 그러나 "이를 규제 · 조정할 수 있다."고 하였다.

이로써 볼 때 경제 면에서 자본주의를 받아들인 건국의 사상에 별다른 이의를 제기할 여지는 없다고 본다. 이승만이 초대 대통령으로 취임하면서 한 연설문에서 "기업 활동에서 개인의 창의와 경제 활동의 자유를 보장"할 것을 밝힌 사실도 이를 뒷받침한다.[2]

1950년 6월 10일에 상공일보가 주관했던 〈무역진흥 좌담회〉에서 당시 상공부 상역 국장이었던 박충훈이 한 말에서도 한국의 건국 시기의 경제 사상이 사회주의적인 계획 경제가 아님을 확인할 수 있다. 박충훈은 정부의 무역 정책이 "자유 경제와 반대되는 경향으로 나가지는 않을 것"[3]이라고 밝혔다. 또 같은 좌담회에서 주최측은 자립 경제와 수출 진흥이 한국 경제의 시급한 과제임을 말하였고, 좌담자 중 상공부 차관은 공업의 발달을 통한 수출의 진흥을 언급하고 있어 후에 나타난 한국 자본주의의 대외 지향적 발전 방향이 이 때부터 이미 정부와 국민 사이에 존재하였음을 알게 해 준다.

제헌 헌법 제87조 제1항에서 "운수, 통신, 금융, 보험, 전기, 수리, 수도, 가스 및 공공성을 가진 기업은 국영 또는 공영으로 한다."고 규정한 내용은 상당히 사회주의적인 성향을 드러낸 것으로 보일 수 있다. 그러나 이는 민간 경제가 아직 유치한 단계인 것을 감안한 규정이라고 해야 할 것이다. 중요한 것은 경제의 근본 원리가 어떻게 이루어지느냐이며, 이 점에서 한국은 건국과 더불어 자본주의를 채택한 것에 의심이 있을 수 없다.

일부 학자들은 한국 자본주의가 봉건적 사회 관계를 자체적으로 극복하지 못하고 제국주의 세력에 의해 강제적으로 세계 자본주의 체제에 편입된 것으로 보는 경우가 있다.[4] 이러한 견해가 일면의 타당성이 없는 것은 아니지만 편입을 강제적인 것이라고 한다면 이는 지나친 감이 있다. 한국인은 경제 사상 면에서 건국 이전부터 이미 자본주의를 수용하는 모습을 보이고 있다는 점에서 우선 그렇게 말할 수 있다.

자본주의의 원리에 속하는 경제상의 자유와 영리는 19세기 말에 이르러 전근대적인 상업 제한의 완전한 철폐(정부의 허가를 받은 상인들이 여타 상인들의 상행위를 금지할 수 있는 권한인

禁難壓權의 완전 철폐)로 본격화되었다. 그리고 1946년에 작성된 대한민국 임시 정부의 「대한민국 건국 강령」에서도 그 점을 확인할 수 있다. 여기에 나타난 경제 사상은 조소앙의 삼균주의(三均主義)에서 나온 것인데, 토지의 국유화 등과 더불어 정치, 교육과 함께 경제에 대한 각인의 권리를 균등하게 할 것을 표방하고 있다. 여성에게도 경제 생활에서의 평등을 규정하고 있어 경제적 자유가 널리 인정되고 있음을 알 수 있다. 더구나 노동권과 더불어 사회 각 조직에 가입하는 권리도 인정함으로써 노조의 설립 자유까지도 허용하는 등 자본주의의 근간을 받아들이고 있음을 볼 수 있다.[5] 이들 내용은 미국과 대립적인 입장을 가지고 있던 김구를 정점으로 하는 임정 세력이 환국 후 주장한 것이라는 점에서 더욱 의미가 있다. 친미뿐만 아니라 그 반대 세력에 의해서도 자본주의가 신생 대한민국이 가야 할 사상 노선으로 천명되고 있었던 것이다. 그러니까 제헌 헌법에서의 자본주의는 사상적으로 연원이 있는 자발성의 기초 위에서 채택된 것으로 보아야 한다. 주둔국인 미국의 영향이 컸다고 해도 그들에 의해 자본주의가 강요되는 식으로 한국이 세계 자본주의 체제에 편입된 것이라고는 할 수 없다.

그러나 한국 자본주의는 자립 상태로 출발하지를 못하였다. 1948년 12월에 체결된 한・미 원조 협정(흔히 'ECA 협정'으로 불림)에 따라 재정, 무역, 투자, 물가 등 경제 여러 부문에 걸쳐 미국의 후견을 받게 된 것이다. 이 협정에는 미국이 필요로 하는 한국산 지하 자원의 미국에 대한 우선적 판매, 미국쪽 원조 사업

종사자에 대한 외교적 특권, 그리고 기계 시설 및 원자재 등 미국의 원조 물자에 감사의 표지를 부착하도록 하는 내용까지 포함되었다.[6] 이 원조는 '마셜 계획'으로 불리는 유럽부흥원조계획이 그대로 한국에 적용된 것이어서 미국의 세계 전략과 맞물려 있는 것임을 알 수 있다. 미국으로서는 유럽에서와 마찬가지로 한국의 경제를 도와줌으로써 반공 체제를 강화하고, 자국의 경제와 연관성을 갖는 시장 경제를 정착시키려 했다고 보아야 한다. 한국 자본주의의 대외 의존성 내지 종속성에 대한 사상적 논란은 바로 이런 점에서 이미 싹트고 있었던 셈이다.

한국 자본주의는 건국과 더불어 노사 관계에서 선진적 제도의 틀을 마련하였다. 예컨대 제헌 헌법 제18조에서는 근로자의 단체교섭・행동・단결이라는 노동 3권을 보장한다고 하였고, 영리를 목적으로 한 사기업에서의 근로자의 이익 균점권도 규정하고 있다. 노동자의 지위를 강화시켜 주겠다는 취지이었겠으나, 이것을 현실화하는 데는 이후 한국 자본주의의 중요한 과제로서 계속적인 노력을 요구하게 된다.

공통의 지향점으로서의 민족주의

건국의 사상으로 민족주의도 빼놓을 수 없을 것이다. 제헌 헌법의 전문에서 대한민국 임시 정부의 독립 정신을 계승한다고 했으며, "민족의 단결을 공고히" 한다고 했으므로 민족주의가 건국의 사상으로 채택되고 있음은 명확하다고 해야 한다. 1919년 중국 상해에 세워진 (임시의) 대한민국은 '민족 자존'을 표방한

3·1 독립 정신의 바탕 위에서 생겨난 것이고, 그 정치 강령에서도 민족의 평등을 강조하고 있는데, 제헌 헌법은 이의 계승을 선언하고 있는 것이다. 더구나 전문은 민족주의를 표방하면서도 "항구적인 국제 평화의 유지에 노력"할 것을 다짐함으로써 이념상 폐쇄적인 민족주의는 벗어나 있다고 해야 한다.

한국의 민족주의가 일제 식민지 지배에 대항하는 이데올로기의 성격을 가지면서 강화되었던 것은 누구나 인정할 수 있는 사실이다. 그리고 광복 이후에는 반탁 운동을 하는 과정에서 민족주의가 더욱 강화될 여지가 있었다. 외세의 신탁 통치 없이 단일 민족 국가를 건설해야 한다는 요구가 이때 강하게 작용하였던 것이다. 건국을 앞두고 남북 협상을 주도한 김구 등의 주장에서도 민족주의는 줄기차게 표출되고 있다. 남한만의 단독 국가 건설은 결국 통일적인 민족 국가 건설에 위배되는 것이라고 보아 김구 등은 이를 반대했던 것이다. 김구는 사회주의 내지 공산주의를 반대했지만, 민족 국가 건설을 위해 북한의 지배 세력과의 협상도 마다하지 않았던 것이다. 그리고 이러한 김구의 생각은 당시 다수 한국인들의 지지를 받기도 하였다. 그만큼 민족주의는 김구를 위시해 많은 사람들의 지지를 확보하고 있었던 것이다.

1948년에 이루어진 대한민국의 건국에서도 민족주의가 제외될 이유가 없었던 것은 분명하다. 민족주의란 한 민족이 자신들의 정체성을 확인하고, 통합을 이루려는 차원에서 언제라도 나타날 수 있는 것이라면 이는 자연스러운 일이기도 하다. 민족주의는 헌법에 밝혀져 있지 않더라도 단일 민족으로서의 한국에서는 배척할 이유가 없는 자생적으로 존재 가능한 사상이라고 할 수 있을 것이다. 문제는 그것의 실천적 구현이 말처럼 쉽지만은 않다는 데 있다. 건국 초의 친일파 청산이 미흡했다고 보아 과연 민족주의가 제대로 구현되었느냐 하는 문제도 그런 차원에서 제기될 수 있는 것이다. 이에 대하여서는 상반된 입장이 있을 수 있겠으나 중요한 것은 미시적인 몇 가지 사건만을 가지고 판단해서는 안 된다는 점이다.

해방 공간의 사상 대립 속에서 나온 반공주의

건국의 사상으로 반공도 유의해 보지 않을 수 없다. 공산주의를 반대하는 이른바 반공주의를 제헌 헌법에서 찾아보기는 어렵다. 제12조에서는 신앙과 양심의 자유를 허용하고 있으며, 제14조에서는 학문과 예술의 자유까지 인정함으로써, 공산주의에 대한 소신과 학문적 연구는 원칙적으로 허용되고 있는 셈이었다. 그러나 제28조에서 질서 유지와 공공 복리를 위해 필요한 경우에는 국민의 자유와 권리를 법률의 제정으로서 제한할 수 있다고 함으로써, 반공의 입법은 어느 정도 예견될 수 있는 것이었다. 더구나 남쪽에 단독 국가를 세운 것부터가 이미 북한의 공산주의와 대립적일 수밖에 없는 것이어서 이는 불가피한 일이었다.

건국의 시점에 반공주의가 입법으로 구체화된 것은 1948년 11월에 국회를 통과한 국가보안법의 제정에서 비롯되었다. 국가보안법은 오늘날 일부에서 악법으로 거론되기까지 하는데, 그 후의 부작용이 어떠하든지 간에 당초의 취지에는 설득력이 있었다. 같은 해 9월에 이른바 '조선 민주주의 인민 공화국'이 북한에 수립되었고, 역시 같은 해 10월에 공산주의자들이 주도한 여순 반란 사건이 발생하면서 이 법의 입법은 불가피했던 것으로 보인다. 사유 제도를 부정하고 계급에 의한 독재를 지향하는 공산주의 사상이 결국 어떠한 결과를 가져올 것인가는 후일의 역사적 결과가 아니라도 명백한 것이어서, 반공의 사상적 토대 자체는 비난할 일이 못된다. 마르크스의 고매한 이상에도 불구하고 공산주의는 이미 역사의 실패작으로 낙인찍힌 셈이 아닌가? 더구나 남북 분단의 상태에서 북한으로부터의 파괴 공작이 끊임없이 진행되고 있으므로 자위를 위해서도 불가피한 것이었다.

대한민국의 수립 자체가 이미 반공주의에 기초하고 있으며 한국인의 사상적 의지가 그것을 뒷받침하고 있다는 사실도 잊어서는 안 된다. 제헌 의원을 선출하는 5·10 총선에 공산 계열의 방해 공작이 치열했음에도 국민들의 뜻은 반공 국가의 수립으로 모아졌던 것이다. 좌파 학자들은 한국 현대사가 반공주의로 일관된 것으로 해석하고 그에 대하여 집중적인 비판을 한다. 그러나 건국 이후 반공주의가 아니었다면 대한민국은 민주주의의 실현이나 세계적인 주요 산업 국가로 성장하기도 어려웠을 것이다. 이것은 현재의 북한 현실을 볼 때 실증적인 설득력을 가지는 것으로 보아야 한다.

민족주의라는 입장에서 보더라도 반공주의는 그것이 가져온 일면의 부정적 작용에도 불구하고 한민족에게 긍정적 기여를 해 온 것으로 볼 수 있다. 국가 단위에서 민족의 생활을 향상시키고 자신감을 심어 주는 것이 민족주의에 기대할 수 있는 한 측면이라면 반공주의는 오히려 한국에 커다란 기여를 한 것이 틀림없다. 민족적 자긍심을 가질 수 있는 물질과 정신 면에서의 발전을 이루는 데 한국은 반공주의로부터 힘입은 바가 크기 때문이다.

한국전쟁과 사상의 변화

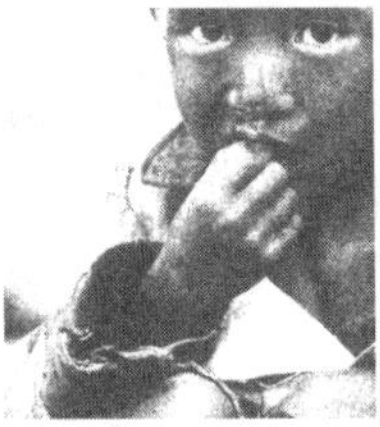

전쟁 중의 한국 국민들은 수동적으로 반공주의를 받아들였던 것이 아니다. 전쟁을 통해 얻어진 감정의 아픔과 체험적 학습, 그리고 국제 상황의 여러 조건 속에서 반공주의를 받아들였다고 할 수 있다.

민주주의는 시련을 맞고, 반공주의는 강화되다

흔히 6·25사변이라고 불려왔던 남·북한 간의 전쟁은 대한민국이 건국된 지 만 2년도 채 되지 않은 시기에 일어났다. 무릇 모든 전쟁은 인간 생활에 엄청난 파괴와 변화를 가져오거니와 한국전쟁도 여기서 예외가 아니었다. 경제에 엄청난 타격을 줌으로써 자본주의의 발전에 많은 지장을 초래하게 되었고, 정치 면에서도 민주주의가 어려움에 처하게 되었다. 이는 제도로서의 민주주의보다 난국 돌파의 권위적 지도력을 선호하는 국민적 감정이 쉽사리 조성될 수 있었다는 점에서 하는 말이다. 그렇지 않아도 유교의 권위적 생활 관념이 여전히 작용하고 있는 상황에서 그와 대조되는 철학을 가진 민주주의는 그 실천에 어려움을 만난 셈이다.

미국의 절대적인 지원하에 전쟁을 치를 수밖에 없게 된 상황에서 민족의 자존과 운명을 스스로 결정하는 데도 어느 정도 한계를 갖게 되었다. 미국은 전쟁 이전에도 한국의 인플레나 정치의 비민주성을 들어 원조 중단을 위협하는 등 지나친 관여를 해 왔는데,[7) 전쟁 중에는 그 정도가 더욱 심해졌다. 이로써 민족주의도 이 시기에는 정상적인 자기 자리를 잡기가 쉽지 않았다. 또 같은 민족이면서도 남북한이 전쟁을 치르게 된 상황은 그 자체가 민족주의에 배치되는 일이었고, 이 점에서는 외세를 업고 남침을 자행한 북한에 비난이 가해져야 할 것이다.

반면 전쟁을 통해 반공주의는 유례없이 강화되었다. 이러한 점은 국가의 정책적 노력뿐만 아니라 민간에서도 자연적으로 조성된 면이 있다. 정부로서는 북한의 전쟁 행위에 대하여 대내적 단결을 촉진하는 차원에서 반공주의를 강화하지 않을 수 없었다. 그리고 민간에서는 전쟁으로 혈육을 잃은 많은 국민들이 자연스럽게 북한에 대한 증오의 감정으로 반공적 입장을 가지기에 이르렀다. 제2차 세계 대전 후에 조성된 세계적인 냉전 체제의 영향도 여기에 작용을 한 것은 물론이다.

일부 학자들이 집중적으로 거론하는 극우 반공주의는 전쟁을 통해 정부와 민간 차원에서 불가피하게 조성된 측면이 강하다. 생존을 위한 무기로서 한국은 반공주의를 가지지 않을 수 없었던 것이다. 그것은 정부에 의해 수동적으로 국민들에게 주어진 것이 아니다. 전쟁을 통해 얻어진 감정의 아픔과 이성 작용으로 얻어진 체험적 학습, 그리고 세계의 상황적 조건이 합치되어 한국인들에게 깊이 주입된 면이 많다.

한국전쟁은 만 3년여에 걸쳐 계속되었다. 그동안 미국에 의한 경제 · 군사 원조는 막대하였고, 한 · 미 간에 동맹 관계를 맺어 놓음으로써 한국에 대한 미국의 영향력은 이후에도 지속되어 왔다. 그것은 미국이 가지는 민주주의와 자본주의, 반공적 입장 등이 그대로 한국에도 영향을 끼치게 되었다는 것을 의미하기도 한다.

이러한 점은 건국 이전에 미군정이 남한 지역을 통치할 때부터 사실상 있었던 것이다. 한국이 민주 공화제를 채택한 것부터가 미국의 존재를 배제하고는 생각하기 어려운 일이었다. 대한민국 임시 정부에서 자율적으로 민주 공화제를 이미 채택했던 것은 움직일 수 없는 사실이다. 그렇더라도 만일 소련의 영향하에 있었다면 1948년의 건국 과정에서 미국식 민주주의 정치 형태가 그대로 채택되기는 어려웠을 것이다. 실제로 북한에서는 소련식 정치 형태를 닮은 정부가 들어선 데서 이 점을 충분히 헤아릴 수 있다. 미국은 공산주의 세력을 저지하는 전략 차원에서 한국을 중시하였고, 대한민국이 미국과 같은 성공적인 민주 국가가 되기를 원하였다.

한국 정부도 민주주의를 해야 한다는 데에는 이의를 달지 않았다. 당시 이승만 정부는 자신들이 민주주의를 한다는 점을 강조하였으며, 공산주의를 반대하는 근거도 거기에서 찾으려고 하였다.

그러나 한국이 과연 민주주의를 정상적으로 하고 있었는지에 대하여 미국은 때로 부정적인 반응을 보였다. 전쟁 중이던 1952년 5월에 이승만 정부에서 이루어진 부산에서의 정치 파동은 그 이유를 명확히 말해 준다. 이 사건은 이승만이 간선제이던 대통령 선거를 직선제로 바꾸는 개헌을 기도함으로써 야기되었다. 그런데 그 과정에서 개헌을 반대하는 국회의원들을 헌병대로 연행하였고, 개헌안은 기립 투표로 가결되었다. 미국은 이 결과를 뒤집을 수는 없었으나 호의적으로 받아들일 수도 없었다. 민주주의를 제도적인 면에서 본다면 미국의 반응을 잘못되었다고 볼 수는 없다. 그리고 이러한 민주적 제도를 중시하는 입장은 이후 한국의 민주화 과정에서 투쟁의 중요한 동인(動因)으로 작용하기도 하였다.

그러나 이승만 자신은 다른 생각을 가지고 있었다. 그는 국회의원들보다 국민 전체의 의사가 중요하다고 보았기 때문에 국회에서 대통령을 선출하는 기존의 간선제보다 국민에 의한 직선제가 민주적이라고 보았다. 그의 권력욕과 무관할 수 없는 주장이라고 하더라도 국민 주권의 이념에 비추어볼 때 이 역시 전혀 부당한 말이라고 할 수 없다. 국회를 구성하는 각 정당들이 자신들의 이해 관계에 따라 국민의 의사를 그대로 반영할 수 없다고 본다면 더욱 그렇게 생각하지 않을 수 없다. 전쟁 중이던 1952년 8월에 이승만이 직선제에 의해 제2대 대통령으로 재선된 것은 국민 전체의 의사를 중요시하는 이승만의 주장을 뒷받침하는 결과가 되었다. 그러나 무리한 개헌을 통한 절차적 민주주의의 위배는 한국 민주화의 역사에서 선례로 남게 되었다.

정당 정치를 채택하는 민주 정치 제도에서 대의 기구인 국회의 의사와 국민 다수의 의사는 반드시 일치하지 않는 경우가 얼마든지 있을 수 있다. 여론을 무시할 수 없는 것이 정당이고 정당 정치이기는 하다. 그렇더라도 다수당이 수적 우위로 자신들의 당론을 민의로 왜곡할 수 있는 형식적 근거가 대의제 민주 정치에 있는 것도 사실이다. 또 집권당이 효과적인 홍보 기능을 통해 민의를 자신들에게 유리하도록 만들어 낼 가능성도 물론 있을 수 있다. 이러한 문제점들을 인정할 수 있다면 국민 전체의 의사를 중시하는 이승만의 입장도 그 나름대로 타당성을 가진 면이 없지 않다. 문제는 그것이 권력욕과 결부되어 독재로 가는 정치의 양상을 막을 수 없게 되었다는 사실이다.

주권자로서의 국민 다수의 자각과 판단이 중요한 것이지만, 그것이 역사가 요구하는 대세와 반드시 일치하지 않는 점도 인정되어야 한다. 쉽게 얘기하자면 국민들은 경우에 따라 역사적 대세를 모르고 사리와 양식에 맞지 않는 정치적 결과를 만들어 낼 수 있다는 말이다. 전쟁 중의 한국에서 민주주의를 확보할 수 있는 국민의 주권 의식은 아주 미약한 편이었다. 전쟁 중임에도 이승만이 국회를 자신의 뜻대로 마구 다루어도 민간에서의 자발적인 비판적 행동은 나타나지 않았다. 계엄이 실시된 탓도 있었지만, 민주주의에 대한 국민의 이해도가 아직은 낮았기 때문이라고 해야 할 것이다. 결국 민주주의는 정부, 더 정확하게 말하자면 이승만 개인의 자의적 판단에 따라 행해지게 되었다.

이렇게 된 데에는 전쟁이라는 상황적 요인도 물론 작용하였다. 국민들은 전쟁의 와중에서 생명을 보존하고 먹고사는 일에 온 신경을 쓸 수밖에 없는 상태에 있었다. 당시에 대부분의 국민들에게 정치적 비판이란 2차적인 관심사일 수밖에 없었다. 이로써 보면 전쟁이라는 특수 상황에서 싹을 튼 한국 민주주의의 문제점이 결국은 1960년의 4·19 혁명을 낳는 데까지 이르지 않았나 하는 생각도 든다. 그때 비로소 한국인들은 자각된 주권자로서의 의식을 행동으로 표출시킬 수 있었던 것이다.

구호 물자에 의존한 자본주의

미군정을 거쳐 건국 이후 일천(日淺)한 역사를 가진 한국 자본주의도 전쟁으로 정상적인 궤도를 달리기 어렵게 되었다. 정부는 당장의 전쟁 수행에 여념이 없었고, 민간 기업들은 국내외적인 영리 활동에 많은 제약을 받게 되었다. 막대한 물적·인적 손실이 발생하는 상황에서 누구나 당장 먹고사는 일이 급선무였다. 대량 생산을 가능하게 하는 공장 시설이나 조직화된 기업, 금융 기관, 그리고 이에 기초한 원활한 상품 화폐 경제의 반복적 순환 등 근대적 자본주의의 여러 양상은 이 시기에 저조할 수밖에 없었다.

그나마 한국 자본주의를 지탱하게 만든 버팀목은 미국의 군사 및 경제 원조였는데, 이것은 당장의 생계 해결을 주로 한 구호 수준이었던 것이다. 전쟁 중이라는 점을 생각하면 이것은 불가피한 것일 수도 있다. 그러나 그만큼 한국 경제의 정상화가 지연되는 결과를 가져왔다고 볼 수 있겠다. 이 시기에는 자본주의에 대한 민간에서의 제대로 된 인식도 전무한 편이었다. '잘 사는 나라' 미국에 대한 동경과 부러움이 당시 사람들의 생각을 전반적으로 지배하고 있었다고 보아도 과언이 아니다. 구호품을 통해 접하는 미국 자본주의에 압도당하는 정도의 소박한 수준에 머물러 있었던 셈이다.

그러나 이러한 가운데에서도 자본주의의 성숙을 위한 제도적 노력은 있었다. 1952년과 1953년에 근로기준법, 노동조합법, 노동쟁의조정법, 노동위원회법이 마련됨으로써 근로자의 권익과 노사 문제를 원만하게 해결하기 위한 조치가 있었던 것이다. 전시하에서도 헌법에서 규정하고 있는 노동자의 권익을 위한 입법을 하였다는 점에서 그 의의는 적지 않은 것으로 볼 수 있다.

반공주의로 민족주의를 보다

민족주의와 반공 사상은 전쟁을 통해 새로운 인식의 단계로 접어들게 되었다. 원래 김구 등 항일 민족주의자들은 해방 후 분단의 현실에서 민족주의를 강조하며 동족 상쟁의 불행을 우려하였다. 이것을 바탕으로 삼아 본다면 전쟁을 일으킨 북한의 행위는 분명히 반민족적이라 할 수 있다. 전쟁 중 남한 정부도 역시 그러한 인식을 가지고 있었고, 민간에서도 이와 똑같은 생각을 가지고 있었다. 중국과 소련의 힘을 빌려서 같은 민족에게 총부리를 겨누고 살육을 자행한 북한 공산주의자들은 남한 국민들에게 같은 민족일 수가 없었다. 반공주의에 의해 민족의 실체를 새로이 해석하는 입장이 대두되었다고 볼 수 있는 것이다.

반면 전쟁을 외세와 계급적 압제로부터의 '조국 해방 전쟁'으로 보는 북한의 입장에서는 남한 정부야말로 반민족적인 집단으로 볼 여지가 있었다. 그들의 계급사관적 입장에서 보면 남한의 지배층은 역사를 거스르는 반동 세력으로만 보이게 된 것이다. 감정과 이념적 아집에 사로잡힌 이러한 두 가지 입장은 훗날 남한 내에서의 보수와 진보의 사상적 연원으로 작용하기도 한다.

전쟁 이후 1950년대의 사상 흐름

이승만과 민주주의의 관계에서는 긍정과 부정을 함께 보아야 한다. 이승만은 학교 교육을 통해 국민들로 하여금 민주주의를 알게 하였으나 현실 정치에서는 자신만이 한국을 이끌어 갈 수 있다는 잘못된 권위에 사로잡혀 민주주의를 훼손시키고 말았다.
그런데 정치적 권위주의가 전통, 문화 및 역사와 무관할 수 없다면 그에 대한 책임은 지도자(이승만)와 국민 모두에게 돌려져야 한다.

정부 주도의 왜곡된 민주주의

한국의 1950년대는 물론 이승만이 통치하던 시대이다. 이승만의 말과 행동, 그가 이끄는 정부의 정책은 1950년대 한국의 사상적 방향에 절대적인 영향력을 미친 게 사실이다. 오늘날 이승만은 독재자로 불리고 있다.

그러나 재임 중 이승만은 항상 자유와 민주, 반공을 염불처럼 외우고 다니던 사람이다. 민족이며 민중도 이승만이 자주 언급하던 단어이다. 이승만은 가난하고 천대받는 민중들이 잘 살고 자유를 누릴 수 있는 최상의 정체를 민주주의라고 보았고, 선거를 민중들이 자신들의 권리와 복지를 확보하는 유력한 길이라고 보았다. 그러므로 민중의 투표권을 방해하는 자는 엄단해야 할 것과 비민주적 사상을 가진 사람은 국민의 대표로 선출되면 안 된다고 보았다. 덧붙여 이승만은 나라와 민족을 사랑하는 인물을 선출하도록 국민들에게 당부하였다.[8)]

그럼에도 불구하고 이승만이 독재자로 불리게 된 것을 보면 사상과 행동의 일치가 얼마나 힘들며 언어의 징벌적 기능이 때로 얼마나 가혹할 수 있는가를 생각하게 만든다. 이승만을 독재자로 단순화해서 보는 것은 문제가 있지 않을까?

민주주의와 이승만의 관계에서는 긍정과 부정의 면이 함께 있다. 학교 교육을 통해 국민들에게 민주주의가 무엇인가를 알게 만든 점은 긍정적이라고 할 수 있다. 제헌 헌법이 만들어지던 건국 당시만 해도 대부분의 한국인들은 민주주의에 대하여 잘 알고 있지 못했다. 투표를 통해 민주주의를 실감하는 게 고작이었다. 당시 국민들이 정당 정치며, 언론의 자유, 삼권 분립 등 민주주의의 핵심적 내용에 대하여 잘 알고 있었다고 보기는 어렵다.

이승만을 잘 알고 그의 정치 고문을 지내기도 했던 로버트 T. 올리버는 자신이 관찰한 바에 의해서 1950년 5월에 한국인들의 민주 의식을 평가하였다. 이에 의하면 한국인들에게 민주주의라는 말은 책에 나오는 하나의 단어에 지나지 않을 정도였다고 한다. 그래서 한국인들은 이제 "평등 · 인권 · 자유 · 시민권의 의무 및 특권, 선출 혹은 임명된 공무원의 대표권, 그리고 선거권 등에 대한 개념을 초보부터"[9] 배워야 할 형편이라고 보았다.

물론 일반 대다수의 한국인들에 대한 평가이지만 민주주의의 학습 체험을 가지지 못한 한국 역사를 생각하더라도 이는 신빙성이 있는 말이다. 구한말부터 독립 협회 등을 통해 민주주의가 소개되었지만, 일제의 식민지 지배를 받으면서 민주주의에 대한 한국인들의 학습은 진전될 수가 없었던 것이다.

이러한 국민들을 대상으로 이승만은 6–3–3–4제의 학제(學制)에 기초하여 민주주의에 대한 교육을 실시하였다. 중고등학교에서는 주로 공민, 도덕 과목을 통하여 이에 대한 교육이 이루어졌다. 그리고 대학에서도 정치학 원론 내지 개론을 통해 민주주의에 대하여 그보다 폭넓은 교육이 실시되었다. 유교가 배양해 온 한국인들의 높은 교육열을 통해 민주주의는 그만큼 널리 국민들에게 인식될 수 있게 되었다. 흔히 유교적 권위주의가 한국의 민주화에 장애가 된 것으로 보는 견해가 많지만, 이 경우에서처럼 유교가 민주주의의 보급에 오히려 기여하게 된 면도 있다. 그리고 그러한 결과를 가져오는 데에 이승만이 문교 정책을 통해 긍정적으로 끼친 영향을 과소평가할 수는 없다.

그러나 이승만은 현실 정치 면에서는 민주주의에 부정적인 면을 적지 않게 보여 주었다. 입버릇처럼 민주주의를 외치고 다녔지만, 그가 보여 준 여러 정치 행적은 그와 일치되지 않는 면이 있었다. 전쟁 중에 의회를 무시하고 헌법을 고쳐 대통령 직선제를 관철시킨 이승만은 1954년 11월에 사사오입(四捨五入) 개헌이라는 불법적 방법으로 대통령의 임기 제한을 철폐하기에 이른다. 의회에서 일단 부결로 선포된 것을 다시 가결로 선포한 절차상의 문제도 그렇지만, 종신 집권을 기도하였다는 점에서 그것은 민주주의를 훼손하는 행위였다. 건국의 사상으로 채택된 민주주의는 그로 해서 진전되기 어려웠으며, 이름뿐인 민주주의라는 평가도 따르게 되었다.

오늘날 모두가 인정하고 있듯이 이승만은 매우 권위적인 정치인이었고, 그를 추종하는 사람들에게 신격화된 존재로 인식되고 있었다. 그리고 정부에 의한 홍보를 통해 당시 많은 국민들도 그에 대한 존경심을 가지고 있었던 게 사실이다. 이승만이 아니면 한국의 현실을 헤쳐 나갈 지도자가 사실상 없는 것처럼 국민들에게는 인식되고 있었다.

민주주의는 그 이념이나 제도로 볼 때 어떤 특출한 지도자와 특별히 친한 관계에 있는 사상이 아니다. 대체할 수 있는 보통의 지도자를 상정하고 국민들의 선택에 의해서 그를 선출하며, 그의 독단과 과오를 방지하기 위해서 가능한 여러 통제 장치를 마련하는 것이 민주주의이다. 언론을 비롯한 기본권을 헌법에 명시하여 그것을 침해하지 못하도록 한 것도 그렇고, 복수 정당제와 삼권분립을 통해 제도적으로 독재를 방지하려는 조치도 강구한다. 민주주의는 한 인물을 신격화하여 제도를 고치는 것과는 당연히 거리가 멀어야 한다. 개인 숭배도 거기에서는 있어야 할 이유가 없다. 민주주의가 하나의 이데올로기적 사상으로서 기능하는 한 이러한 점은 언제라도 필요해 보인다.

그런데 이승만이 통치하던 1950년대의 한국은 이러한 민주주의의 상을 보여 주지 못했다. 이승만을 위해 헌법은 고쳐졌고, 그의 생일에 학생들로 하여금 찬양의 글을 짓게 하는 등 개인 숭배는 널리 퍼져 있었다. 구한말부터 민주주의를 신봉하는 투사였고, 집권 후에도 민주주의를 항상 강조한 그였지만 실제는 이와 거리가 있었던 것이다.

권위주의라는 게 그것이 통용될 수 있는 풍토에서 가능한 것이라면 이 모든 폐단을 이승만 개인에게만 돌릴 수 있는 것은 물론 아니다. 전통과 문화, 역사에 지배되는 분자들로서 이승만과 국민이 모두 거기에는 책임질 입장에 있다. 이 시기의 국민들은 정치에 대한 비판 의식이나 행동에서 과감한 면이 없었다. 이승만에 대한 비판은 야당이나 언론에 의한 것이 고작이었다. 정부의 과오를 제어할 수 있는 민간의 힘이 아주 무력했다는 점에서 이 시기는 당연히 민주주의가 위약한 상태에 있었다고 해야 한다.

지도자로서 이승만이 보여 준 유능함에도 불구하고 그는 자신만이 난국에 처한 한국을 이끌어 갈 수 있다는 아집에 사로잡혀 있었던 듯싶다. 이승만이 인의 장막에 둘러싸여 국내 사정을 제대로 알지 못하고 있었던 점은 더욱 치명적이었다. 이승만은 비서진들에 의해 선별된 언론 보도만을 접했고, 지방 시찰 시에는 관원의 개입으로 민의를 제대로 파악하기 어려운 경우도 있었다. 예컨대 이승만이 1950년의 5·30 총선을 독려하고자 내려간 지방 시찰 중에 만난 전주에서의 한 노인이 "농사 지어 생활을 간신히 해

나간다."고 하자 수행원 중의 하나가 이를 가로막고 나서기도 하였다.[10)]

이승만에 대한 충성심으로 가득 찬 그의 추종자들은 민주주의를 자의적(恣意的)으로 운영하고 있었다. 야당과 언론에 대한 탄압, 선거에 대한 관권의 개입 등 민주주의를 위협하는 사례들이 다반사로 이루어졌다. 그러나 이러한 와중에서도 정권의 말기를 제외하면 대체로 언론의 자유가 존재했던 것은 인정된다. 거주·이선의 자유에 제한이 가해지지 않았고, 출판도 공산주의를 찬양하는 내용이 아니라면 특별히 제한을 받지 않았다. 고문에 대한 근절책도 논의되었는데,[11)] 이러한 움직임 자체는 국가가 자기반성을 할 가능성의 한 단서로 보아도 좋을 듯싶다. 문제는 많았지만, 그래도 1950년대의 한국에서 민주주의는 명분상 그 어떤 이유로도 바꿀 수 없는 이념이었다.

이 시기의 북한에서도 1948년 9월에 제정된 그들의 제헌 헌법에서 국호를 '조선 민주주의 인민 공화국'이라고 한 데서 볼 수 있듯이 민주주의를 지향하는 것으로 되어 있다. 그 제13조에서는 언론, 출판, 결사, 집회, 군중 대회 및 시위의 자유까지 규정함으로써 민주주의를 구현하는 것으로 되어 있다. 그러나 유물론적 계급관을 중시하는 그들의 입장에서 민주주의는 다분히 수사적일 수밖에 없다. 공산주의의 프롤레타리아 독재관에서 보더라도 그들은 민주주의를 그대로 할 수 있는 토대를 가지고 있지 않다.

남북한에서 1950년대의 민주주의는 엄밀하게 볼 때 모두 수사적인 면이 없지 않다. 그러나 남쪽의 경우 언제인가는 민주주의를 성취할 수 있는 이념적 기초가 있었던 데 비해 북쪽은 전혀 그럴 수 없는 입장이었다는 점에서 다르다. 이 점은 오늘날의 남북한 현실이 무엇보다 실증적으로 보여 준다.

한편 민간에서의 민주주의에 대한 의식은 미약하나마 착실하게 성장하고 있었다. 교육이 그 유력한 기반이었음은 물론이지만 현실 정치에 대한 비판적 의식의 고양을 통해서도 이루어졌다. 교육을 통한 민주주의의 고취는 1950년 6월 1일자로 시작된 초등교육 의무제의 실시를 맞아 이승만이 한 훈시에서도 드러난다. 이에 의하면 "민주 국가는 백성이 해 가는 나라이므로 나라를 다스리는 사람들의 교육이나 사상 정도가 낮아가지고는 그 나라가 발전할 수 없을 것이므로 민주 국가의 제일 근본 문제는 의무교육의 실시에 있다."고 하였다. 이어서 "민주 정부하에서 국민의 자유와 권리를 영구히 누리고 살려면 의무 교육이 아니고서는 될 수 없을 것"이라는 말을 하고 있다.[12] 6년제의 의무 교육이 실시되는 중요한 이유의 하나가 민주주의를 알고 생활하는 국민을 만드는 데 있음을 역설한 것으로 해석된다. 이것은 실제의 정치와 상관없이 그가 민주주의를 신봉하고 있었다는 증거가 된다.

초등학교의 취학률은 건국 이후 비약적으로 늘어났다. 1945년에 64%이던 것이 한국전쟁 전에는 81.8%, 그리고 1960년에는 95.3%에 이르러 대상 아동의 거의 전부가 취학한 셈이다. 대학생의 수도 늘어 1952~60년 사이에 14.5%의 증가를 보였는데, 이는 1960~70년 동안의 연평균 증가율 6.7%의 두 배를 넘는

수치이다.[13)]

1960년의 3·15 부정 선거에서 그 정점을 이루는 이승만 정부의 비민주적 행태에 대한 국민들의 비판적 의식도 이러한 교육의 결과에서 온 바가 적지 않을 것이다. 1956년의 5·15 정·부통령의 선거 유세 과정에서 보여 준 야당에 대한 국민들의 지지 열기는 그러한 의식의 표현으로 생각된다. 이 당시 야당의 대통령 후보인 신익희의 한강 백사장 유세에는 삼십만 명의 인파가 전례 없이 모여 들었다. 언론도 정부를 비판하고 자신의 권리를 지키는 데 앞장섰다. 1957년 12월에 의회가 언론 자유를 제한하는 선거법을 만들려고 하자 24시간 취재 거부를 결의한 것은 그 예의 하나이다. 1958년 12월에 이루어진 신국가보안법의 불법 통과를 자세히 보도하여 국민들의 알 권리를 충족시키기에 노력한 것도 마찬가지이다. 건국 이후 10여 년을 지나면서 민주주의에 대한 국민들의 의식이 상당히 성장했음을 알려주는 증표들이다.

그러나 민주주의 실현에 중요한 과정으로서의 선거는 관권과 금전의 개입으로 민의가 제대로 반영되지 않는 면이 있었다. 1960년의 정·부통령 선거를 앞두고 마침내 폭력 혁명의 가능성까지 제기되고 있는 것은 그러한 민주적 후진성을 극복하기 위한 고육책의 하나로 보인다. 1959년 2월 4일자 경향신문은 기사 「여적」(餘滴)에서 "한국의 현실을 논하자면 …… 선거가 올바르게 되느냐 못되느냐의 원칙적 요건부터 따져야 할 것"이라 했고, "선거가 진정 다수 결정에 무능력할 때는 결론으로는 또 한 가지 폭력에 의한 진정 다수 결정이란 것이 있을 수 있는 것이요, 그것을 가리켜 혁명이라 할 것이다."[14]라고 하였다. 이러한 말은 그로부터 대략 1년 후에 일어난, 폭력이 없지 않았던 4・19 혁명의 발생으로 현실화되기도 한다. 다만 이때의 폭력은 정부 측에 의해 이루어졌다는 점에서 다를 뿐이다.

이상으로서의 민주주의와 현실로서의 민주주의가 엄청나게 다를 때 혁명은 불가피할 수밖에 없다. 각국의 민주주의 역사에서 시민 혁명이 자주 등장하는 것은 그 때문일 것이다. 그것은 민주주의의 보완, 성장을 위한 민간 부문에서의 실천적 노력이라고 할 수 있다. 민주주의는 문제도 있지만 이러한 실천 과정을 거쳐 축적된 힘을 가지고 있기에 오래도록 생명력을 이어온 것이다.

전근대성과 대미 의존이 공생하는 자본주의

건국의 기초가 채 잡히기도 전에 한국전쟁이 발생하여 정상적인 민족 자본이 형성되기 어려운 상황에서 한국 자본주의는 계속적인 시련에 처하게 되었다. 전쟁 전과 전쟁이 진행되는 중에도 그랬지만 전쟁 후에도 한국은 미국의 원조에 의존할 수밖에 없는 상황이었다. 전쟁으로 인해 그 의존의 정도는 더욱 높아진 것도 사실이다. 건국 초기이던 1948년 12월에 이미 로버트 T. 올리버는 이승만에게 그러한 비밀 메모를 보낸 바 있었다. 즉, 경제 협조처(ECA; Economic Cooperation Administration)가 한국의 외환거래 통제와 고위 관리 선임에 관여하고, 그들의 직원을 정부의 자문관으로 앉히는 현재의 실정에서는 한국이 진정한 주권국이 될 수 없다[15]는 말을 하였다. 이러한 말은 한국이 자본주의 경제 체제를 가지고 있다 하더라도 온전한 자본주의를 하고 있다고 보기 어렵다는 생각을 가지게 한다.

하물며 한국전쟁으로 인해 미국의 구호 원조를 받기에 급급해진 실정에서는 더 말할 것도 없다. 1957년 2월에는 미국의 원조 물자를 매각하여 마련한 대충 자금(對充資金)의 방출이 지연되는 바람에 76개 공장이 일시에 조업을 중단할 정도였다.

많은 경제학자들이 한국의 자본주의를 주체성을 갖추지 못한 종속적 자본주의로 보는 것은 이 시기부터 이미 현실적으로 그 양상을 보이고 있는 셈이다. 그 의존성과 종속성에서 본다면 역대의 어느 시기보다 이때 그 정도가 가장 심하지 않았나 생각된다. 원조 자금의 사용에 대하여 일일이 미국과 협의를 해야 했고 재정 정책의 집행에서도 독자성을 확보하지 못하고 있었다. 미국의 원조가 아니면 국민 경제를 이끌어 갈 수 없는 여건에서 초래된 상황이라고 보아야 할 것이다.

그렇더라도 비판의 목소리가 없을 수는 없는 일이다. 다만 오늘날의 편안한 입장에서 당시의 사정을 부정적으로만 보려고 한다면 문제가 있다. 의존형 내지 종속적 자본주의라고 스스로를 비하하기 이전에 그것을 딛고 자립형 자본주의를 이루어 가려던 내면의 국민적 의지를 놓쳐서는 안 될 것이다.

까다로운 미국의 원조 정책을 수용하면서 농지 개혁과 일본인들이 남기고 간 귀속 재산의 불하 등을 통해 정부는 나름대로 자본주의를 정착시키기 위한 노력을 하였다. 농지를 수용당한 지주들에게 기업가로의 전환을 유도하기 위해 막대한 이익을 얻을 수 있는 귀속 재산 불하에 우선적 참여권을 준 것도 그 예의 하나이다. 이 조치는 법상의 문제점과 지주들의 소극적 참여로 별 실효를 거두지 못하였지만, 어쨌든 자본주의를 향한 정부의 노력은 평가해도 좋을 것이다. 주로 구호 물자에 치중하는 미국의 원조를 받으면서도 어떻게 하든 경제 자립을 위해 산업의 육성과 관련된 시설재 등을 더 많이 확보하려는 노력도 정부에 의해 이루어졌다.

반면 미국의 잉여 농산물 도입과 농지 개혁의 실패, 그리고 농민에 지나친 부담을 지우는 세제(임시토지수득세) 등으로 농업의 낙후 상태는 개선되지 못하였다. 요컨대 생산과 소비가 상호 조응할 수 있는 산업 구조의 구축에 실패한 것이다.

건국 초부터 한국 자본주의는 해외 시장의 개척에 눈을 돌렸거니와 1959년에 들어서는 수출 진흥 기금을 마련하는 등의 조치로 이러한 노선에 역점을 두기도 하였다. 그 결과 이 해에는 휴전 후 처음으로 오키나와에 77만 5천 달러 상당의 쌀을 수출하게 되었다.[16)]

그러나 관료를 포함해 국민 전체의 경제 의식 수준에서 본다면 자본주의가 제대로 정착될 여지는 많지 않았다. 결과적으로 지주와 소작인들 모두의 기대와 희망을 충족시키지 못한 농지 개혁도 그렇거니와, 특정인에게 혜택이 돌아간 면이 많은 귀속 재산의 불하에서는 더욱 그러했다. 어떻게 하든 원하는 귀속 재산을 소유하려는 일부 사람들과 관료가 수의 계약 등으로 불하하는 방식은 자유 경쟁의 자본주의 원리에 역행하는 것이었다. 미국의 원조 자금 역시 정치권력과 결탁한 일부 기업인들에게 편파적으로 배정·운용됨으로써 정상적인 자본주의의 정착에 지장을 주게 되었다. 이러한 여건하에서 기업인들은 상품 제조로 얻는 이익보다 주로 유통 부문에서의 이윤 창출에 더 관심을 집중시키게 되었다.[17)]

이러한 이윤 추구 방식은 상당히 전근대적인 것이라는 점에서 근대적 기업인의 모습과는 거리가 먼 행태라고 할 수 있다. 이들의 행대는 조선 후기 들어 관료들과 결탁해 매점·매석으로 이윤을 추구하던 이른바 도고(都賈)와 방불한 데가 있다. 도고는 오늘날의 용어로 하자면 독점 상인에 해당되는데, 일반 상인들과 다른 우월한 자본력과 정경 유착에 의한 관권을 배경으로 하여 유통상의 이윤을 추구했던 것이다. 결국 1950년대의 한국 기업인들은 산업화를 지향하는 자본주의 시대에 살면서도 전근대적인 도고의 상업적 이윤을 추구하고 있었던 것으로 해석할 수 있다.

규칙을 공개적으로 공정하게 적용·집행하는 정부와 그것을 따르는 시장 참여자는 자본주의의 성공을 위해 현실에서 언제나 요청되는 요건이다. 그런데 건국 이후 1950년대의 한국 경제에서는 그러한 면을 보기 어려웠다. 사상적으로 본다면 아직까지도 그것의 실현은 미완의 과제로 남아 있는 셈이기도 하다. 그것은 한국 자본주의의 수준을 우려해서 하는 말이기도 하지만, 자본주의 자체가 가지는 금전 추구의 속성이 언제라도 반규칙의 위험성을 안고 있기에 하는 말이다. 그래서 정치에서의 민주주의보다 경제에서의 자본주의가 발전적인 면에서 더 어려운 것이 아닌가 생각되기도 한다. 그만큼 실천적인 노력이 더 요구된다고도 볼 수 있다.

사상은 우리들의 삶과 생활을 위한 도구이다. 한국인들이 건국과 더불어 자본주의를 택한 것은 그것이 경제 면에서 삶을 위한 최선의 사상적 도구라고 보았기 때문일 것이다. 그러나 이미 보았듯이 거기에는 적지 않은 문제들이 나타나고 있었다. 이후의 한국 자본주의에서 나타나는 사상의 흐름은 그것들을 해결하기 위한 노력의 연속이라고 보아도 좋을 것이다. 자유, 영리, 사유의 이념에 입각해 생산과 교환, 분배, 소비가 시장을 통해 순환적으로 이루어지는 경제 구조가 자본주의임은 별론을 필요치 않는다. 공정성이 그 과정에서 중요한 것도 물론이다.

그런데 여기에서 불공정을 다반사로 하는 의식의 문제가 아직도 기대에 미치지 못하고 있는 셈이다. 인간이 합의적으로 인정할 수 있는 규칙을 떠나 이익을 추구하려는 의식이 강한 데서 그러한 결과가 온다고 말할 수 있을 것이다. 합당한 경제 관련 규칙의 정립, 그것의 실효성 있는 생활화가 이루어지도록 하는 것은 한국이 당면한 지속적인 과제이기도 하다.

반일과 반공에 기초한 민족주의

전후의 1950년대에 민족주의는 크게 드러나지 않은 것으로 보인다. 원조에 따른 미국의 경제적 관여와 관련하여 민간에서 반미의 움직임이 나타날 수도 있었겠으나 특별히 문제 삼을 만한 사태는 없었다. 오히려 미국에 대한 고마움이 한국인들의 가슴속에는 많았던 것으로 볼 수 있다. 그들에게 민족주의적 입장에서 배타적 감정을 가질 수 있는 대상은 미국보다 일본이었다고 할 수 있다. 일본은 물러갔지만 한국인의 반일 감정은 식지 않고 있었다. 국가 차원에서 정부에 의한 민족주의의 움직임도 이러한 방향에서 나타나고 있었다. 이승만은 기회 있을 때마다 국민들에게 '애국 애족'을 강조하였거니와 특히 일본에 대한 적개심을 드러내 국민들에게 배일 의식을 강조하는 것을 잊지 않았다. 이승만은 1951년 1월 12일에 일본군의 한국전 참전설을 두고 만일 그렇게 되면 북한군보다 일본군을 먼저 물리쳐야 한다는 담화를 발표하였다. 이승만의 이러한 담화는 지난날의 저항적 민족주의를 넘어서 일본을 배척하는 민족 수호 의지를 드러낸 것으로 볼 수 있겠다.

오늘날 사람들은 흔히 건국 초에 친일 분자들을 제대로 처벌하지 못한 사실을 비난하고 그 책임이 주로 이승만에게 있다고 보는 경우가 많다. 그러나 이러한 인식은 반드시 옳다고 할 수는 없다. 1950년의 5·30 총선에서 친일 경력자들에게 출마하지 못하도록 하는 법이 마련되기도 하였다. 이때의 총선거법 부칙 제3조에서는 일본 정부로부터 작위를 받았거나 그것을 세습한 자, 일본의 제국 의회 의원이었던 자, 중추원 고문과 부의장, 참의를 지낸 자, 고등관 3등 이상의 지위에 있던 자, 고등 경찰 및 헌병보 이상의 지위에 있던 자에게 입후보 자격을 박탈하였다. 반민족행위처벌법에서 규정한 처벌 대상을 이어받은 것으로 판단되는 이 규정은 상당히 엄격해서 착오로 입후보 등록이 된 경우에는 그것을 취소할 정도였다.[18] 그러므로 이승만 정권을 친일파 정권으로 규정하면서 그 정권이 민중의 반일 감정을 이용하여 마치 친일 정권이 아닌 것처럼 호도하였다는 일부의 비난은 정당한 것이라고 할 수 없다.[19]

일본에 대한 건국 초의 한국 민족주의가 민족 정기와는 거리가 먼 것처럼 전해지고 있는 것은 너무 과장된 면이 있다. 물론 친일 분자들이 정부 요직에 앉는 경우가 있었으나 그것은 그들의 행정 경험을 활용하기 위한 조치였다는 점도 생각할 필요가 있다. 그것은 친일 분자들을 응징하기 위한 반민족행위처벌법 제5조가 단서에서 "기술 관료는 (처벌에서) 제외한다."는 법 규정을 둠으로써 처벌에 신축성을 부여하고 있는 취지를 살린 면도 있다. 그래도 사람들은 북한에 비해 친일 청산이 미흡하고 김구와 같은 철저한 민족주의 정신이 아쉬웠다고 말하기도 한다.

그러나 철저함을 가지고 말한다면 북한이나 김구에게도 흠은 없지 않다. 김일성의 아우인 김영주는 일제 식민지 시대 일본군 통역을 지냈으면서도 북한의 고위직을 지내지 않았는가? 또 김구도 악질 친일 분자인 최창학 소유의 경교장에서 살았던 사실이 있으니 결코 흠이 없다고만 말할 수 없다. 또한 김구가 당수로 있던 한독당에 친일 분자로 인정될 만한 자가 상무 위원으로 있었다는 사실은 세간에 널리 알려져 있다. 모든 것을 세세하게 들추어 가며 친일을 문제 삼는 것은 사물을 너무 미시적으로만 보는 데서 오는 폐단이 아닐까 싶다. 이승만이 친일파를 옹호했다는 등의 주장은 그가 집권 중에 보여 준 철저한 배일 정신을 함께 고려하면서 이루어져야 하리라고 본다.

민족주의는 역사적으로 볼 때 상황에 따라 여러 가지 모습을 띠었다. 외세에 대한 저항이나 국민을 동원하기 위한 수단, 국민국가 형성을 위한 인자 등으로 기능해 왔다. 또 그것은 각 해당 민족의 입장에서 보자면 자신들의 자립, 자존과 발전을 위한 이데올로기로서의 역할을 한 것도 사실이다. 1950년대의 한국에서도 그러한 면이 없지 않다. 이승만이 미국에 의한 남・북한 간의 휴전에 반대하여 1953년 6월에 2만 5천여 명의 반공 포로 전원을 석방한 사실이 그것이다. 이것은 이승만의 결단에 따른 것이지만 국민의 호응 없이는 이루어질 수 없는 일이었다. 휴전을 반대하고 통일을 이루겠다는 민족의 염원과 공산주의를 반대하는 다수 민족 구성원을 북으로 돌려보낼 수 없다는 결의가 거기에는 담겨 있다. 외세가 주도하는 대로 이끌려가지 않겠다는 정부와 민간 차원에서의 민족적 자존 의식에 따른 것이다.

생존 그리고 체제 수호를 위한 반공주의

1950년대의 한국에서 반공주의는 무엇보다도 강한 이데올로기였다. 이 시기의 한국에서는 민주주의도 공산주의에 대항하는 유력한 의미로서 활용된 면이 있다. 독재를 하는 공산주의에 대하여 한국이 민주주의 국가라는 것을 자랑으로 삼았던 것이다. 과연 이 시기에 남쪽이 북쪽에 대하여 자랑할 만한 민주주의를 하고 있었는지 여부와 상관없이 하나의 이념상 명분으로서 민주주의가 반공의 도구로 활용된 것으로 볼 수 있다.

특히 반공에 적극적이었던 이승만은 이른바 반공적 민족주의를 강하게 표방하였다. 이승만은 민족을 같은 혈연에 의한 것으로 보면서도 공산주의를 믿는다면 같은 한민족일 수 없다는 주장을 폈다. 심지어 공산주의를 믿는 사람들은 같은 인류일 수도 없다고 보았다. 공산주의는 인간의 자유를 억압하고 노예처럼 압제를 가하므로 절대 받아들여서는 안 된다는 것이 이승만의 생각이었다.[20] 이승만은 북한의 공산주의에 비해 남한의 민주주의 체제가 인간에게 절대적으로 좋은 것이라고 생각하였다. 이승만의 이러한 태도에 대하여 현실적인 면에서 비판을 가할 수는 있지만 지향하는 이념 면에서는 탓할 바가 없어 보인다.

반공주의가 강하게 표출될 수 있었던 데에는 이승만의 자유에 대한 견해도 한몫을 한 것으로 판단된다. 이승만은 제2대 국회의 개원식 치사에서 국가의 자유권과 개인의 자유권을 구분하면서 국가의 자유권이 개인의 것보다 우선한다는 말을 하고 있다. 국가의 자유권이란 정부가 (민주주의) 헌법에 입각해 국가 기능을 자유로이 수행할 수 있는 권리를 의미하는데, 국민된 개인들이 이를 존중하지 않으면 국민 각자의 개인적 자유권도 유지될 수 없는 것으로 본 것이다.[21]

이러한 생각은 자주 대비되는 공동체와 개인의 자유에서 국가를 단위로 하는 공동체의 입장을 우선시하는 것으로 해석된다. 그것은 개인 차원의 방만한 자유를 제어하는 논지가 될 수 있지만, 잘못되었을 경우 공동체의 이름으로 개인의 자유를 무절제하게 억압할 수 있는 가능성도 없지 않다. 권력을 소유한 정부가 난폭하게 운영될 때 그러한 가능성은 더할 나위 없이 커지게 마련이다. 헌법이나 개개인의 양식만으로 그것을 막아내기란 대단히 어렵다고 보아야 한다. 결국 국민 전체의 높은 정치 문화 수준만이 공동체와 개인의 자유를 슬기롭게 조화시켜 나갈 수 있을 터인데, 한국의 1950년대는 아직 그 수준에 도달하지 못하고 있었다. 그런 만큼 정부의 일방적 통제와 독재의 가능성까지 이승만의 생각에서 찾아볼 수 있는 것은 이상할 게 없다.

이쨌든 국가의 자유권을 확보하기 위해 이승만은 반공을 강조한 것이고 국민들에게도 반공의 실천을 소리 높이 외쳤던 것으로 이해된다. 반공주의가 구현되지 않고 그로 인해 공산주의의 침략을 받게 된다면 민주주의 헌법에 기초한 국가의 자유나 국민의 개인적 자유도 실현될 수 없을 것이기 때문이다. 이 시기를 비롯해 한국 현대사에서 반공주의는 이론적으로만 왈가왈부 될 수 있는 대상이 아님을 알아야 한다. 그럼에도 불구하고 1957년 12월에 서울대학교 문리대의 교지 논문에서 「무산 대중을 위한 체제」라는 글이 실린 것을 보면 사상의 자유는 어떠한 조치로도 쉽게 억압할 수 없는 것임을 알 수 있다.

1950년대의 한국에서는 「우리의 맹세」라는 글이 국민들에게 널리 보급되었는데 내용은 이렇다.

첫째, 우리는 대한민국의 아들 딸 주검으로써 나라를 지키자.
둘째, 우리는 강철같이 단결하여 공산 침략자를 쳐부수자.
셋째, 우리는 백두산 영봉에 태극기 날리고 남북통일을 완수하자.

첫째의 내용은 국민으로서 국토 수호 의지를 가지자는 내용이고, 둘째는 물론 반공 사상을 고취하는 것이다. 그리고 셋째는 통일의 의지를 다짐하는 것인데, 여기에 나오는 국민(혹은 민족)으로서의 '우리'에서 공산주의자들은 배제되고 있는 것으로 해석된다. 한국전쟁으로 촉발된 다분히 감정적인 면이 강해진 반공주의가 반영된 결과라고 할 수 있을 것이다. 혈연적 민족주의보다 이념으로서의 반공이 중시되는 사상적 풍토를 보여 준다.

이 시기의 반공주의는 매우 엄격하고 관용의 여지가 별로 없었다. 해방 후 한때는 마르크스의 『자본론』 등 공산주의 서적을 마음대로 읽을 수 있었다. 그랬던 것이 건국 이후의 반공 정책에 따라 그러한 서적을 읽거나 소지, 출판, 판매하는 일체의 행위가 금지되기에 이르렀다. 학문의 자유라는 입장에서 본다면 암흑기라고 할 수 있겠지만, 남쪽의 체제 전복을 노리는 북쪽의 사상전이 전개되는 현실에서 이것은 불가피한 면도 있었다. 이 당시의 한국에서 반공은 학문이나 단순한 이념의 문제가 아니라 생존과 직결된 문제였다. 북쪽에서 남파 간첩을 수시로 보내 사회 혼란과 파괴를 기도하던 현실을 염두에 두고 이 시기의 반공 사상을 볼 필요가 있다. 반공주의를 무조건 비난할 것이 아니라 한반도의 특수한 상황을 고려하면서 생각해야 하는 것이다. 민주주의의 원칙을 모두 지키면서 생존 내지 생활의 도구인 반공주의를 운영하기에는 상황이나 한국인의 지적 수준으로 한계가 있었다고 볼 수도 있다.

민주주의는 포용성이 있고 인간의 보편적 소망을 담고 있는 면이 강한 사상이다. 이에 비해 반공주의는 배타적이며 특수한 목적을 담고 있어 양자가 조화되기는 어려운 면이 있다. 민주주의를 중시하는 입장에서 본다면 반공주의는 당연히 문제가 많아 보일 수밖에 없다. 그러나 민주주의의 포용성이나 보편적 이념이 오히려 그 자체의 존립을 위태롭게 한다면 반공주의가 비판만 받아야 할 이유는 없다. 민주주의를 파괴하려는 세력에게 반공주의는 방패이자 무기일 수 있는 것이다.

그렇더라도 지나치게 공산주의 사상의 접근을 허용하지 않는 학문적 풍토는 언제든 반대의 현상을 초래할 여지 역시 크다고 할 수 있다. 1980년대 학생 운동권 내부에서 나타난 좌경 운동은 그 필연적 결과였다고 볼 수 있다.

사상이 교조화되면 조선 시대 주자학의 폐풍에서 보듯이 건전하지 못한 결과를 낳게 되는 것도 사실이다. 주자학이 맹위를 떨치고 있던 조선 시대 후기에는 이에 반대되는 사상을 가진 사람들을 '사문난적'(斯文亂賊)으로 몰아 부당하게 탄압한 사례가 적지 않았다. 반공 사상이 엄격하게 적용되었던 1950년대에도 마찬가지여서 반공을 빌미로 한 정치적 탄압이 없지 않았다. 1958년에 이루어진 진보당의 해체와 당수 조봉암에 대한 사형은 그 대표적 예일 것이다. 같은 해 8월에 재야 사상가인 함석헌이 월간 『사상계』에 「생각하는 백성이라야 산다」는 글을 발표했다가 국가보안법 위반으로 옥고를 치른 것도 같은 예이다. 함석헌은 여기서 남북한이 모두 미국, 중국, 소련을 상전으로 하는 '꼭두각시'여서 사실 우리 민족은 '나라 없는 백성'이라고 했다.[22] 어떻게 보면 현실을 대담하게 직설적으로 표현한 점은 있지만, 남북한을 동등한 차원으로 보는 입장은 정치적으로 분명 문제될 여지가 있었다. '한반도의 유일 합법 정부'임을 자임하는 남한과 공산권의 위성국으로 치부되는 '북한 괴뢰'를 동등한 기준에서 보는 것은 당시 한국의 사상적 분위기에서 받아들이기 어려운 것이었다.

그러나 반공주의가 엄격하게 적용되는 숨 막히는 현실에서 이 정도의 글이라도 쓸 수 있는 용기는 의미가 있는 일이다. 정부를 통한 국가의 사상적 입장이 지나치게 경직화되기 쉬운 게 사실이라면 탄압을 두려워하지 않고 이에 맞서는 지식인의 활동도 인정할 수 있는 것이다. 정부에 대한 민간에서의 사상적 반론이 아직 미약한 상태에서 그 정도의 노력이라도 있었다는 사실은 사상의 교조화에 대한 도전이라는 점에서 의미가 있는 일이다.

1950년대 한국 정부의 반공적 입장은 그 필요성이 인정된다 하더라도 지나치게 경직화된 점이 없지 않았다. 1960년의 3 · 15 부정 선거에 항의하여 일어난 마산 의거를 정부는 공산주의자들이 배후에서 조종한 것으로 보았을 정도였다. 이 시기의 반공을 두고 일부 학자들이 극우 반공주의로 명명하는 것도 무리는 아니다. 이들에 의하면 다른 어떤 이데올로기보다도 반공주의가 이때는 가장 힘을 발휘하고 민족주의가 억압된 시기로 보기도 한다. 전혀 잘못된 말은 아니다. 그러나 그에 대한 비판은 북의 극좌적 모험주의와 수많은 대남 공작이 이루어지고 있던 현실을 함께 고려하면서 이루어져야 한다.

북한이 민족주의를 앞세우며 남에 대하여 공산 혁명을 기도하려던 상황도 잊어서는 안 된다. 북한은 광복 후의 통일 국가 수립을 위한 전 민족의 염원을 도외시한 자신들의 반민족적 행태는 뒤로 한 채 자신들에게 유리한 쪽에서만 민족주의를 외치고 있었다. 그들이 대남 공작에서 민족주의를 십분 활용하고 있었던 것도 물론이다. 1955년 4월 1일에 조선 노동당 중앙 위원회 전원 회의에서 김일성이 행한 「당원들 속에서 계급 교양 사업을 더욱 강화할 네 대하여」라는 보고문에 이러한 내용이 있다. 즉 "미제국주의와 리승만 역도를 반대하는 우리의 혁명 투쟁은 조국의 통일과 완전한 민족적 독립을 위한 전 민족적 투쟁"이라는 것이다. 여기에서는 미국과 이승만을 추종하는 세력 모두가 반민족적으로 규정되어 타도의 대상이 되고 있다. 자신들의 혁명 사업을 위하여 민족주의를 활용하고 있는 것이다. 이러한 상황에서 반공을 추구하는 남쪽에서 민족주의에 대하여 민감하게 반응하는 것도 무리는 아니다.

그리고 반공주의는 그 자체로서 강조된 것이 아니라 민주주의, 자본주의, 민족의 보다 나은 행복을 추구하는 입장에서 나왔다는 점도 인정되어야 할 것이다. 남한의 반공적 민족주의와 북한의 사회주의적 민족주의가 오늘날 어떤 결과를 보여 주고 있는가를 생각하면 반공적 민족주의의 이념적 지향성이 근본에서 잘못되었다고는 할 수 없다. 양쪽의 민족주의에 모두 문제가 있다 하더라도 민족사의 긴 시각에서 보면 길은 분명 반공적 민족주의를 중시하는 방향에서 이루어져야 할 것이다. 반공주의는 그로 인한 문제도 있었지만 기본적으로는 옳았다고 보아야 한다.

일부에서는 극우 반공 체제를 권력이 경직화될수록 힘에 의해서만 유지될 수 있는 폭력 체제였다고 본다.[23] 이 말은 마치 반공이 다수 국민들로부터 동의를 얻지 못한 나머지 권력 지배층이 폭력을 행사하게 된 것으로 생각하게 만드는 면이 있다. 만일 이게 사실이라면 극우 반공 체제라는 표현은 제한적으로만 사용되어야 한다. 앞의 '건국의 사상'에서도 보았듯이 한국은 이미 반공을 표방하였고, 한국전쟁을 통해 그것은 더욱 강화되었다. 국민들은 단지 수동적으로 반공주의를 받아들인 것이 아니다. 북한에서 공산주의를 체험한 다수의 한국인들이 월남한 것은 결국 공산주의가 바람직하지 않다고 보았기 때문이며, 월남민들 하나하나는 각자의 주관적 요인에 의해 공산주의를 거부한 것이겠지만, 그들을 모두 포괄하는 인간의 생활 범주가 공산주의를 거부하고 있다는 사실은 반공주의의 객관성과 정당성을 높여준다. 분단 이후 월북자보다 월남자가 압도적으로 많다는 사실도 그것을 뒷받침한다. 물이 흐름을 따라 자연적으로 가듯이 인간도 그들이 생활하기 좋은 곳, 그것을 가능케 하는 사상을 따라가게 마련이다.

반공과 관련하여 남한의 어느 정권도 힘으로 국민들에게 강제할 필요는 없었다. 만일 폭력이 필요한 체제였다면 그것은 권력 그 자체를 위한 것이지 반공주의의 실천 때문은 아니라고 해야 한다. 적어도 1970년대 말까지는 그럴 필요가 없었다. 반공을 명분으로 하여 저질러진 집권층의 일부 정치의 과오를 침소봉대하여 반공에 대한 국민의 동의가 결여되었던 것처럼 보는 것은 잘못된 인식이다.

반공주의에 비판적인 나머지 그것을 강하게 추진한 우익 세력을 두고 '분단 세력'이라는 말까지 일부에서는 한다. 과연 반공 세력이 곧 분단 세력일까? 한국인치고 남북을 통틀어 그 누구도 분단 자체를 원하거나 그것을 고의적으로 고착시키고자 하는 자는 아무도 없을 것이다. 주의나 주장에 따라 분단을 불가피한 것으로 수용하는 태도를 가진다고 보아야 할 것이다. 통일 그 자체도 중요하지만 어떤 이념적 토대 위에서 그것을 이룰 것인가는 더욱 중요하다고 보지 않을 수 없다. 그러므로 반공을 지향하는 우익을 두고 분단 세력이라는 말을 쓰는 것은 합당하지 않다.

한미 동맹에 관한 비판도 있으나 이것도 사상을 강요하는 비민주적 세력이 한반도 북쪽에서 위협을 하고 있는 현실을 돌아보면 부정적으로 볼 이유가 없다. 한국의 생존과 오늘날의 민주화 및 산업화를 이루는 데 한미 동맹은 분명 기여한 바가 있다. 미국에 대한 감정적 반미로 그러한 사실마저 왜곡하려고 해서는 안 될 것이다. 더구나 한미 동맹은 미국의 강요에 의해서가 아니라 국민의 지지를 받아 성립된 한국 정부의 끈질긴 요구에 의해서 이루어진 것이라는 사실도 상기할 필요가 있다. 1950년대의 상황 속으로 들어가서 내가 당시의 한국인, 당시의 지도층이 된 입장에서 반공주의와 한미 동맹을 생각해야 할 것이다. 그것 외에 다른 길은 없었다고 보아야 한다.

4·19 혁명 사상과 그 이후

4·19 혁명은 행동을 통하여 민주주의를 실현함으로써 한국 민주주의가 한 단계 고양될 수 있는 계기를 마련하였다. 그러나 이후 정권을 맡은 민주당 정부는 효율적인 정치를 하지 못하였고, 국민들도 책임 있는 주권자로서의 지위를 망각한 모습을 보여 주었다.

독재의 타도와 방만한 민주주의

1960년 4월 19일에 전국적으로 국민들의 반정부 투쟁이 일어나고, 마침내 자유당 정부가 붕괴됨으로써 새로운 정치 질서가 수립되기에 이른 것을 가리켜 4·19 혁명이라고 부른다. 혁명 후 한동안은 '4·19 의거'라고 불렸는데, 결국 역사가 그 정신을 기려 마침내 혁명의 이름으로 부르게 되었다. 그 주도 세력은 학생들이었거니와 그들이 일어나게 된 직접적 동기는 3·15 부정 선거에 있었다. 이승만과 이기붕을 정·부통령으로 당선시키기 위한 자유당 정부의 엄청난 부정 선거가 그 직접적 도화선이었던 것이다.

선거는 물론 민주 국가에서 민의를 반영하는 중요한 정치 과정의 하나이다. 만일 선거가 공정하게 치러지지 않는다면 당연히 민주주의는 허울뿐이라고 해야 할 것이다. 그런 점에서 볼 때 4·19 혁명은 탈취된 민주주의를 다시 찾기 위한 사상적 동인(動因)에서 비롯되었다고 할 수 있다. 좀 더 깊이 보면 인간의 정의감에서 나온 것일 수도 있고, 한국인의 전통적 사상을 빌려 말한다면 의리(義理) 사상에서 나온 것으로 볼 수도 있겠다. 그러나 이 당시 학생들의 궐기를 가능케 한 직접적인 사상의 동인은 아무래도 민주주의라고 해야 할 것이다. 정부가 교육을 통해 학생들에게 가르친 민주주의가 바로 그 동인이었다.

4·19 혁명에 즈음하여 학생들이 발표한 선언문 등 여러 글들을 보면 이 점을 분명히 알 수 있다. 여기에 보면 학문과 학원의 자유에 대한 요구, 민주주의에서 중요시되어야 할 선거의 부정에 대한 분노, '인간의 자유와 존엄의 사수', '민주 이념의 쟁취', 민주주의 수호, 자유와 정의, 진리를 위한 행동, 독재의 배격 등이 중점적으로 나타나 있다.[24] 그들은 각급 교육 과정에서 도덕, 공민(公民), 정치학 원론 내지 정치학 개론, 헌법 등 관련 과목을 통해 민주주의 교육을 받음으로써 자신들의 이러한 요구를 표출할 수 있었다.

사상의 궁극적 기능이 현실 생활의 개선에 있다면 그들은 민주주의를 통해 이것을 실현하고자 했던 것으로 볼 수 있다. 연세대학교 학생들의 4·19 선언문에는 이 점이 잘 나타나 있다. 이에 의하면 "우리와 자손의 건전한 번영과 행복" 및 "보다 나은 앞날의 발전을 위하여" "진정한 민주주의 대한민국을 건설해야" 한다는 주장을 펴고 있다.[25] 정부가 민주주의를 제대로 구현하지 못하는 데 대하여 학생을 대표로 한 민간 부문에서 개선을 하고자 나선 셈이다. 한국 민주주의는 이로써 한 단계 고양될 수 있는 계기를 마련하였다. 거기에 사상적인 창의성은 없었더라도 행동을 통해 민주주의를 실현하는 데 대한 자신감을 심어 주었다는 점에서 그렇게 말할 수 있는 것이다.

4·19 혁명 후 일정한 절차를 거쳐 내각 책임제를 골자로 하는 헌법이 마련되었다. 기존의 대통령 책임제가 독재를 낳아 민주 정치를 구현하는 데 문제를 초래한 면이 있다고 보아 정치 구조를 바꾸기에 이른 것이다. 제3차의 개정에 해당되는 이 헌법에서는 국민의 기본권이 대폭 강화되었고, 권력의 하수인 노릇을 하던 경찰의 중립화가 명문화되었다. 대법원장 및 대법관의 선거제를 도입함으로써 사법권의 독립을 제도적으로 강화하였고, 지방 자치 단체장의 선거제를 규정함으로써 민주주의의 발전을 위한 조치도 강구되었다. 헌법만을 두고 본다면 1950년대에 비해 민주주의는 크게 진전을 이룩한 셈이 되었다.

그러나 민주주의의 생활화라는 게 헌법의 개정만으로 쉽사리 수준이 높아질 수 있는 것이 아니다. 국민의 압도적 지지를 받아 정권을 맡게 된 민주당은 신·구파의 대립으로 결국 분당까지 하고 이후 정쟁에 여념이 없게 된다. 혁명에 의한 반사 이익으로 권력을 잡은 데 지나지 않는 정당으로서는 참으로 낯 뜨거운 모습이었으나 그들은 미처 그것도 깨닫지 못하는 형편이었다.

대폭 강화된 기본권 보장의 혜택을 누리게 된 언론과 국민도 문제가 있기는 마찬가지였다. 비판이 언론의 기능이기는 해도 이 당시 언론의 정부 공격에는 당시의 수준으로 볼 때 도를 넘는 데가 있었다. 총리 장면은 신문의 만화에서 단골 웃음꺼리로 등장할 정도였다. 신문의 전성 시대여서 일간 신문만도 1백여 개가 생겨났고, 그들은 정부에 대하여 자제가 안 되는 힘을 발휘하면서 권력 기관처럼 되어 갔다.[26] 일반 국민들도 주야를 가리지 않고 요구 조건을 내걸며 시위에 나섰고, 정부가 추진하는 일은 무엇에든 이의를 제기하였다. 요컨대 정부는 효율적인 민주 정부가 되지 못하였고, 국민들은 책임 있는 주권자로서의 지위를 망각한 상태였다.

실제에서 민주주의는 정부와 민간 어느 쪽에서도 향상되는 모습을 보이지 못하였다. 이는 민주주의가 오랜 훈련 없이는 제대로 실현되기 어렵다는 것을 보여 주는 것이라 할 수 있다. 제도는 단기간에 고칠 수 있어도 그것을 운영하는 인간의 의식 수준과 행동은 많은 시간을 투자하여야만 비로소 그 능력이 발휘되는 것이다. 당시 국민들의 의식 수준이나 행동이 오랜 동안의 전근대적 역사와 생활을 거쳐 체화(體化)된 것일 수밖에 없다면 이는 당연한 일이기도 하다.

자본주의 · 민족주의 · 반공주의에서의 새로운 움직임

자유가 도처에 잘못된 모습으로 넘치는 상황에서 자본주의, 민족주의, 그리고 반공주의에도 변화의 기류가 나타나고 있었다. 우선 자본주의 면에서는 혁명의 주도 세력이었던 학생들의 입에서 현실 경제에 대한 비판적 움직임이 보였다. 예컨대 1960년 7월 3일에 서울대학교 문리대 학생 1천5백여 명이 국민 계몽대를 결성하면서 내놓은 선언문에 '경제적 독점의 배제'를 요구하는 내용이 담겨 있었다.[27] 정치권력과 결탁하여 미국의 원조를 매개로 독점적 지위를 누리고 있는 일부 기업을 비판하였다. 이러한 비판은 일반 국민들 사이에서도 폭넓게 지지를 받았는데, 이는 정부가 부정축재자처벌법을 제정하여 자유당 정권하에서 있었던 기업인들의 비리를 척결하는 데 중요한 바탕이 될 수 있었다. 그러나 민주당 정부는 이들을 과감하게 다스리지 못함으로써 한국 자본주의가 윤리적으로 한 단계 고양될 기회를 놓치고 만다.

학생들은 또한 '비극적인 농민의 빈곤 위에 화려하게 구축된 도시의 허영과 사치'를 공격하기도 하였지만,[28] 그들에게서 깊이 있고 체계적인 한국 자본주의에 대한 사상을 찾아볼 수는 없었다. 아직 학문적으로 미숙한 탓도 있지만, 이는 당시 학계의 수준과도 무관하지 않을 것이다. 이 시기는 외국으로부터의 학문 수입에 치중하던 때여서 건국 이후의 한국 자본주의를 심도 있게 고찰해 볼 여지는 별로 없었다.

다소 단순화의 위험성을 무릅쓰고 말하자면 이 시기의 한국 학문은 전반적으로 그 수준이 전통의 사상을 온고이지신(溫故而知新)할 수 있는 입장이 되지 못하였고, 새로운 구미 사상을 받아들여 토착화시킬 수 있는 단계도 아직은 되지 못하였다. 그래서 4·19 혁명은 그 중요성에도 불구하고 사상성에서는 프랑스 혁명이나 미국의 독립 혁명과 같은 심원한 면을 보여 주지 못하였다. 이들 두 혁명에서는 계몽주의 사상 등에 영향을 받으면서도 권력 구조와 관련해 인간성에의 깊은 통찰이 있었는데 한국의 4·19 혁명은 그렇지가 못하였다. 민주주의와 자본주의를 실천한 역사가 짧기도 하지만, 제도의 발전적 운영을 위해 필요한 사상적 자산도 빈약했던 것으로 평가될 수 있겠다.

이 당시의 학생들 주장에는 민족주의적인 내용이 많았다. 급진적이기 쉽고, 자아 의식에 민감한 그들의 연령대에서 민족주의는 무엇보다 자극제가 되기에 충분했기 때문이다. 연세대학교 학생들은 학교 재단의 미국인 이사장과 총장의 퇴임을 요구했는데, 이것은 그들이 있는 한 민족 교육이 제대로 이루어질 수 없다고 본 데 기인한다.[29] 앞에서 나온 서울대학교 학생들의 국민 계몽대에서는 '조국과 민족의 복지 달성'에 관심을 보였고,[30] 같은 학교의 1960년 10월 31일자 대학신문에서는 좀 더 강한 외침이 나왔다. 즉, 어떤 국가나 외세에 의해서도 지배와 간섭을 받지 않는 완전 무결한 자주·독립의 민주 공화국을 요구하였다.[31] 그러나 나라 살림살이를 꾸려가는 예산마저 미국 원조에 의존하는 상황에서 이러한 요구는 공허할 수밖에 없었다. 또한 비판의 내용도 피상적이라는 인상을 지울 수 없다.

어쨌든 강렬한 민족주의의 성향은 그동안 엄격하게 지켜져 온 반공주의에도 변화를 초래하는 면이 생기도록 하였다. 일부 학생들과 과거 공산주의 활동을 했던 이른바 혁신계 인사들은 민족 통일을 지향한다는 입장에서 정부의 방침과 상관없이 북한과의 접촉을 시도하는 자세를 보였다. 1960년 11월에 결성된 민족통일연맹, 1961년 2월에 구성된 민족자주통일중앙협의회(약칭 민자통), 그리고 같은 해 5월에 그 모습을 드러낸 민족통일전국학생연맹이 모두 그랬다. 이들 모두 민족과 통일을 단체의 명의로 쓰고 있는 점에서 그들의 진심이야 어떻든 민족의 가장 큰 염원인 통일을 실현하겠다는 의지를 보이는 것으로 파악된다.

이들은 한결같이 남북 학생 회담을 주장하였으며, 1961년 5월에는 민자통 주최로 남북 학생 회담을 환영하는 것과 함께 통일을 촉진하자는 궐기 대회를 열기도 하였다. 정부가 이러한 움직임을 사상적으로 위험시하고 반공법을 제정, 규제하려고 하자 악법이라며 이들은 가두에서 맹렬한 철폐 투쟁도 벌였다. 그러한 움직임의 이면에 북한의 공작이 전혀 없었다고 보기는 어려울 것이다. 건국 전후부터 한국 내에는 북한의 간첩들이 다수 침투해 은밀하게 활동하고 있었다.

그러나 사상적으로 본다면 어쨌든 반공이라는 이념보다 민족을 우선시하는 의식이 당시에 높았음은 부정할 수 없다. 다시 말하자면 반공 이데올로기보다 민족주의가 더욱 강하게 요구되고 있었던 것이다. 일부 학자들이 건국 이후 1987년까지의 한국 현대사의 사상 동향을 반공주의에 입각해 보려는 시도는 이 점에서 너무 단순하다고 해야 한다. 그것은 반공주의를 추구해 온 정부에 대한 본능적 반대 의식에서 비롯된 것이 아닌가 싶다.

민족주의적 경향은 1961년 2월에 미국이 강요하다시피 해서 체결된 한・미 경제 협정에 대한 비판에서도 나타난다. 이 협정은 원조 주체인 미국의 감독권이 강화되고, 원조를 담당하는 미국쪽 고용인에게까지 치외 법권이 허용되는 등 불평등한 요소가 너무나 많아 반발은 응당 나올 수 있는 것이었다. 서울대학교의 2월 13일자 대학신문에서는 경제적 예속화와 내정 간섭, 원조를 구실로 미국에 의한 한국의 정치 시녀화 등을 거론하며 이 협정을 비판하였다.[32] 이 협정에 대하여서는 국회에서도 그 내용의 불평등성에 대하여 상당한 논란이 있었는데, 학생들이 이를 직설적으로 비판하고 나선 것이다.

1950년대에는 거의 보이지 않던 반미의 움직임이 경화된 민족주의의 기류를 타고 나타난 것으로 볼 수 있겠다. 정부가 이 협정에 대하여 친미적 입장에서 전혀 문제를 제기하지 않은 것에 비하면 이러한 움직임은 긍정적으로 평가할 수도 있다. 개인과 마찬가지로 국가에도 정도에 맞는 자존심이 필요하다는 것은 누구도 부정할 수 없는 일이다. 학생들을 대표로 하는 민간에서의 반미 움직임은 그러한 자존심을 촉구하는 의미가 있다고 해야 할 것이다.

일부 학생들이나 혁신계가 아니더라도 이 시기에는 엄격한 냉전 사고에 입각한 반공 자세를 벗어나려는 움직임이 있었다. 1961년 1월에 야당인 신민당(민주당 구파가 분당하여 만든 정당)의 소장파 의원들이 남·북한 간의 경제 교류를 주장하고 나선 것이다. 이것은 북한이 당시 끈질기게 주장하던 것으로 불과 1년 전만 해도 상상조차 하기 어려웠던 일이다. 이러한 움직임도 민족주의와 무관한 입장에서 해명하기는 어렵다고 보아야 한다.

물론 일부 학생들이나 혁신계가 주도하는 남북의 통일 회담 등에 대하여 보수적인 다수의 국민들은 불안을 느끼고 반대하는 심정을 가지고 있었다. 이것은 1960년 7·29 총선에서 비밀리에 북한과 연계 관계를 가지고 있던 혁신계 정당[33]들이 국민들로부터 외면을 당한 데서도 알 수 있다. 뿐만 아니라 1961년 3월에는 61개의 우익 단체들이 서울, 부산, 대구 등지에서 용공 세력을 규탄하며 시위를 벌이기까지 하였다. 그것은 4·19 혁명의 와중에 발표된 대학 교수단의 4·25 시국 선언문에서 나타난 반공주의의 연장선상에서 볼 수 있는 국민적 의사 표현이라고 할 수 있다. 이 선언문에서는 혁명을 이용하려는 북한의 책동과 내부의 '불순분자'에 대한 경계를 학생들에게 일깨우고 있다.[34] 공산주의를 용납하지 않겠다는 국민 대다수의 의지가 지식인들의 응집된 선언 속에 표출되고 있는 것이다.

외형상으로 볼 때 건국 이후 처음으로 발생한 4월의 시민 혁명 이후 한국은 사상적으로 혼란을 겪고 있었던 것으로 보인다. 그러나 당시에 퍼지기 시작한 민족주의의 움직임은 민주화의 바람을 타고 과거와 다른 진로를 모색하고 있었던 것으로 볼 수 있겠다. 기존의 자본주의 양상에 대한 비판, 냉전적인 반공 일변도의 이데올로기를 탈피하려는 노력 등이 그것을 말해 준다.

거듭 말하지만 사상이란 언제나 인간의 삶을 위해 유용한 것이어야 한다. 그러나 어떠한 사상이 과연 인간에게 유용한 것인지는 쉽게 결정을 내릴 수 없다. 개인적인 이해 관계가 그 결정에 방해를 주는 면도 물론 있다. 그러나 가장 큰 것은 사상 자체에 매몰되는 인간의 무지라고 해야 할 것이다. 4·19 혁명 후 5·16 쿠데타 이전까지의 한국에서 벌어진 사상적 움직임도 그런 관점에서 볼 필요가 있다.

통일을 지상의 과제로 여기고 북한과 이 문제를 토의하려는 당시의 일부 움직임과 이를 불안하게 여기며 반대한 쪽 모두 민족주의 자체를 반대하는 것은 아니었다. 그러나 어떠한 민족주의이냐에 따라 각기의 입장은 달리 표출되었다. 전자는 핏줄에 의한 민족의 통일을 우선시한 것이고, 후자는 공산주의를 배제하는 입장에서 민족의 앞날을 생각한 것으로 볼 수 있다. 건국 이전의 좌우 합작과 그것의 반대, 그리고 한국전쟁을 통해 강화된 사상적 분열이 민족주의에 있어서도 이처럼 차이를 가져오게 한 것이다. 그리고 각 세력은 자신이 믿는 사상적 입장에 매몰된 상태에 있었다. 그러나 어느 쪽이 민족의 정통성을 확보하는 입장에 있어야 하는지는 오늘날 분명해지고 있다. 그리고 또 하나 분명한 것은 민족주의나 반공주의와 관련해 민간 부문에서 좌우의 분열 양상이 이때 이미 나타나고 있었다는 사실이다. 그것은 정부가 지향하는 국가 차원의 사상 노선에 민간이 긍정적 기여를 하기보다 오히려 부담이 되는 양상을 나타낸 것으로 볼 수 있겠다.

4 · 19 혁명 후의 민주당 집권기는 정치적 · 사상적으로 불안한 시기였다. 정국이 안정되지 않은 데다 기존의 반공에 도전하는 이른바 혁신 세력이 활발한 움직임을 보이고 있었기 때문이다. 일부 학자들은 이들 세력이 미약하고, 분열되어 있는데다가 (그들에 의한) 통일 논의도 좁은 공간에서 이루어지는 것이어서 집권층이 마음을 쓸 상태가 아니었다고 주장한다. 그래서 당시 민주당 정부가 추진한 국가보안법 개정이나 반공법의 제정에 대하여서도 "막걸리 반공법"이라는 표현을 쓰면서 그 부정적인 면만을 들어 비판한다.[35] '막걸리 반공법'이란 취중에 김일성이나 북한에 대한 찬양을 하는 등의 행위까지 반공법으로 다스린다고 하여 붙여진 것인데, 거기에는 반공법에 대한 혐오의 감정이 상당히 들어 있음

은 물론이다.

그러나 혁신계에 대한 정부의 법적인 대응을 이런 식으로 비하해 보는 것은 북한의 대남 공작을 고려하지 않은 순진한 말이거나 당시의 현실을 제대로 인식하지 못한 무책임한 말이라고 해야 한다. 북한은 이 시기에 고려 연방제 통일론을 내세우고, 혁신계 내지 그를 따르는 학생들과의 통일 논의를 도모함으로써 한국의 사상 전선에 상당한 위협을 주고 있었다. 남한의 반공 체제를 전복하기 위해 이른바 자신들의 혁명가들을 사회 각계에 침투시키고 있었던 것이다. 이에 대항하기 위한 우익쪽에서의 반공 활동이 있었던 것은 자연스러운 일이다. 이는 한국이 건국 이후 다져온 반공주의의 힘을 반영하는 것이었다. 약한 정부로 인해 반공 국가로서의 정체성에 위협이 감지되자 다수의 국민들이 체제 수호의 의지를 드러낸 것이다. 보수적인 정부와 다수 국민이 연합하여 반공이라는 사상 전선을 지키는 가운데 소수의 혁신계가 이에 도전하는 형국이었다고 할 수 있겠다.

2...
갈등 속 사상의 전개 과정

건국의 사상은 1961년 이후 박정희와 전두환이 통치하던 시대를 통해 나름대로의 전개 과정을 밟는다. 이 시기는 고도의 경제 성장이 있었고, 이에 수반된 독재를 타도하려는 민간에서의 민주화 열기도 그 어느 때보다 강하게 펼쳐졌다. 산업화의 성취와 민주주의를 향한 진통이 함께 있었던 시기라고 볼 수 있을 것이다. 세월로 보자면 근 30여 년에 이르는 결코 짧지 않은 기간이고 굴곡과 변화도 상당히 많았던 시기이다. 하나의 장으로 묶어 보기에는 양이나 내용 면에서 어려운 점이 없지 않다. 그래서 이 기간을 전기, 중기, 후기로 나누어 보고자 한다. 즉, 5 · 16에서 유신 이전까지를 전기, 그리고 유신 체제의 성립 이후 박정희가 암살된 10 · 26까지를 중기, 그리고 전두환이 집권하던 시기를 후기로 해서 사상의 흐름을 살펴보기로 한다.

전기 5 · 16에서 유신 이전까지

5·16이 의미하는 것

5 · 16 쿠데타를 몇몇 군인들의 권력욕 때문에만 일어났다고 보아서는 안 된다. 보릿고개라고 했던 만성적인 가난, 민주당 정부 시절의 사회적 혼란, 그리고 불안했던 북한의 움직임까지 국민들은 당시 상황에 심각한 불만과 문제 의식을 갖고 있었다.

누가 보더라도 5 · 16은 이 시기의 출발을 알리는 신호탄이다. 그런데 5 · 16은 군사 혁명인가, 군사 쿠데타인가? 전자로 불리는 경우 그것은 실정법상의 불법 여부를 떠나 역사적 타당성을 인정받는 것으로 인식된다. 그러나 후자의 경우 불법성은 물론 역사적 타당성도 없는 것으로 인식되는 게 학문상의 개념적 구분이다. 오늘날은 후자로 판정이 난 셈이지만 박정희 집권기에는 당연히 전자로 불리었다. 쿠데타가 일어났을 당시에도 국민들 간에는 그에 대한 판정을 두고 이 양자의 견해가 함께 있었다. 장면 정권의 무능과 사회적 혼란에 불안을 느끼던 국민들에게는 5 · 16이 군사 혁명이었지 쿠데타는 아니었다. 당시 그런 입장에서 생각하는 사람들은 의외로 많았다. 반면 민주적 정통성을 존중하고 장면 정권이 단기였음을 아쉬워하는 쪽에서는 5 · 16을 쿠데타로 받아들였다.

이 쿠데타의 사상적 의미는 어떠한 것일까? 이러한 물음의 적합성 자체에 대하여 조소를 보내는 경우도 없지 않겠지만, 어쨌든 이 거사가 한국사에서 차지하는 엄청난 비중을 생각한다면 물음 자체에 이의를 달 필요는 없다. 5·16의 사상적 의미는 박정희 등이 쿠데타를 일으키면서 내건 6개항의 「혁명 공약」을 통해서 파악해 볼 수 있는 것이 아닌가 싶다. 이들 공약은 이후 한국이 나아갈 사상적 방향을 제시하고 있다는 점에서 의미가 있다. 6개항의 내용은 다음과 같다.

1. 반공을 국시의 제1의로 삼고 지금까지 형식적이고 구호에만 그친 반공 체제를 재정비 강화한다.

2. UN 헌장을 준수하고 국제 협약을 충실히 이행할 것이며 미국을 위시한 자유 우방과의 유대를 더욱 공고히 한다.

3. 이 나라 사회의 모든 부패와 구악을 일소하고 퇴폐한 국민 도의와 민족 정기를 다시 바로잡기 위하여 청신한 기풍을 진작시킨다.

4. 절망과 기아선상에서 허덕이는 민생고를 시급히 해결하고 국가 자주 경제 재건에 총력을 경주한다.

5. 민족적 숙원인 국토 통일을 위하여 공산주의와 대결할 수 있는 실력의 배양에 전력을 집중한다.

6. (군 인) 이와 같은 우리의 과업이 성취되면 참신하고도 양심적인 정치인들에게 언제든지 정권을 이양하고 우리들 본연의 임무에 복귀할 준비를 갖춘다.

(민간인) 이와 같은 우리의 과업을 조속히 성취하고 새로운 민주 공화국의 굳건한 토대를 이룩하기 위하여 우리는 몸과 마음을 바쳐 최선의 노력을 경주한다.

제1항은 기존의 반공주의를 이어받아 더욱 강화하려는 의지를 담고 있다. 4 · 19 혁명 이후 일부 학생들과 혁신계를 주축으로 전개된 용공적 움직임을 용납하지 않겠다는 뜻도 거기에는 담겨 있다. 북한이 남한 내에 침투한 저들의 간첩망을 이용해 내부 교란을 획책하는 현실에서 이는 사상적인 자기방위의 확고한 의지 표현으로 볼 수 있겠다. 그런 만큼 절대적인 사상의 자유는 그들에게 받아들여질 수 없는 것이 된다. 1961년 7월에 제정된 반공법 제1조에서 그들은 반공을 국가 재건 과업의 제1목표로 규정하고 있다. "반공 체제를 강화함으로써 …… 공산 계열의 활동을 봉쇄하고 국가의 안전과 국민의 자유를 확보"할 것을 다짐하기도 하였다. 사상의 자유에 제한을 가하되 그것이 국민의 또 다른 자유의 확보를 위해 불가피하다고 보았기 때문이다.

이러한 내용은 거의 같은 시점에 북의 김일성이 한 말보다 상당히 솔직한 면이 있어 보인다. 김일성은 1960년 8월 14일의 「조선 인민의 민족적 명절 8 · 15 해방 15돐 경축 대회에서 한 보고」에서 사상의 절대적 자유를 말하고 있다. 그에 의하면 공산주의를 포함해 어떠한 사상도 억압되어서는 안 되며 사상을 선택하고 그것을 선전할 수 있는 자유와 권리가 모든 사람들에게 보장되어야 한다고 하였다. 또한 이런 말도 하였다. "예수를 믿는 것이 자유라면 왜 공산주의 사상을 선택하는 것은 자유로 될 수 없단 말입니까?"

그렇다면 그들 자신은 예수를 믿도록 자유를 주고 있는가? 공산주의를 반대하는 사상의 자유를 주고 있기라도 하단 말인가? 자신들은 그렇게 하지 않으면서 남에 대하여서는 이렇게 말할 수 있는 그 표리부동한 태도가 놀라울 뿐이다. 더구나 공산주의가 실패한 것으로 판정 난 지금 반공주의를 내건 5·16 세력의 이념적 방향이 잘못되었다고 할 수는 없다. 헌정을 중단시킨 5·16 세력이지만 건국 사상의 하나인 반공주의에서는 정통성을 훼손하지 않았다.

제2항에서는 미국과의 유대를 공고히 하겠다고 했는데, 이것은 제4항에서 제시된 민생고의 해결이나 국가 자주 경제 재건의 약속과 함께 볼 필요가 있다. 이제까지 한국은 정치, 경제, 안보 등 모든 면에서 미국과 긴밀한 관계를 유지해 왔다. 이것은 5·16을 일으키던 당시는 물론 현재의 시점에서도 한국에게 전혀 외면할 수 없는 관계이다. 미국의 원조가 한국 자본주의의 진전에 반드시 긍정적 역할을 한 것만은 아니다. 그들은 원조를 빌미로 한국의 경제 및 정치에 관여해 왔고, 자주 경제의 건설에 역행하는 처사를 해 왔던 것도 사실이다. 그러나 만약 당시에 당장이라도 미국의 원조가 끊어진다면 한국은 치명적인 파국을 맞을 수밖에 없었다. 그래서 싫든 좋든 미국과의 유대는 불가피한 측면이 없지 않았다. 이러한 상태에서 자주 경제를 재건하겠다고 했으니, 이것은 미국에 종속 내지 의존적인 경제하에서도 좀 더 자주성을 가진 국가 경제를 이룩하겠다는 의지의 표시로 볼 수 있다.

제3항과 제5항에서는 '민족 정기'(民族正氣)와 '민족의 숙원인 국토 통일'에 관한 언급을 함으로써 직접적으로 민족주의와 닿는 공약을 제시하고 있는 셈이다. 민족 정기의 뜻을 글자 그대로 풀이하자면 민족의 바른 기운이다. 그것은 민족의 생존과 번영을

목표로 하는 민족주의적 사고 없이는 나올 수 없는 말이다. 제5항에 나오는 국토 통일에 관한 언급도 같은 범주에서 생각할 수 있는 말임은 물론이다. 그런데 같은 항목에서 국토 통일을 위하여 "공산주의와 대결할 수 있는 실력의 배양에 전력을 집중한다."고 했으니 이는 민족주의를 추구하되 공산주의는 배제한다는 말임을 알 수 있다. 즉, 반공의 입장에 선 민족주의의 선언으로 기존의 반공적 민족주의를 그대로 계승하겠다는 의사 표시인 것이다.

그런데 여기서 말하는 실력의 배양이란 무엇을 뜻하는 것인가? 군사·경제를 모두 포함하는 말이 되겠지만, 주로 경제에 무게를 두고 한 말로 생각된다. 그것은 이후의 국가적 목표가 경제 개발에 집중된 것을 보아도 알 수가 있다. 국가 사회의 구성원들을 잘 살게 하는 일이야말로 체제의 우위성을 실증해 보이는 첩경이라고 생각한 것이다.

제6항은 지켜지지 않은 약속이지만, 그 약속의 전제가 되는 여러 과업의 성취가 이미 단기간에 될 수 없는 것이 명백한 이상 약속 위반은 불가피했던 것이 아닐까 싶기도 하다. 쿠데타 세력은 그래도 자신들의 거사에 대한 지지를 모으기 위하여 민주주의의 정통성을 회복하겠다는 다분히 정략적인 이 항목을 설정한 것으로 보인다. 민주주의를 전혀 무시할 수 없는 시대적 대세를 그들도 할 수 있는 범위에서 받아들이려는 뜻으로 해석된다. 설령 원치 않더라도 이미 건국의 사상에서 표명된 민주주의의 길을 그들도 거부할 수 없었을 것이다. 이렇게 볼 때 일부 학자들이 혁명 공약에 민주주의의 실현에 관한 언급이 없는 것으로 보면서 그

앞의 민주당 정부와 차이가 있다고 보는 것은 문제가 있다.[1)] 정권의 변동과 상관없이 국가 체제를 지탱하는 중요한 사상의 하나인 민주주의는 5 · 16의 주체들로서도 결국 수용하지 않을 수 없는 것이었다고 보아야 한다.

만일 민주당 정부와 5 · 16 주체 세력의 차이를 혁명 공약에서 찾는다면 민간인을 대상으로 제시한 제6항의 공약 내용에서 찾아야 하지 않을까 생각된다. 여기서 "새로운 민주 공화국의 굳건한 토대"를 이룩하겠다고 했는데, 이 말은 그 후의 국가 진로에 비추어볼 때 단지 시간상의 새로운 출발만을 의미하는 것으로 보이지 않는다. 민주당 정부에 의한 종래의 민주주의와 다른 새로운 관점의 민주주의에 바탕을 둔 국가를 이룩하겠다는 의미로 생각되는 것이다. 후에 '민족적 민주주의' 내지 '한국적 민주주의'가 그 새로운 관점에서 나오게 되는데, 요컨대 그것은 주체적 민주주의를 확립하자는 것으로 볼 수 있다. 민주주의를 하나의 수입된 문화로 보고 한국의 실정에 맞도록 토착화하겠다는 의미인 것이다. 이에 관해서는 뒤에서 다시 보게 될 것이다.

5 · 16 쿠데타가 민주주의에 상처를 입힌 거사임은 이제 분명해졌다. 정통의 합법 정부를 무너뜨렸다는 의미에서뿐만 아니라 그것을 시발로 해서 이룩된 정권의 성격이 민주주의와 거리가 있었다는 점에서도 그렇다. 이러한 사실을 두고 '민주주의를 부정한 자는 결코 민주주의를 할 수 없다'는 명제성의 결론을 이야기할 수도 있을 것이다. 실제로 제2차 세계 대전 이후 많은 개발 도상국가들에서 군사 쿠데타가 일어났지만, 그 이후 민주주의를 성취

시킨 경우는 거의 없었다. 이 같은 점에서 위에서의 명제성 결론은 보편적 동의를 얻을 여지도 있다.

그렇다고 5·16 쿠데타가 전적으로 박정희를 비롯한 몇몇 군인들의 권력욕에서 이루어진 것이라고만 보아서는 안 될 것이다. 나름대로 구국의 의지가 그들에게 있었던 점은 인정되어야 한다. 매년 봄이면 절량 농가가 속출하는 만성적인 가난, 북한과의 대치 상태에서 용공 분자로 보이는 자들이 활개를 치는 현상은 일반 국민들에게도 불만과 불안, 그리고 경계 의식을 가지도록 하기에 족하였다. 5·16 쿠데타는 그러니까 그 비민주적 성격에도 불구하고 다수 국민들과 공감대를 이룰 문제 의식에서 출발한 점이 분명히 있다.

그런데 민주당 정부 시절의 혼란을 가리켜 민주주의를 체득해 나가는 시행착오이고 한국 민주화의 토착화 과정이었다고 보는 학자들이 있다. 이들에 의하면 5·16 세력은 이 당시의 혼란을 단순한 혼란으로 간주하여 쿠데타를 감행함으로써 민주주의의 토착화 기회를 상실하게 했다고 비판한다.[2] 그러나 혼란에 대한 그들의 해석은 너무 안이한 데가 있다. 그들이 이러한 판정을 내리는 시점은 한국이 경제나 국방에서 1960년대보다 훨씬 안정된 기반을 구축했던 1980년대에 들어서서이다. 이러한 상태에서 냉전 체제가 한창이고 전쟁을 일으킨 바 있던 북한의 남침 위협을 피부로 느끼며 살던 상황에서의 혼란을 평가하는 것은 무리이다. 혼란을 보는 시각은 어차피 주관적일 수밖에 없거니와 그럼에도 불구하고 다수의 한국인들이 당시의 혼란을 위험시했다는 사실은 매우 중요하다. 5·16의 비민주성은 부인될 수 없다. 그러나 그것을 유발한 당시의 혼란을 이론의 잣대로만 말할 수는 없다고 본다. 많은 사람들이 당시의 혼란을 위기로 간주할 수밖에 없었던 상황까지 염두에 두고 그 문제를 생각해야 할 것이다.

5·16 주체 세력들은 「혁명 공약」에서 보듯이 새로운 사상을 제시하고 있지는 않다. 민족 자주 경제의 이름 아래 자본주의 경제를 살리고, 반공주의 체제를 다시 강화하겠다는 것이 요지이다. 기존의 국가적인 사상 노선에 힘을 불어넣어 내실을 다지겠다는 의미로 보면 될 것이다. 거기에는 행동이 필요하지 않을 수 없다. 군인 특유의 실천력과 오늘날 잘 알려져 있는 박정희의 '하면 되는 것이다'의 정신이 그 행동을 뒷받침하게 된다. 5·16 세력들은 기존의 국가 사상을 강한 실천력으로 현실에 확고하게 자리 잡으려는 목표를 가지고 있었다.

이러한 점은 1948년의 건국 이후 아직 없었거니와 시간을 더 거슬러 올라가 과거의 유교 체제를 보더라도 찾아보기 어려운 일이다. 조선 시대에서 가장 전형적으로 볼 수 있는 유교 체제에서는 실천적인 행동보다 말이 앞서는 폐단이 있었다. 행동에 앞서 지식과 명분을 강조하는 주자학의 영향 때문이겠거니와 자유당이 통치하던 1950년대에도 문제는 있었다. 통제는 있되 국가적 발전 목표를 가지고 정부가 국민에게 실천적 행동에 나서도록 이끌어 가지 못하였던 것이다. 단명이었지만 민주당 정부도 이 점에서는 다를 게 없었다. 쏟아지는 국민들의 요구와 빈발하는 시위에 정부로서의 제 기능마저 제대로 발휘하지 못하는 면이 있었다.

그런데 5·16은 일정한 목표와 행동을 긴밀하게 결합시키는 시발점을 마련하고 있다. 그 목표는 주로 경제에서 강하게 표출되었지만 거기에서 나타난 실천적 성향은 이후 여타의 사상에서도 나타난다. 잘 살기 위한 민족주의, 이를 매개로 대북한에의 우위 확보를 위한 반공주의, 그리고 종국에는 말썽 많은 '한국적 민주주의'의 표출로서 나타난 '10월 유신'에 이르기까지 모두가 그렇다. 이 결과 단기간에 동원 체제를 극대화하여 고성장과 발전을 이루기도 했지만, 반정부적 민간 세력과는 불가피하게 강한 마찰을 불러일으키기도 하였다. 5·16은 국가 차원에서의 강한 실천을 통해 기존 사상에 어떻게 하든 변화와 진전 내지 새로운 흐름을 적극적으로 만들어 가는 계기로서 의미가 있었다고 평가할 수 있겠다.

경제 개발론

1960년대 초에는 5·16 세력뿐만 아니라 민주당 정부도 경제 개발을 최우선의 국가 과제로 내걸었다. 뿐만 아니라 당시 민간에서도 잘 살아 보려는 의욕이 넘치고 있었다. 결국 경제 개발은 시대적 과제였다고 볼 수 있다.

제일의 목표였던 정부 주도하의 경제 개발

경제 개발은 1960년대와 그 이후 한국의 사상적 방향을 결정짓게 된 중요한 인자이다. 민주주의, 민족주의, 그리고 반공주의도 자본주의를 바탕으로 하는 경제 개발을 축으로 해서 전개되었다. 경제 개발의 목표 달성을 위해 민주주의・민족주의・반공주의가 각각 한국의 현실을 강조하면서 나름의 사상 흐름을 가지게 되었다는 말이다. 최소한 1960년대는 경제 개발로 요약되는 근대화를 위해 여타의 모든 사상이 주조되는 면이 있었던 것을 부인할 수 없다. 말하자면 경제 제일주의나 경제 지상주의라고 해도 좋은 면이 있었다. 제2차 세계 대전 이후 독립하거나 탄생한 많은 국가들 중에 한국이 비교적 늦게 경제 개발을 시작했다는 데 대한 의식이 여기에 없지 않았을 것이다. 인도는 1951년, 파키스탄은 1955년에 제1차 5개년 계획에 착수하였으며, 미얀마(구 버마) 1956년, 캄보디아 1960년 등 거의 모든 국가가 한국에 앞서 경제 개발을 시작하였다.[3)] 한국으로서는 조급한 마음을 가질 수밖에 없는 입장이었다.

경제 개발을 위해 한국이 정부 차원에서 선택한 사상 노선은 속도전의 양상을 가지고 있었다. 목표의 신속한 달성을 위하여 서구 민주주의적 행태는 환영받지 못하였고, 민족주의가 유달리 강조되었으며, 북한에 비해 상대적으로 열위에 있던 경제 수준이 반공주의를 더욱 강화시킨 면이 있다.

현실과 당위 모두에서 경제 개발이 그만큼 중시된 것인데, 이에 대하여 군사 쿠데타 세력이 자신들의 불법적 집권을 정당화하기 위해 그것을 추진한 것으로 보는 견해가 널리 퍼져 있다. 그러나 이후에서 보게 되듯이 경제 개발을 그런 관점에서 볼 수는 없다. 경제 개발이 국민 내지 민족의 현재적 삶에서 가장 긴급한 과제로 떠올랐기 때문이라고 보아야 한다. 그 당시에는 정권의 합법, 비합법성을 가릴 것 없이 경제 개발은 당면한 시대적 과제였다. 5·16에 앞서 민주당이 1960년의 7·29 총선에서 '경제 제일주의'를 내걸며 대중 경제 생활의 긴급 과제 해결, 이를 위한 종합적 연차 계획의 수립과 실천을 공약으로 내세운 것[4]도 그 때문이었다.

그리고 1970년대 초 이전까지 북한에 비해 경제가 열위에 있던 한국으로서는 어쨌든 이 부문에서 성과를 이루어야 한다는 경쟁 심리도 작용하였다. 적어도 1960년대까지 산업화에 앞서 있던 북한을 추월해야 한다는 절박한 심정이 한국으로 하여금 경제 개발에 온힘으로 매달리도록 만든 면이 있는 것이다.[5] 이 시기에 남북한은 모두 그들 체제의 우월성을 국가 사회 구성원들의 경제 생활 수준에서 찾았다. 북한은 자신들의 경제적 우월성을 자랑하였고,[6] 남한은 이를 역전시키기 위하여 모든 노력을 기울이게 된 것이다. 이것은 모든 체제의 기본적 임무가 어디에 있는가를 무언중에 말해 주는 것이기도 하다. 그리고 그것은 오늘날에도 남북의 체제를 비교, 평가하는 가장 유력한 기준이 될 수 있을 것이다.

1950년대에도 '경제 부흥 5개년 계획' 등 경제 개발에 대한 노력이 있었다. 그러나 그것이 여타의 사상을 이끄는 중심축으로 인식되지는 않았다. 그런데 1960년대에 이르면 국가가 전략 과제 차원에서 경제 개발에 나서면서 건국의 네 가지 사상은 경제를 중심으로 하나의 유기적 관련성을 가지고 전개되어 갔다. 물론 이것은 국가가 전개하는 사상의 방향을 두고 하는 말이지만, 그에 대응하는 민간에서의 사상적 움직임도 이와 무관하지 않았다.

예컨대 경제 개발을 우선하는 데서 오는 집권측의 비민주적 행태가 민간 차원에서의 정부 비판을 불러오고 급기야 민주주의를 확립하려는 움직임으로 나타나는 식이다. 1969년에 논란이 되었던 3선 개헌도 그러한 범주에서 볼 수 있을 것이다. 집권측은 경제 개발을 핵으로 하는 근대화의 계속적 수행을 위해 현직 대통령의 3선이 불가피하다는 주장이었고, 학생들이 주축이 되었던 민간에서는 그에 반대하는 운동을 벌인 것이다. 민간에서도 경제 개발을 반대할 이유는 없었지만 그것을 빌미로 민주주의를 제대로 하지 않으려는 것에 대하여서는 이의를 제기하고 나선 것이다.

일부에서는 1950년대와 마찬가지로 경제 개발이 국가 사회적 목표가 된 이 시기에도 반공주의가 한국의 중심 사상이었던 것처럼 언급하는 경우가 있다. 그러나 무엇이 국가 사회적으로 가장 큰 관심사였느냐, 생활을 위한 목표로서 어떤 사상이 가장 큰 비중을 차지하였는가라고 한다면 단연코 그것은 경제 개발을 위한 자본주의에의 매진이었다고 해야 한다. 경제 개발이라는 잘 살기 위한 근대화의 핵심 요구가 이 시기에는 자본주의 구조 속에서 가장 큰 관심 사항이 된 것이다.

한국을 반공 국가로 규정하면서 그에 따라 한국의 현대 사상사를 구조 지으려 하는 것은 지나친 논법이라고 해야 한다. 대개 좌파로 분류될 수 있는 학자들이 이러한 견해를 가지는 것은 반공에 대한 그들의 혐오감에서 비롯된 것으로 생각된다. '반공 전시 사회'니 '반공 병영 사회'니 하는 식의 한국 사회 규정은 우여곡절을 거치면서도 민주 사회의 틀을 지켜온 국민적 자존심을 훼손하는 조어(造語)라고 해야 한다.[7] 반공과 병영이라는 극히 제한된 범주의 개념을 가지고 복합적 내용을 가진 사회를 규정하는 것은 논리적 단순화 오류를 면할 수 없다. 더구나 군정이 실시 중이던 1962년 1월에 정부가 잠시나마 공무원의 노조 결성을 허용했던 것은 병영이라는 표현으로 획일화할 수 없는 집권층의 진보 의식의 일단을 보여 준 것이다.

이 시기는 조선 시대의 실학파들이 주장한 실용주의가 정부나 민간 모두를 폭넓게 지배하고 있었다고 보는 게 차라리 옳다. 정부는 국가 혹은 민족 단위에서의 경제 개발에 매진하였고, 민간에서도 어떻게 하든 잘 살아 보려는 의욕이 넘치고 있었다는 점에서 그렇다. 뒤에 보게 되는 「국민교육헌장」에서 나타나듯이 경제 개발로 민족 중흥을 이룩하기 위해 이론도 그에 꿰맞추어지던 면이 있었다. 이 시기의 한국 사회는 추상적인 주자학보다 물질적 성과를 중시하는 실학파적 공리주의가 강하게 작용하는 사회였다고 보는 게 더 합당하다.

경제 개발을 축으로 하는 국가적인 사상의 방향은 물론 5·16을 시발점으로 하는 정부에 의해서 추진되었다. 그리고 그러한 사상 방향을 정립하는 데 주도적 역할을 했던 정부의 수장이 박정희라고 볼 때, 그가 당시에 어떤 생각을 가지고 있었는가를 관심 있게 살펴볼 필요가 있다.

박정희는 1962년에 발간된 자신의 저서 『우리 민족의 나갈 길』에서 경제에 대하여 아주 중요한 의미를 부여하고 있다. 민주주의도 반공도 경제의 확립 없이는 어렵다고 본 것이다. 박정희는 "정치적 민주주의의 전제가 되는 경제적 조건이나 기반을 이룩할 수 없는 데서는 민중의 진정한 지지 위에 선 민주주의가 성장될 수 없다."[8)]고 보았다. 또 "'최대한의 자유, 최소한의 계획'을 원칙으로 경제 계획을 완수하여 '한강변의 기적'을 이룩해 놓는 것이 바로 승공의 길"[9)]이라고도 하였다. 1963년에 나온 『국가와 혁명과 나』에서도 "경제 재건 없이 공산당에 이길 수도 없고"[10)]라는 말을 하면서, "자주 독립도 (경제 재건 없이는) 기약할 수 없는 일"[11)]이라고 하였다.

그러면 경제가 왜 그토록 중시되어야 했던가? 민족이 잘 살아야 한다는 간절한 염원으로부터 나온다. 생존에서 한걸음 더 나아가 민족의 번영, 복지를 이루고자 하는 민족주의가 그 바탕에 있는 것이다. 박정희가 "우리 민족에게는 갱생의 길이 없을까. …… '굶주리는 사람이 없는 나라' '잘 사는 나라'로 만드는 길이 없을까?"[12)]라고 절규하는 데서 그것을 알 수 있다. 위의 인용문에서 볼 수 있듯이 경제와 관련해 민중에 대한 관심도 있지만, 박정희의 더욱 큰 관심은 경제를 민족과 연결시키는 데서 찾을 수 있다. 민중은 민족의 이름 안에서 고려되고 있다고 볼 수 있다.

이것은 정책적인 면에서 민족이 우선하고 민중은 그 다음의 것으로 고려될 수 있음을 의미한다. 민족 전체의 이익을 위하여 때로는 불가피하게 민중의 이익이 경시될 가능성을 내포하고 있다. 그를 반민중론자로 보는 좌파의 시각은 이런 점에서 근거가 있는 셈이다. 실제로 1963년에 개정된 노동조합법, 노동쟁의조정법, 노동위원회법 등에서는 국가의 개입과 쟁의 행위에 대한 규제를 강화함으로써 그 가능성을 높여 준 것도 사실이다.

'잘 사는 나라'를 만들고자 하는 한국 민족주의의 꿈은 박정희가 이때 말한 것이 처음은 물론 아니다. 근대화를 추구했던 19세기 말 개화파의 이상이었고, 1894년에 일어난 동학농민운동의 목표도 궁극적으로는 살기 좋은 나라를 만드는 것이었다. 그러므로 박정희 스스로는 의식하지 못했더라도 한국인으로 태어난 자로서 민족주의의 남겨진 과제를 이때 다시금 자각한 것이 된다. 어쨌든 박정희는 민족주의적 입장에서 경제를 아주 중시했고, 그것이 민주주의의 발전과 반공 사상의 확립을 위해서도 반드시 필요하다고 보았다. 박정희가 생전에 남겨놓은 네 권의 저서, 즉 『우리 민족의 나갈 길』, 『국가와 혁명과 나』, 『민족의 저력』, 『민족 중흥의 길』 중에서 세 권의 이름에 '민족'이 들어가 있는 것은 우연이 아니다. 이러한 사실만을 두고 본다면 그는 열렬한 민족주의자임에 틀림없다.

한때 '민족적 민주주의'를 제시했던 데서 알 수 있듯이 그는 민주주의도 민족주의를 바탕으로 생각하였다. 민족의 전통과 문화에 맞는 민주주의라야 하며, 서구에서 직수입된 민주주의는 한국에 맞지 않는다고 하였다. 공산주의도 체제 이념상 자본주의보다 우리 민족을 더 잘 살게 할 수 없다고 보아 반대하였다. 1970년 광복 25주년 경축사에서 발표한 「8 · 15 선언」에서 박정희는 북한에 대하여 (남북의) 양 체제가 선의의 경쟁을 할 용의가 없느냐고 묻고 있다. 자본주의가 공산주의보다 민족을 더 잘 살게 할 수 있다는 자신감에서 나온 말임은 물론이다. 맹목적인 반공이 아니라 민족의 삶을 진지하게 생각하는 입장, 그러니까 민족주의자로서의 냉철한 사유 끝에 얻어진 반공을 박정희는 보여 주었던 것이다. 가난의 체험과 한때 마르크스주의에 기울었던 그의 사상적 편력이 이러한 입장을 가지게 할 수 있었던 것으로 생각된다.

동원 수단으로서의 민족주의를 어떻게 볼 것인가

돌이켜 보면 민족주의는 1960년대를 관통하는 중요한 사상이었던 것으로 파악된다. 1960년대 들어 민간에서는 전통 문화에 대한 관심이 활발하게 일어나기 시작하였다. 1963년에 한국사상연구회가 창립되어 『한국사상』지를 정기적으로 낸 것에서도 그런 흐름의 일단을 보여 준다. 이 연구회는 서구 문물이 주를 이루던 사상적 풍토에서 한국 전래의 사상을 돌아보고 그것을 현대에 살리고자 하는 의도에서 출발하였다. 사상 면에서의 자주독립을 향한 움직임이었던 것이다.[13] 경제학계에서도 이 시기에 한국의 전통 경제에 대한 연구가 활발해졌다.

예컨대 1963년 7월에 창립된 한국경제사학회는 멀리 삼국 시대로부터 조선 시대에 이르기까지 각 시대의 농업, 공업 등 다방면에 걸친 연구 활동을 전개하였다. 이 학회에는 일반 국사학자들도 참여하였는데, 이는 "과거의 왜곡된 사관을 바로잡고 민족 주체의 발전 사관을 모색"[14]하려는 차원에서 바람직한 일이기도 했다.

1957년에 발족된 고려대학교 부설의 아세아문제연구소가 『아세아연구』를 발행하며 한국의 전통과 현실 문제에 대하여 관심을 기울인 것도 이 같은 흐름의 하나일 것이다.[15)]

물론 일제 식민지하에서도 우리의 전통 문화에 대한 연구가 없지는 않았다. 그러나 말기에 이르러 그것은 차단되는 운명을 면치 못했고, 해방 이후에도 혼란스러운 정국과 한국전쟁으로 인해 전통 문화에 대한 연구는 제대로 이루어지지 못하였다. 또 전후의 1950년대에는 미국을 통한 서구 문물의 수입에 더 열을 올리던 때여서 그러한 연구가 본격적으로 착수되기는 어려웠다. 그러다가 대체로 1960년대에 접어들면서 이제 한국의 전통 사상과 문화에 대한 관심이 고조되기 시작한 것이다. 자기 것에 대한 관심, 민족의 정체성과 그에 대한 연구열이 나타난 것인데, 아직 초기에 불과하였지만 사상에서의 민족주의적 움직임의 표출이라고 볼 수 있을 것이다.

오늘날 '민족 경제론'으로 불리는 경제학계의 움직임이 이 시기를 기점으로 논의의 싹을 보이는 것도 우연은 아닐 듯싶다.[16)] 민족 경제론은 주로 박정희의 경제 정책과 그 결과를 문제 삼고 있는데, 민족주의를 그토록 강조한 박정희가 민족 경제론의 이름으로 비판받은 것은 흥미가 가는 대목이다. 이는 민족주의가 구호로는 쉽되 실천에서는 비판의 여지를 얼마든지 보일 수 있는 대단히 어렵고 복합적인 면을 가진 사상이기 때문이지 않나 싶다. 어쨌든 1960년대에는 박정희나 또한 그를 비판하는 쪽에서나 다 함께 민족주의가 강하게 제기되었다. 제2차 세계 대전 이후 탄생한 아시아와 아프리카의 신생국들에서 특히 1960년대 들어 민족주의가 거세게 일어났던 세계적 조류도 여기에 작용하였을 것이다.

5 · 16은 바로 이러한 사상적 기류를 타고 민족주의를 강조하게 된 것이며, 또한 이러한 흐름을 더욱 촉발시키는 기능도 하였다. 주어진 사상적 여건, 말하자면 민주주의, 자본주의 경제, 그리고 반공의 실현에 있어 민족주의가 국민들을 동원(動員)하는 사상으로 떠오르기에 이른 것이다. 단위 민족으로서의 자기에 대한 관심, 자신의 생존과 번영, 발전에 대한 욕구가 민족주의의 주요한 내용이라 한다면, 민족주의의 동원 기능은 당연한 것으로 인식되기도 한다. 그에 근거하여 경제를 최우선적으로 해결하고, 민주주의와 반공도 민족주의를 바탕으로 하여 잇달아 이루고자 하는 국가적 목표가 1960년대에 본격화되기 시작한 것이다. 가난에 대한 국민적 극복 의지, 건국 이후 배양된 교육받은 인적 자원도 여기에 한몫을 하게 된다.

일부 학자들은 그러나 이러한 결과로 나타난 1960년대의 한국 자본주의와 관련된 여러 조치들을 비중립적 입장에서 보려는 경향을 띠고 있다. 그들에 의하면 1965년의 한일 협정 타결, 베트남 파병과 그에 따른 미국의 경제 원조 약속, 외자도입법의 제정, 1970년에 제정된 「외국인 투자기업의 노동조합 및 노동쟁의 조정에 관한 임시특례법」, 그리고 각종 특혜를 내용으로 하는 마산 수출자유지역의 설정 등은 "초국적 자본과 관료 자본주의의 부패를 통한 유착 관계"[17]에 지나지 않는다고 보았다.

경제를 일으켜서 국민이 잘 살아 보고자 하는 차원에서 실시된 모든 조치가 그들의 눈에는 이렇게밖에 보이지 않는 것이다. 인간의 인식이라는 것이 사실 자체를 보기보다 자기가 만들어서 보는 경향이 있음을 인정하더라도 이는 너무 심한 인식의 편향이 아닐 수 없다. 그들의 비판이 전적으로 잘못된 것은 아니라 하더라도 긍정적으로 볼 수 있는 면조차도 애써 외면하는 그 편향성은 문제 삼지 않을 수 없다. 한일 협정과 베트남 파병의 경우를 보더라도 그 조치들이 한국 경제의 발전에 기여한 사실은 누구도 부정할 수 없다. 한일 협정이 일본에 대한 한국 경제의 의존성을 높이고 베트남 전쟁에 한국의 젊은이들을 용병으로 팔았다고 비판한다면 거기에 일면의 의미가 없는 것은 아니다.

그러나 이 경우에도 그것들이 결국 한국 경제의 발전과 국익을 위한 노력의 일환이며 정책 당국자의 입장에서는 놓치고 싶지 않은 기회의 포착이었다는 점도 인정되어야 한다. 대상화된 사실에의 단순한 인식을 넘어 그것을 정책화한 당해 인간들의 주체적 사고도 헤아려 볼 필요가 있는 것이다. 한마디로 인식의 객관성을 확보하려는 노력이 1960년대의 한국 자본주의를 보는 일부 학자들에게 부족했음을 인정하지 않을 수 없다. 명암이 병존할 수 있는 사물의 인식에서 어느 한쪽만을 들어 말하는 것은 분명 바른 태도가 아닐 것이다.

1960년대의 한국 경제와 관련된 정책 당국의 여러 조치를 비판적인 눈으로만 보는 입장에서는 오늘날 외국 기업을 유치하기 위하여 많은 나라에서 경쟁적으로 벌이는 특혜의 제공도 비굴한 유착 관계로만 보일 것이다. 오늘날 여러 나라에서 자국의 고용을 증대하기 위하여 외국 기업에게 토지를 무상 또는 파격적인 염가로 제공하고 노동 조건이나 세제 내지 행정상 특혜를 주는 일이 드물지 않다. 이러한 조치들의 궁극적인 목표는 결국 자국의 이익을 위한 것이거니와 1960년대의 한국 경제에서 보이는 위의 여러 조치들도 이러한 관점에서 보는 시각이 필요하다.

한편 이 시기부터 본격화된 산업화의 과정에서 친족 중심의 기업 경영이나 국가와 조직 노동자 관계에서의 권위주의적 요소가 있음을 들어 전통적인 유교 문화의 영향을 거론하는 견해가 있다.[18] 이 같은 견해는 경험적으로 보더라도 틀린 말은 아닐 것이다. 친족 중심의 기업 경영에는 가족을 중시하던 유교의 영향이 분명히 있다고 보아야 한다.

그러나 국가와 조직 노동자 관계에서 유교의 영향으로 지적되는 권위주의는 국가주의 혹은 민족주의로 대치해 보는 것이 타당하지 않을까 싶다. 가족과 더불어 유교에서 가장 중시되는 집단적 생활체로서의 국가는 민족주의적 관념을 통해 근로자들의 노동운동에 대한 의식을 효율적으로 통제하고 사회적 압력도 유도할 수 있었던 것으로 보이기 때문이다. 바로 이런 점에서 노동운동을 중시하는 측에서는 1960년대와 1970년대의 국가주의 내지 민족주의를 비판할 여지가 있다. 노동운동을 그 자체로 보지 않고 국가 안보를 해친다거나 민족의 발전적 진로를 저해하는 것으로 보는 시각에 당연히 비판이 있을 수 있는 것이다. 1960년대 내지 1970년대의 한국 경제에서 이러한 인식이 없지 않았는데, 특히 정부 측에서 그러하였다. 이는 결국 민간 부문에서의 반발을 불러오게 되었다. 통제에도 불구하고 1970년대 들어 분출되는 근로자들의 항의 시위와 노학 연대, 그리고 1980년대의 좌파 운동까지 이와 무관하지 않다. 이러한 시도들은 노동운동을 그 자체로 보고 생각하려는 실천적 노력의 일환으로 평가할 수 있을 것이다.

요약된 사상서, 국민교육헌장

1968년 12월에 반포된 「국민교육헌장」은 민족주의를 기초로 하는 민주주의와 반공 사상을 유감없이 내보이고 있다. 이 헌장이 만들어지게 된 것은 대통령 박정희의 발의(發意)에서 비롯된 것이지만, 내용은 당시 각계의 대표급 학자들이 모여 논의를 거쳐 마련한 것이다. 여기에는 교육학자인 이인기, 유형진, 정범모에다가 군정하에서 제2대 국민운동본부장을 지낸 유달영, 경제학자인 박희범, 사회학자인 이만갑, 역사학자인 김성근, 그리고 철학자인 박종홍, 이규호도 참여하였다. 그런 만큼 1960년대를 거의 마감해 가는 시점에서 한국의 장래를 짚어 보며 국민이 가야 할 사상의 지표를 여기에 집약시켰다고 볼 수 있다.

1960, 70년대에 한국인들은 누구나 국민교육헌장을 외우고 이해하도록 요구받기도 하였다. 그만큼 이 헌장의 정신이 사회화

되도록 정부는 온갖 힘을 기울였는데, 예컨대 군인들은 휴가를 가기 전에 반드시 국민교육헌장의 내용을 한 장 적는 것이 관례화되어 있었다. 헌장의 주요 내용은 다음과 같다.

> 우리는 민족 중흥의 역사적 사명을 띠고 이 땅에 태어났다. 조상의 빛난 얼을 오늘에 되살려, 안으로 자주 독립의 자세를 확립하고, 밖으로 인류 공영에 이바지할 때다. [중략]
>
> 성실한 마음과 튼튼한 몸으로 학문과 기술을 배우고 익히며, 타고난 저마다의 소질을 계발하고, 우리의 처지를 약진의 발판으로 삼아, 창조의 힘과 개척의 정신을 기른다. 공익과 질서를 앞세우며 능률과 실질을 숭상하고, 경애와 신의에 뿌리 박은 상부상조의 전통을 이어받아, 명랑하고 따뜻한 협동 정신을 북돋운다. 우리의 창의와 협력을 바탕으로 나라가 발전하며, 나라의 융성이 나의 발전의 근본임을 깨달아, 자유와 권리에 따르는 책임과 의무를 다하며, 스스로 국가 건설에 참여하고 봉사하는 국민 정신을 드높인다.
>
> 반공 민주 정신에 투철한 애국 애족이 우리의 삶의 길이며, 자유 세계의 이상을 실현하는 기반이다. 길이 후손에 물려 줄 영광된 통일 조국의 앞날을 내다보며, 신념과 긍지를 지닌 근면한 국민으로서, 민족의 슬기를 모아 줄기찬 노력으로, 새 역사를 창조하자.

서두에서 '민족 중흥'을 강조하는 데서 알 수 있듯이 헌장에서 가장 역점을 둔 것은 민족주의라고 할 수 있다. '애국 애족'과 '민족의 슬기'가 언급되고 있는 점에서도 그렇게 볼 수 있을 것이다. 민족을 떠난 순수한 개체로서의 나는 여기서 처음부터 배제되고 있는 것이다. 그러니까 헌장은 집단주의적인 한국인의 사상적 특징을 그대로 다시 보여 주고 있는 셈이다. 각자에게 요구되는

'성실한 마음', '튼튼한 몸', '창조의 힘'과 '개척의 정신'도 민족을 떠나 있지 않다고 해야 한다. '공익과 질서', '능률과 실질'의 정신도 민족의 일원이라는 차원에서 요구되는 것이라고 할 수 있다. 헌장의 중간 부분에서 나라의 발전과 그 융성을 내세우며, "자유와 권리에 따르는 책임과 의무"를 말하면서 "국가 건설에 참여"할 것을 요구하는 것도 취지는 다를 게 없다. 단일 민족인 한국에서 나라는 곧 민족과 동의어로 받아들여질 수 있으니 그렇게 볼 수 있는 것이다.

끝 부분에서는 "반공 민주 정신에 투철한 애국 애족이 우리의 삶의 길"이라고 했다. 여기서 우리란 민족의 일원이자 국민의 일원된 입장에서의 우리를 말하는 것으로 해석된다. 이 말은 만일 반공을 하지 않고 민주주의를 하지 않는다면 애국 애족하는 것이 아니라는 말로 풀이되기도 한다. 공산주의는 민족에 해로운 사상이므로 받아들여서는 안 되고, 민주주의는 좋은 사상이므로 지켜야 한다는 뜻이 될 수 있는 것이다. 민주주의를 선호하는 반공적 민족주의가 그 요지라고 할 수 있겠다.

국민교육헌장에 명시된 민족주의, 민주주의, 반공주의가 교육 부문에서 이때 비로소 나타난 것은 아니다. 건국 후 1년여 된 1949년 11월에 조선 교육 심의회에서 강조하고 있는 교육 이념에도 유사한 내용이 들어 있다. 여기에도 보면 확고한 민주적 신념, 투철한 반공 정신, 독립 자존의 민족적 기품이 강조되고 있다.[19)]그러나 국민교육헌장의 실천적 움직임에 비하여 1949년의 교육 이념은 단순한 교육 지침일 뿐이었다는 생각이 든다.

국민교육헌장이 반포된 1968년 12월 5일은 1973년 3월에 이르러 정부가 주관하는 기념일이 되었다. 이후 매년 교육부에서는 헌장 이념의 실천을 다짐하는 기념식을 베풀어 교육 현장에 깊이 파고들도록 노력을 기울이기도 하였다. 1970년대 들어 더욱 강화된 정치상의 민족주의와 맞물려 그것은 한층 더 무게 있는 사상적 의미를 가지게 된 것이다.

민족주의는 매우 감성적인 사상이다. 감성에 변화와 기복이 있듯이 민족주의도 다양한 면을 보일 수 있다. 낙후된 국가의 건설, 피지배하에서 독립을 위한 저항 수단으로서의 민족주의는 긍정적이다. 그러나 타민족을 지배·억압하려 하고, 독재자가 국민을 자신의 뜻대로 동원하는 수단으로 이용된다면 부정적인 것이 된다. 그러므로 민족주의를 최고의 가치로 해서 여타의 사상을 그에 종속시키는 것은 매우 위험한 결과를 초래할 수 있다.

1960, 70년대의 한국사에서 그러한 문제점을 발견할 수 없는 것은 아니지만, 국민교육헌장이 담고 있는 민족과 국민, 나라 사랑의 정신은 이후에도 꾸준히 이어지고 있다. 특히 국가적 위기 시에 그러한 점을 볼 수 있는데, 예컨대 1997년 말에 발생한 외환 위기의 수습 과정에서 전 국민적으로 이루어진 '금 모으기 운동' 등에서 그것을 볼 수 있다.

일부에서는 이 시기에 국가와 자본이 노동자 계급을 국민화함으로써 그들의 탈주체화를 도모하였다는 말을 하고 있다.[20] 이러한 입장에서는 국민교육헌장이야말로 노동자 계급에게는 독이 되었다고 볼 여지가 있다. 그러나 노동자의 계급적 주체성이 국민적 주체성보다 상위에 있다고 보기는 어렵다. 노동 계급을 우대한다던 사회주의권에서도 국가가 사실상 그 위에 군림하고 있었던 점을 상기할 필요가 있다. 물론 노동 계급에 대한 국민적 주체성의 우위는 국가의 기능이 탈계급적이라는 전제하에서만 타당성을 인정받을 수 있을 것이다. 국가가 계급 문제를 도외시한 채 국민 내지 민족 차원에서의 통합만을 염두에 둔다면 계급 갈등론은 계속 내재할 가능성이 있다. 민주 국가는 결국 다수 국민의 지지를 바탕으로 하여 존립할 수 있는 것이므로, 국가의 탈계급성은 고전적인 마르크스주의의 계급적 국가론에도 불구하고 그 가능성은 긍정적이라고 본다. 국민의 일원인 수많은 노동자의 이해 관계를 무시하고 존립할 수 있는 민주 국가는 상상하기 어렵다. 노동자의 이해 관계를 대변하는 정당(민주노동당)까지 존재하는 한국의 현실에서는 더욱이나 그렇게 보지 않을 수 없다.

국민교육헌장에는 경제적 관점에서 볼 수 있는 내용도 들어 있다. "학문과 기술을 배우고 익히며, 타고난 저마다의 소질을 계발하고, 우리의 처지를 약진의 발판으로 삼아 창조의 힘과 개척의 정신을 기른다."고 한 내용이 그것이다. 이 내용은 인적 자원이라는 관념과 개인의 능동적 자기 발전 가능성을 전제하고 있는 것으로 볼 수 있다. 인적 자원이라는 말은 오늘날 주로 경제적 의미에서 널리 쓰이는 용어이다. 지하 자원 등의 여타 자원과 마찬가지로 인간도 하나의 자원으로 보아, 그가 가진 능력을 개발하고 이용할 수 있다는 의미로 풀이된다. 개인에 따라 다를 수 있지만, 인간에게는 누구나 그 나름의 능력과 소질이 있게 마련이다. 이를 경제적으로 자원화하여 적극적으로 이용·개발함으로써 그 효용성을 높이자는 의도인 것이다.

그렇게 하는 것은 국가 사회적인 책무일 수 있고, 각 개인으로 보자면 끊임없이 개별적으로 노력해야 할 길이기도 하다. 어느 사회에서나 이 두 가지는 함께 존재하고 요구된다. 그러나 사회 체제에 따라 그 강조점은 다를 수 있다. 과거의 사회주의에서는 개인보다 사회 쪽에 비중을 두는 반면 자본주의에서는 사회보다 개인의 주체적 노력이 더욱 강조될 수 있다. 국민교육헌장에서의 관련 내용은 물론 개인의 노력을 말하는 것이어서 자본주의의 입장을 반영하는 것으로 볼 수 있다.

물론 여기서 각 개인은 국민교육헌장의 전체 정신에 비추어볼 때 민족의 일원으로서 그렇게 할 것을 요구받고 있는 것이다. 아울러 경제적 차원에서 자본주의를 생활하는 개인으로서의 태도와 정신 자세를 가르치는 면이 있다. 국민교육헌장은 경제 개발이 한창 추진되던 1960년대 한국 자본주의 정신의 일단을 보여 준 것이었다. 개미처럼 열심히 일하던 이 시기의 한국인들에게 그것은 정신적 양약(良藥)으로 평가해도 좋을 듯하다.

국민교육헌장은 국회에서 초당적으로 지지하여 통과된 것이고, 대만의 장개석 총통도 찬사를 보냈을 만큼 국내외적으로 그 의의를 인정받은 바 있다. 민주주의, 자본주의, 민족주의, 반공주의를 더욱 공고히 하는 데에서 국민교육헌장이 끼친 성과를 구체적으로 측정하기는 어렵다. '반공 민주 정신'을 강조하고 있지만 사실은 이 양자가 이후의 민주화 과정에서 볼 수 있듯이 대립적일 수 있는 점에 대하여 유용한 답변을 제시하지 못하고 있는 점은 아쉽다. 그러나 전 국민적으로 하나의 요약된 사상서를 관민이 함께 만들어 냈다는 사실은 높게 평가해도 좋을 것이다.

3선 개헌의 찬반 논쟁

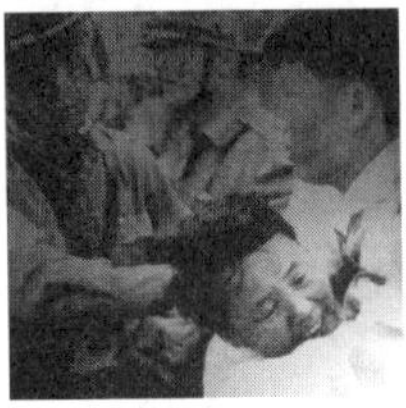

헌법상의 임기와 민족의 장래 중 무엇이 중요한가? 당시 집권층에서는 민족을 우선하는 입장에서 3선 개헌을 주장하였고, 반대쪽에서는 3선 개헌을 민주주의의 기본을 넘어선 '돌아오지 않는 다리'라고 보았다.

1969년 10월에 가결된 대통령의 3선을 위한 개헌은 사상적으로도 음미해 볼 가치가 있다. 이것은 민주주의와 관련해서만 그런 것이 아니라 한국의 자본주의 경제, 민족주의, 반공주의와도 관련된 면이 있다.

1950년대에도 한국 민주주의는 대통령의 임기 문제를 둘러싸고 시련을 겪었고, 결국 4 · 19 혁명을 발생시키는 결과를 낳았다. 그런데 1960년대 후반에 들어서 다시금 이 문제가 제기되고, 결국 1950년대의 경우와 마찬가지로 개헌을 통해 임기를 연장시켰다. 제도적인 면에서의 민주주의가 제대로 정착되지 않았기 때문이겠는데, 임기 연장을 지지하는 측의 내용을 보면 그것이 이 시대의 사상적 흐름을 그대로 나타내고 있음을 볼 수 있다. 3선 개헌을 지지하는 여당측은 다음과 같은 주장을 펴고 있었다.

> ① 박정희 대통령을 이어서 (민족적 과제인) 조국 근대화 작업을 추진해 갈 마땅한 후계자가 없다는 것, ② 사회의 안정을 확보하고 지속적인 경제 성장을 이루기 위해서는 박정희 대통령의 확고한 지도력이 필요하다는 것, ③ 박정희 대통령은 군부의 확고한 지지를 받고 있으므로 북한 공산 집단으로부터 나라의 안전을 보장하는 데 있어서는 그가 최적의 인물이라는 것이었다.

첫 번째 주장은 민족주의와 관련해 생각할 수 있는 것이고, 두 번째는 한국 자본주의의 발전과 떼어서 생각할 수 없는 내용이다. 그리고 마지막의 주장은 반공주의와 직결되는 내용임을 쉽게 알 수가 있다.

결국 건국 이후 한국을 움직여 온 네 가지 사상이 모두 개헌과 관련해 떠오르고 있음을 알 수 있다. 민주주의도 좋고, 헌법을 지키는 것도 좋지만, 근대화를 계속 추진해서 민족의 발전을 도모하는 것이 더 중요하다는 민족주의 관점, 궤도에 오르기 시작한 한국 자본주의 경제의 계속 성장이 필요하다는 생각, 그리고 국민의 생존을 위해 요구되는 반공을 고려할 때 3선 개헌이 필요하다는 주장인 것이다. 그리고 민족주의는 이들 주장의 어디에서나 깔려 있는 관념으로 자리 잡고 있다. 위의 모든 주장이 민족의 계속적인 발전과 번영, 생존이라는 민족주의 관념을 바탕으로 하고 있다는 말이다.

박정희 개인의 사상이나 국민교육헌장에 담긴 민족주의를 생각해 본다면 이미 이러한 가능성은 열려 있었다고 보아야 한다. 박정희는 민족주의를 무엇보다 우선시해 왔고, 국민교육헌장도 이미 보았듯이 이러한 방향에서 벗어나 있는 것이 아니었다. 언뜻 보면 1960, 70년대의 한국 지배 체제를 만든 민족주의 이념은 박정희 개인의 사상으로 보일 수도 있다. 그러나 국민교육헌장의 내용 분석을 통해 알 수 있듯이 당대 지식인 일반의 생각도 여기서 벗어나지 않았던 것으로 보아야 한다.

박정희는 민주주의, 자본주의, 반공주의도 민족주의를 기초로 해서 생각한 사람이다. 그는 서구로부터 직수입된 민주주의를 반대하고, 한국의 전통 문화와 접목된 민주주의가 한국 현실에서는 바람직하다고 보았다. "민주주의의 형태는 수입하더라도 그 뿌리까지 수입할 수는 없다. 이제 늦게나마 '민주주의의 한국화'라는 과제를"[21] 이루어야 한다고 본 것이다. 좀 더 구체적으로 말하자면 "한국 사상사의 주체성에 접목한 '민주주의의 한국화'를 기해야 할 것"[22]이라고 말한다. 이것은 민족주의에 바탕을 둔 민주주의, 그가 1963년의 대통령 선거 유세 과정에서 말한 대로 하자면 '민족적 민주주의'를 말하는 것이 된다. 한국의 문화와 현실에 맞는 민주주의가 필요하다는 말이다.

민주주의가 한국적인 것으로 되어야 한다는 생각은 진작부터 식자들 사이에도 있었다. 예컨대 『사상계』 발행인이었던 장준하는 1950년대에 쓴 한 글에서 "데모크라시는 세계적, 인류적이면서 또한 한국적 특성을 지닌 것이라야 한다."[23]는 말을 한 바 있다. 그가 민주주의의 이름으로 박정희를 세차게 공격하던 인물임을 생각하면 이는 더욱 의미가 있어 보인다. 비록 구체적 내용을 가진 것은 아니었더라도 민주주의를 한국적 현실에 맞게 정착시켜야 한다는 생각은 당시에 의외로 널리 펴져 있었던 것이 아닌가 싶다. 박정희는 그러한 지식 사회 일부의 생각을 정치 현실에서 자기 나름대로 구체화시켜 왔다고 보인다.

박정희는 자본주의에 대하여서도 민족주의적인 관점에서 생각하고 있다.

> 한국 자본주의는 일제 이래 외래 식민주의자들의 이익 추구를 보장했고 해방 후에는 관권과 결탁한 부정 축재자들을 위한 이윤 추구를 방조하여, 부패 · 부정의 온상이 되었다. 동양적 전통을 얼마간 가진 한국 사회의 경제적 토대를 구축하기 위해서는 근본적인 경제 개혁, 사회 혁명이 필요함을 우리는 민족사의 거울에 비쳐보고 찾아내야 한다.[24)]

요약해서 말하자면 이제까지의 한국 자본주의는 민족 전체를 위한 방향으로 전개되지 않았으므로 이를 시정하는 방향으로 가야 한다는 말이다.

그러니까 3선 개헌을 추구하는 측의 사상적 기조를 구태여 얘기하자면 민족의 입장을 가장 우선으로 하는 박정희식의 이러한 생각과 궤를 같이한다. 민주적으로 정해진 헌법상의 임기보다 지금 이 시점에서 민족의 장래를 위해 과연 어떻게 하는 것이 더 현명한 것이냐, 경제 · 반공의 그 어느 면에서도 이미 검증된 지도자를 계속 집권자의 자리에 앉혀놓는 것이 민족을 위해 가장 좋은 방법이 아니겠느냐, 민족의 생존과 번영을 먼저 생각하는 민족주의의 입장에서 민주주의도 운영해 가야 하는 것이 아니겠느냐 하는 의사가 거기에 있다고 보아야 한다. 특히 분단 체제하에서 1960년 이후 일방적으로 열위에 있던 남한 경제가 북한에 비하여 거의 대등한 수준(1인당 GNP를 기준으로 함)으로까지 성장하게 된 것은 이러한 주장에 힘을 실어 줄 수 있었다고 보아야 한다. 민주주의의 원론보다 한국의 현실, 제도보다 인물을 중시하는 논리가 거기에는 내재되어 있다.

그러나 3선 개헌을 반대하는 측의 입장에서 보자면 이러한 논리는 받아들일 수 없는 생각이다. 민주주의는 국민적 합의로 만들어진 헌법을 지키는 선에서 이루어져야 한다. 헌법이 정한 임기를 고쳐서 집권하려는 것은 민주주의의 기본을 넘어서는 것이 아닐 수 없다. 1969년 5월 21일에 헌법 학자이자 야당인 신민당의 총재였던 유진오가 "3선 개헌은 민주주의의 '돌아오지 않는 다리'"라고 한 것은 바로 그 점에서 나온 말이다. 그는 같은 해 7월 29일에 "비록 요순이 재래한다 해도 1인 집권의 영구화는 부패 독재의 우려가 있기 때문에 헌법에 3선 금지 규정을 둔 것"[25]이라고 하면서 개헌의 반대 이유를 분명히 밝히기도 하였다.

그러니까 이 시기의 한국 민주주의는 지도자의 유능 여부보다 권력의 부패와 독재를 가장 경계하고 있었던 것을 알 수 있다. 임기가 준수되더라도 국민으로부터 위임된 권력이 무능한 경우에 대하여서는 고려하지 못하고 있는 것이다. 유능한 권력의 독재화도 우려할 일이지만 무능한 권력의 산출도 크게 경계해야 할 일인데, 아직 그 문제에는 생각이 미치지 못하고 있다. 민주주의가 삶의 유용한 도구로 되기 위해서는 독재 못지않게 무능한 권력이 나올 가능성도 최대한 막을 수 있어야 한다. 이 때는 당연히 국민의 현명함이 요구되지만 권력을 산출·통제해 가는 정치 체제의 문제점도 아울러 검토의 대상이 될 수 있어야 할 것이다.

학생과 종교계의 반정부론

집권층에 의한 3선 개헌을 반대하는 측, 당시로서는 반정부일 수밖에 없는 세력의 민주주의를 지키기 위한 노력은 야당과 학생층을 중심으로 펼쳐진다. 학생들은 개헌안이 가결되기 전까지 교내외에서 선언문을 발표하고 가두시위를 벌이는 등의 방법으로 개헌 반대의 움직임을 펼쳐 나갔다.

임기 연장을 위한 개헌안의 주제를 보면 1954년도나 1969년도나 차이가 없어 보인다. 이것만을 두고 본다면 한국 민주주의는 15년이 흐른 뒤에도 별다른 진전이 없는 것처럼 보인다. 그러나 1954년도에는 야당 외에는 이렇다 할 개헌 반대 세력이 없다시피 했다. 개헌 반대의 생각이 있었다 해도 일반 국민들로부터는 눈에 띄는 움직임이 없었다. 그런데 1969년도에는 학생들로 대표되는 국민 일부의 강력한 반발이 있었다. 정치에 대한 국민의 의식이나 현실적인 참여 수준이 높아진 탓이지만, 그것은 자신들의 삶과 관련된 민주주의를 발전시키려는 의지의 표현으로도 해석될 수 있다.

학생들은 4·19 혁명의 주도 세력으로서 굴욕적인 한일 회담을 반대하고 '민족적 민주주의'를 성토하는 등 그동안 정부의 시책에 항상 비판적인 자세를 보여 왔다. 그리고 3선 개헌 문제로 인해 민주주의가 위기에 처했다고 판단하자 감연히 투쟁에 나선 것이다. 역사를 통해 보더라도 민주주의가 단순히 머릿속에서의 생각만으로 이루어진 것이 아님을 볼 때, 이것은 한국 민주주의의 진일보를 보여 주는 움직임으로 평가해도 좋을 것이다. 학교에서 받은 민주주의 교육이 학생들로 하여금 4·19 혁명을 이루도록 하는 기폭제가 되었다면, 이제 4·19 혁명의 정신은 3선 개헌에 대한 반대의 움직임에 받침대가 되고 있는 셈이었다.

학생들은 3선 개헌에 대한 역사적 전망까지도 하고 있었다. 1969년 6월 12일에 서울대학교 법대 학생 3백여 명이 교내에서 발표한 헌정 수호 선언문의 일부를 보자. 여기에서 학생들은 "독재의 망령이 새로운 위협으로 나타나고 있다. 독재자의 자기 아집과 자기 과신은 결국 일국의 운명을 파멸의 길로 이끌 수밖에 없다는 것을 역사는 증명하고 있다."[26]고 했다. 이것은 4·19 혁명의 교훈이 아니면 불러내올 수 없는 말이었다. 민주주의가 잘못되는 것을 막으려는 그들의 행동은 역사적으로 축적된 경험의 자양분을 힘의 원천으로 하고 있었던 것이다.

한때 학생들과 5·16 집권 세력은 국가 재건이라는 관점에서 합의점을 가진 적도 있었다. 예컨대 1962년에 나온 고려대학교 학생들의 4·18 2주년 학생 선언문에 보면 "4월혁명과 5월혁명은 조국 재건이라는 근본 이념에서부터 혁명 과업 완수의 도상에서 일치되어 있다. 단지 (군사) 혁명 정부가 전 국민의 원하는 방향으로 계속 국가를 이끌어 나가기만 바랄 뿐이다."[27]라고 한 말에서 그 점을 알 수 있다.

그러나 그러한 밀월 관계는 학생들에 의한 한일 협정 반대로 곧 깨어졌고 마침내 3선 개헌을 둘러싸고 양자 간에는 메울 수 없는 틈이 벌어지게 되었다. 제3공화국 헌법 전문에는 4·19 혁명과 5·16 이념에 입각해 민주 공화국을 건설한다고 되어 있고, 1963년 2월에 창당된 민주공화당은 당의 강령에서 4·19 혁명과 5·16 이념을 계승한다고 했다. 그럼에도 불구하고 결과는 이렇게 갈라서는 입장이 되고 말았던 것이다. 독재 정권을 무너뜨린 세력과 민주 정부를 쓰러뜨린 세력이 언제까지나 함께 가기는 어려운 일이었다.

한국에서 독재의 정신적 기반은 지난날 전제 왕조의 이념적 지주이던 유교와 무관할 수 없다. 왕이라는 최고 지도자에 대한 절대적 충성과 이를 뒷받침하는 가부장적 사회 질서의 전통이 독재에 많은 요인을 제공했다고 볼 수 있는 것이다. 중국, 대만, 싱가포르 등 유교 문화권에서 독재가 존재했거나 지금도 건재하고 있는 것도 그 때문일 것이다. 한편 민주주의에 대한 열망은 그 직접적 계기가 광복 이후 서구 사상의 도입과 제도화에서 찾을 수 있을 것이다. 전제나 독재를 거부할 수밖에 없는 이 사상은 친독재의 정신적 요소가 아직도 강한 1960년대의 한국에서 결국 쉽지 않은 길을 갈 수밖에 없었다.

3선 개헌을 반대하는 민주화의 움직임은 기독교 일부에서도 일어나고 있었다. 함석헌을 위시해 목사 김재준 등이 이 대열에 참여하였는데, 이들은 기독교 정신에 입각한 사상적 논리를 가진 사람들이었다. 이들 중에서 김재준은 야당 정치인과 일부 언론인들이 주축이 되어 결성한 '3선 개헌 반대 범국민 투쟁 위원회'의 위원장으로서 민주화 운동에 참여하였다. 김재준은 자유, 정의, 평화, 진리가 충만한 하나님의 나라가 지상에 펼쳐지는 것을 신념으로 삼았던 인물답게 3선 개헌을 적극적으로 반대하는 입장에 섰다. 김재준의 입장에서 본다면 3선 개헌은 '모든 권위의 근원과 최종적 소재'인 하나님의 뜻에 어긋나는 것이었다.[28] 김재준은 "역사의 주체로서 책임지는 신앙과 신학을 추구"함으로써, 신앙인을 가리켜 "세상 역사를 그리스도의 역사로 변질시키는 하나님의 구원사에 참여하는 존재"[29]라고 보았다. 종교가 권력에 맞설 수 있는 최대의 힘은 물론 신앙의 정신이다. 김재준이 기독교인들에게 "그리스도의 종으로서의 멍에를 지고 방방곡곡에 (개헌을 반대하는) 우리의 결단을 전파하고 민중의 운동을 조직하고 실천"[30]할 것을 요구한 것도 그 때문이다.

이들 일부 기독교인들의 움직임에 동조하는 교계의 인물들은 당시 많지 않았다. 그러나 3선 개헌을 둘러싼 사상 논의에서 이들이 차지하는 비중은 작지 않았다. 하나님에 대한 믿음으로 무장된 그들의 신념은 종교에 대한 열정이 늘 그렇듯이 결국 많은 동조자를 낳게 되었기 때문이다. 그리고 역사를 통해 볼 때 정치가 종교를 이긴 적이 없다는 점을 염두에 두고 생각하면 더욱 그렇다. 게다가 한국 기독교는 독일 등의 전통적 기독교 국가에서의 교세가 주춤거리고 있는 것[31]과는 대조적으로 나날이 성장하는 추세였다. 이는 정치권력에 대한 기독교 부문에서의 견제 혹은 지지가 계속될 수 있는 여지를 보여 주는 것이었다.

기독교는 서양 문명을 이끈 원동력의 하나로 이해되고 있거니와 민주주의에서도 이 점은 마찬가지이다. 14세기 영국의 종교개혁가 위클리프가 1384년에 출판한 『구약 성서』의 영어판 서문에서 "민중의, 민중에 의한, 민중을 위한 정치"를 말한 것은 결코 우연이 아니다.[32] 이 말은 흔히 링컨이 한 말로 알려져 있지만, 사실은 위클리프가 아주 오래전에 한 말이다. 이것은 기독교의 정신이 민주주의와 일찍부터 맞닿아 있었다는 하나의 증거로 삼을 만하다.

기독교는 일제 식민지 시대 한국인들의 독립 운동, 그리고 1920년대 사회주의 운동에서도 참여의 신념으로 작용할 만큼 그 포괄성은 대단히 광범한 데가 있다. 바로 그러한 기독교가 이제 3선 개헌의 반대에도 일부 나서게 된 것이다. 그들은 양심을 통해 전달되는 하나님의 뜻을 존중하는 입장이라고 할 수 있다. 바로 이 점에서 3선 개헌을 반대하는 그들의 정신은 인간의 순수한 도덕성에 기초하여 의리를 지켜 왔던 지난 시대의 선비들과 그 태도에서 닮은 데가 있다. 그러나 행동성에서는 과거의 선비들보다 기독교 신자들이 더 능동적이었다. 이러한 그들이 3선 개헌의 반대를 통해 민주주의를 바로잡으려는 운동에 나섰던 것이다. 한국 민주주의는 그것의 올바른 정착을 위한 과정에서 기독교라는 정신적 우군을 맞이한 셈이었다.

한편 3선 개헌에 대하여 당연히 비판적 입장에 설 만한 주요 언론(조선일보, 중앙일보, 동아일보, 경향신문)은 침묵을 지키고 있었다. 여기에는 정부가 언론에 차관의 특혜를 주는 권언(權言) 유착이 있었기 때문이라는 말이 있는데,[33] 그게 사실이라면 이것은 민주주의가 상업적 이해에 따라 얼마나 손상될 수 있는가를 여실히 보여 주는 것이다. 의리가 이익에 의해 훼손되는 세상사의 한 단면이기도 하거니와 민주주의란 그것을 지키려는 자의 과감한 의지 없이는 실현되기 어렵다는 점을 보여 주는 것이기도 하다. 민주주의의 올바른 운영을 위해 제도적으로 보장되고 있는 언론의 이런 직무 유기는 3선 개헌 세력에게는 골치 아픈 장애물 하나가 제거된 셈이었다. 그렇더라도 다수의 국민들이 3선 개헌을 반대하였더라면 이후 전개된 민주주의의 시련은 이때 저지될 수 있었을 것이다. 그러나 그들은 개헌을 지지하는 쪽을 택하였다.

중기 유신 체제

유신 체제는 민주주의에서 볼 때 박정희가 수없이 언급해 왔던 '한국적 민주주의'의 현실화라고 볼 수 있다. 자본주의에서 볼 때 1970년 전태일의 분신으로 노동운동이 새로운 양상을 띠었던 것과 무관하지 않다. 또한 국제 정세의 변화 속에서 반공을 더욱 강화하고 남북한 간의 경색 구도를 고착시키는 계기가 되었다고도 볼 수 있다.
그런데 사상을 일상생활의 도구로 본다면, 유신에는 분명 1970년대를 살아가는 한국인의 사상적 수준이 담겨 있다고 보아야 한다.

유신 체제 들여다보기

박정희의 3선 개헌은 결국 성공했고, 그는 여기에서 더 나아가 사실상 종신 집권이 보장된 유신 체제를 세운다. 유신 체제를 독재로 규정하는 입장에서는 이것이 그에 앞서 단행된 3선 개헌의 연장선상에 있는 것으로 본다. 정치사적으로 본다면 물론 틀린 견해가 아니다. 그러나 사상의 입장에서 본다면 양자 간에는 차이가 있다. 3선 개헌은 1950년대에 이승만의 집권 연장을 둘러싸고 있었던 민주적 과오의 재판(再版)이었다. 그것은 한국 민주주의가 15년의 세월이 지났음에도 여전히 답보 상태에 있음을 보여 주는 예이다.

그런데 유신 체제의 경우는 1950년대의 사태와 다른 점이 있다. 한국 현대사에서 전례가 없던 일이고, 대단히 복합적인 요인에 의해 생겨난 체제라는 데서 그렇게 볼 수 있다. 그것은 과거의 어느 헌법에서도 주어진 적이 없던 막강한 권력을 지도자에게 부여하고 있다는 점에서 전례가 없던 일이다. 국회의 국정감사권 폐지, 대통령의 임기 제한 철폐와 국회 해산권, 통일주체국민회의에서 간선제로 선출할 수 있게 된 대통령 선거제, 국회의원 정수의 3분의 1을 대통령이 지명할 수 있도록 한 것, 사실상 그 전원을 대통령이 임명하다시피 되어 있는 헌법위원회의 구성과 그 기구에 의한 정당의 해산, 그리고 재정 경제상의 위기나 국가의 안전 보장 및 공공의 안녕 질서에 중대한 위협의 '우려'가 있을 때라도 긴급 조치를 취할 수 있도록 한 규정 등 그 권력의 강도는 막강하였다.

유신 체제는 민주주의와 관련해서만 논의될 수 있는 성질의 것이 아니다. 민족주의, 1970년대에 한국이 다다른 자본주의 경제의 실상, 그리고 반공주의가 모두 복합적으로 들어 있다. 그것은 단순히 임기 연장을 위한 개헌에 의해 생겨난 것이 아니라 1970년대 초 한국인이 당면한 삶의 상황에서 지배층이 만들어 낸 종합적 대응 체제라는 데 그 특성이 있다. 삶이라는 것, 사람의 생활이라는 게 항상 상황에 대한 대응을 요구하는 것이라면, 사상은 도구로서 거기에 함께 있다고 보아야 한다. 이런 점에서 생활을 위한 대응 체제로서의 유신 체제는, 아무리 우리가 그것을 평가절하하고 싶다 하더라도, 사상을 떠나서 있지 않다. 여기에는 1970년대를 살아가는 한국인의 사상적 수준이 담겨 있는 것이다.

민주주의라는 측면에서 보면 유신 체제는 박정희가 진작부터 수없이 언급한 '한국적 민주주의'의 현실화이다. 직수입된 민주주의가 아니라 한국의 문화 전통에 맞는 민주주의를 모색하다가 구체적으로 얻어낸 것이 유신 체제라고 할 수 있다. 유신 체제의 법이론가였던 갈봉근이 언급하고 있듯이, 그것은 "자유민주주의적 정치 원리의 토착화 또는 한국화"[1]로서의 한국적 민주주의를 실현하기 위한 체제였던 것이다. 더구나 이 체제는 그것이 현실에서 기능하게 되기까지 어쨌든 형식적으로는 법 절차를 거쳐 국민의 합의를 바탕으로 하여 만들어진 것이다. 그런 만큼 그 시기의 한국인 다수가 지닌 민주주의에 대한 의식과 행동 수준이 그 속에 그대로 반영되어 있다고 해야 한다.

자본주의의 입장에서 볼 때 유신 체제는 1970년대 초에 들어 노동 관계에서 새로운 양상이 나타난 것과 무관하지 않다. 이 시기에 들면서 근로자들의 집단적 요구가 격렬하게 일어나기 시작한 것이다. 1960년대에도 항의와 파업 등을 통한 근로자들의 요구가 있었지만, 당시는 그들만에 국한된 범주에서 일어났을 뿐이다. 그러나 1970년 11월에 평화시장 내 피복점 종업원이던 전태일이 열악한 근로 조건에 항의하면서 분신 자살하자 사태는 달라졌다. 이 사건을 계기로 현실 문제에 민감한 학생들이 근로자들에 호응하는 사태가 일어났고, 이로 인해 노동운동이 적극화되는 양상을 띠기 시작했다. 정부, 여당이 이에 대응하여 경제안정법을 제정하며 현상 유지를 꾀하려고 했지만, 한국노총은 투쟁 불사를 선언하고 나섰다.

1960년대의 비약적인 경제 성장에는 노동 관계의 안정이 큰 힘이 된 것도 사실이었다. 저임금에도 불구하고 기업의 일원으로서 묵묵히 국가 경제 발전에 기여해 온 근로자들의 노력이 한몫을 했던 것이다. 외국 자본의 힘으로 개발을 시작한 한국 경제의 입장에서 볼 때 이들 자본의 유치는 앞으로도 계속 요구된다. 그것이 가능하려면 노사 관계의 안정이 중요하지 않을 수 없었다. 그런데 사태는 1970년대 들어 낙관할 수 없는 상황으로 가고 있었다. 유신 체제는 이러한 경제적 상황과 무관한 것일 수가 없다. 공무원 등 국가 경제에 중대한 영향을 미칠 수 있는 일부 계층에 대하여 노동 3권의 제한을 규정한 것도 그것을 말해준다.

민족주의와 반공주의 차원에서는 유신 체제를 어떻게 볼 수 있는 것일까? 1972년에 성립된 유신 헌법의 전문에는 전과 마찬가지로 "3 · 1 운동의 숭고한 독립 정신"을 계승한다고 했으니, 이것은 그 정신에 내포된 민족주의도 계승한 것으로 해석된다. 또 유신 체제를 한국적 민주주의로 내세운 데서도 민족주의적 성격을 읽을 수 있다. 그들이 말한 대로 '민족주의에 바탕을 둔 민주주의'가 유신 체제인 것이다.

아울러 유신 체제는 역시 그 헌법의 전문에서 "조국의 평화적 통일의 역사적 사명에 입각"하여 제정됨을 밝혔으면서도 기존의 반공 정책은 그대로 유지하고 있었다. 1970년대 들어 남북적십자 회담과 정치적 차원에서의 남북조절위원회 회담이 열리는 등 일견 남북한 간의 평화적 분위기에도 불구하고 반공을 떠날 수 없다는 입장이었던 것이다. 갈봉근이 그의 책 『유신 헌법 해설』에서 "반공은 유신 헌법의 기본적 입장"[2]이라고 한 것은 그 점을 뒷받침한다.

더욱이 유신 체제의 발안자라고 할 수 있는 박정희 자신이 1972년 7월 7일에 열린 국무회의에서 반공 교육의 강화를 지시하고 있는 점이 주목된다. 이때는 남북 간의 평화 회담으로 국민들 가운데에 당장 통일이 되는 듯이 착각하는 분위기까지 있을 정도였는데 이를 경계하면서 내린 지시이다. 이것은 유신 체제가 성립되기 3개월 전에 나온 것이라는 사실에 유의할 필요가 있다. 뿐만 아니라 그는 1973년 8월부터 좌익수에 대한 사상 전향 공작을 실시토록 함으로써 유신 체제의 반공 의지를 확실하게 보여 주었다.

북한 사람들도 같은 민족이라는 사실을 부인할 수는 없다. 그러나 한국전쟁 이후 사상 대립이 심화되면서 소위 공산주의자들에 대하여서는 같은 민족으로 보지 않으려는 관점이 생겨났음은 이미 언급한 바이다. 이와 관련해서 관심이 가는 것이 유신 헌법의 전문이다. 1948년의 건국 이후, 그리고 유신 이후에도 우리나라 헌법 전문에는 변하지 않고 "정의 · 인도와 동포애로서 민족의 단결을 공고히 하며"라는 구절이 들어 있다. 그런데 유신 헌법의 전문에서만은 유일하게 이 구절이 빠져 있다. 유신 헌법의 입법자들이라고 정의나 인도, 동포애를 특별히 싫어해서 이 구절을 빼지는 않았을 것이다. 그래서 뺀 이유에 대하여 당연히 의문이 들지만 그것을 풀어 줄 실증 자료는 눈에 띄지 않는다.

아마도 이 구절이 빠진 것은 북한 공산주의자들에 대하여 무조건 정의, 인도, 동포애라는 입장에서 민족적 단결을 지향할 수 없다는 생각으로 그렇게 한 것이 아닐까? 만일 그게 사실이라면 당시 진행되던 여러 남북 회담(적십자 회담 및 남북조절위원회 회담)으로 인해 일부 국민들이 가질 수 있던 평화 통일에의 환상을 일깨우려는 의도가 엿보인다. 그렇다면 유신 체제는 민족주의를 지향하되 그에 곁들여 반공 의지를 전보다 강화한 면이 있다고 보아야 한다. 그래서 유신 헌법 전문에서 평화 통일의 역사적 사명을 말하면서도 사실은 남북한 간의 경색 구도를 더욱 고착시킨 것으로 판단된다. 유신 체제의 성립 동기 중 하나가 국제 정세의 변화와 남북 교류에 따른 대내적 단결을 강화하려는 것이었으므로 이 점은 이상할 것도 없다. 그것은 통일에 대비해서도 한민족이 가야 할 길에서 반공주의가 버려질 수 없음을 확실히 한 것으로도 해석된다.

북한도 기존의 대남 노선에서 달라진 것은 없었다. 그들은 1972년 「7 · 4 남북 공동성명」을 통해 남북 간에 합의된 상호 비방의 금지를 외면한 채 1973년 6월 10일 휴전선에서 대남 방송을 시작하였으며, 같은 해 8월 28일에는 그동안 개최되던 남북조절위원회 회담을 일방적으로 중단하기도 하였다. 남북 어느 쪽이나 겉으로는 관계 개선을 추구하는 것 같았지만 속으로는 그렇지가 않았던 것이다. 공산 · 반공산의 어떤 주의도 내면적으로는 달라지지 않았던 것이다. 어느 쪽을 통해서 보나 한 국가 사회가 사상의 자기극복을 하는 일이란 쉽지 않음을 알 수 있다.

지식인들의 반응

참여, 반대, 중립

유신 체제하에서 지식인들의 태도는 대체로 세 가지였다. 그것의 탄생과 유지에 어떤 형태로든 참여한 경우, 반대한 경우, 그리고 외형상 어떤 입장도 표명하지 않은 중립적인 경우가 그것이다.

참여한 경우에도 사정은 반드시 같지 않았다. 유신을 자기의 소신으로 삼아 적극적으로 참여한 경우도 있고, 타의에 의해 소극적으로 참여하는 자세를 보이거나, 그 중간 단계쯤의 어떤 마음자세로 참여한 경우도 있을 것이다. 개인들의 사정이 다른 만큼 그것을 일일이 밝혀 말할 수는 없는 일이다. 그러므로 외형상 유신 체제의 당위성을 밝히며 홍보에 앞장섰거나 그 체제하에서 일을 한 지식인은 일단 참여한 경우로 분류해 보고자 한다. 관료로 활동했던 지식인들을 비롯해 주로 법학 전공자들과 일부의 역사학자들 및 철학자들이 대개 이 경우에 해당된다.

반대한 경우는 재야 인사들이나 일부 변호사, 종교인, 해직된 언론인과 대학 교수들이 해당된다. 그들은 대개 3선 개헌 때부터 직·간접으로 지배층의 독선적 태도에 비판적 움직임을 보여온 사람들로 5·16 군사 쿠데타에 대하여서도 부정적 시각을 가진 경우가 많았다.

외형상 중립적인 경우는 대다수의 대학 교수들이나 종교인 등이 해당된다고 말할 수 있다. 그들이 마음속으로 어떤 생각을 가지고 있든 행동으로 드러난 바가 없으므로 중립의 입장에 섰던 것으로 분류하는 것이다.

여기서 유신 체제에 대한 지식인들의 반응에 관심을 가지는 것은 이 시기 사상의 움직임과 관련해서 그들의 태도에 의미가 있다고 보기 때문이다. 어느 시대의 어떤 사회에서나 지식인들은 그 사회를 움직이는 사상과 가장 가까운 자리에 있는 사람들이다. 사상에 대하여 깊은 지식과 이해 또는 비판적 안목을 가지고 있다는 점에서 그렇다. 그들의 지식과 사상, 거기서 나오는 행동은 그 시대를 움직이는 사상과 관련해 보면 누구보다 밀접한 관계에 있다고 보아야 한다. 어느 사상의 당위성과 오류, 그래서 그것이 나가야 할 방향이나 고쳐야 할 점들을 실천적으로 확인해 줄 수 있는 사람들이 지식인들이다. 그래서 한 시대의 사상을 살피는 데 있어 지식인들의 태도를 살피지 않을 수 없다.

1970년대의 한국 지식인들로서 민주주의, 자본주의, 민족주의, 그리고 반공주의를 반대하는 경우는 많지 않았다. 오히려 원론적인 면에서는 이들 모든 사상에 대하여 긍정적 신념을 가진 경우가 압도적이었다고 보아 무방할 것이다. 그런데 유신 체제에 대하여서는 거의 합일된 입장을 보여 주지 못하였다. 특히 한국의 현실과 관련된 민주주의의 방향을 두고 반대와 협조로 크게 갈라졌다고 보아야 하는데, 우리는 그러한 예를 박종홍과 함석헌의 대비되는 입장을 통해 확인할 수 있을 것 같다. 박종홍은 참여한 경우이고, 함석헌은 줄기차게 반대한 경우였는데 과연 그들의 생각은 어떻게 같고 어떻게 달랐을까? 한 사람은 강단파이고 또 한 사람은 재야파의 지식인이거니와, 유신 체제를 둘러싸고 그들은 한국 민주주의에 어쨌든 사상가로서의 자기 역할을 보여 준다.

참여한 박종홍

박종홍은 평생을 강단의 학자로 보내다가 1970년에 대통령의 교육문화담당 특별보좌관으로 임명되어 활동한 인물이다. 박종홍이 이 자리에 재임하는 동안 1972년 10월에 유신이 선포되었는데, 이후에도 같은 직책에 종사하였다. 이로써 볼 때 박종홍의 내면 생각이 어떻든 그를 유신 체제에 참여한 인물로 보는 데 잘못은 없을 것이다. 일부에서는 '10월 유신'이라는 호칭부터가 박종홍에 의해서 만들어진 것으로 보고 있기도 하다.

박종홍은 '현실'을 강조한 철학자이고, 특히 한국 사상에 남다른 관심과 연구를 기울인 바 있다. 박종홍이 1954년에 초판을 내고 5·16 군사 쿠데타가 일어나기 몇 개월 전에 수정증보판을 낸 『철학개설』에는 벌써 이 양자에 대한 관심이 짙게 나타나 있다. 그에 의하면 "현실은 다른 때의 남의 현실이 아니라, 바로 이때 여기에 있어서의 나의 현실이요, 우리의 현실이다."[3] 박종홍은 이 현실에서 각자가 주체로서 행동할 것을 요구하였다. 그리고 이 현실에서의 행동은 "조국의 국민으로서의 자각"에 입각한 건설로 나아가는 데 있음[4]을 역설하였다. 박종홍은 양심과 기술을 갖춘 행동을 통해 건설이 이룩될 수 있다[5]는 말도 하였다. 이러한 몇 가지 구절만 보더라도 박종홍은 이상보다 현실, 세계보다 구체적인 현실의 국가, 그리고 건설에 관심이 있음을 알 수 있다.

구태여 이름을 붙여 말하자면 박종홍은 현실주의자이고, 국민으로서의 자각을 중시했다는 점에서 국가주의자이며, 건설론자라고 할 수 있을 것이다. 이에 따라 국가에 포섭되지 않는 사회의 존재, 사회인으로서의 인간에 대한 고찰은 상대적으로 엷다고 볼 수밖에 없을 것이다.

박종홍이 말하는 현실이 구체적으로 한국의 현실일 수밖에 없다면 그는 한민족을 사랑하는 민족주의자임에 틀림없다. 과연 박종홍은 타(他)와의 "(연관) 관계 속에서 역사적으로 형성되어 왔고 지금도 형성되고 있는 것이 바로 민족"[6]이라고 하여 민족에 대한 관심을 내보이고 있다. 심지어 "우리의 주체성은 곧 민족적 주체성"[7]이라는 말도 서슴없이 하였다. 민족 없이 나의 존재성도 없다는 말도 이쯤 되면 가능할 듯싶다. 박종홍은 민족적 주체성이 "창의적인 근대화의 정신적 주축"[8]이라는 말도 하였다. 이 구절은 사상적으로 그가 이미 근대화를 추진한 유신 체제의 중심 세력과 가까이 닿을 수 있는 거리에 있음을 느끼게 한다. 더구나 건설을 위해 행동을 강조하는 박종홍의 논조는 '하면 되는 것이다'라고 하면서 가난의 극복을 위하여 행동을 강조한 박정희의 주장과 일맥상통한다.

박종홍은 민주주의에 대한 신념도 밝히고 있다. "말의 자유가 없는 곳에 자유로운 커뮤니케이션이 있을 리 없고, 자유로운 사상이 전개될 리 없다."[9]고 하여 언론의 자유가 있어야 함을 분명히 말하였다. 박종홍은 민주주의가 우리의 전통 사상 속에도 있었다고 한다. 신분제의 철폐를 주장한 조선 시대의 실학 사상이나 동학의 인내천(人乃天), 즉 "사람이 곧 하늘"[10]이라는 사상 속에도 민주주의가 있었다고 보는 것이다.

민주주의에 대한 박종홍의 견해를 보면 그가 열렬히 주장하고 있는 민족주의적인 요소와 관련이 있다는 생각을 가지게 한다. 민주주의를 실현 내지 발전시키기 위해서는 "한국의 것을 좀 더 깊이 이해"해야 한다거나, "우리들 자신 속에 이미 바탕을 이루고 있는 민주주의적인 정신부터"[11] 되살리는 것이 중요하다는 말을 하고 있다. 이러한 말은 박종홍의 진의가 어디에 있든 박정희가 주장한 '민족적 민주주의'와 상통하는 면이 있음을 느끼게 한다. 박종홍이 유신 체제와 인연을 맺은 것은 하루아침에 이루어진 것이 아님을 알 수 있다. 박종홍의 사유 속에 이미 유신과 만날 수 있는 요소가 있었던 것이다.

더구나 박종홍은 경제를 살려야 한다는 근대화론자이고, 건설론자이며, 반공주의자이기도 하다. 1961년의 어느 신문에 실린 신년사에서는 남산에 올라가 보니 연기를 뿜는 공장이 별로 눈에 띄지 않는 것을 한탄하고 있다.[12] 1960년대의 많은 한국인들이 그랬던 것처럼 박종홍도 민족 혹은 국민으로서의 우리가 잘 사는 것이 목표였다. 박종홍이 한국 사상을 문제 삼는 이유도 "가능하다면 우리도 잘 살 수 있다는 신념을 북돋우는 데 이바지하자는 데 있다."[13]고 할 정도이다.

마침내 박종홍이 경제인을 근대화의 선봉이자 투사로 보고, 기업이 창의력을 발휘하도록 간절하게 바라는 것[14]도 이해가 간다. 분명하게 밝혀 말하고 있지는 않지만, 이러한 말들에서 박종홍이 지지하는 경제가 자본주의에 터잡고 있는 것임은 곧 알 수 있다. 박종홍에게서는 한국 자본주의의 현실적 양태나 기업인에 대한 비판적 관점은 보이지 않는다.

당연히 박종홍은 반공주의자이기도 했다. 1968년에 나온 『한국의 사상적 방향』에서는 공산주의 철학에 대하여 비판을 가하고 있다. 이 글에서는 공산주의자들의 물질론과 모순론 등 여러 철학적 개념을 들어 공산주의를 비판하고 있는데, 요컨대 "자유 세계의 철학"[15]이 결국에는 승리할 것임을 말하고 있다. 그러나 그가 지지하고 참여한 유신 체제는 자유를 상당히 제약하는 체제였다. 사상의 자유를 주장하는 그의 입장에서 보자면 선뜻 동의하기 어려운 것이 유신 체제인 것이다. 이 점에서 박종홍의 사상은 행동과 거리가 있어 보인다. 개인이나 사회보다 민족과 국가를 더욱 강조한 박종홍의 사상적 입장이 이러한 결과를 낳지 않았을까 생각된다. 뒤에 보게 되지만 사상과 행동의 불일치성은 박종홍뿐만 아니라 유신 체제를 지지한 다수의 한국인들에게서도 사실은 발견된다. 사상이 생활의 도구로 작용하는 데 커다란 문제점의 하나를 보여주는 셈인데 박종홍도 여기서 예외가 아니었던 것이다.

박종홍은 유신 체제에 참여하였다는 이유로 오늘날 일부 식자들로부터 비판을 받고 있다. 그러나 박종홍의 인품과 학문적인 깊이로 인해 당시는 물론 지금도 적지 않은 사람들의 존경을 받는 것도 사실이다. 여기서 박종홍의 사상에 관해서 알아본 것은 그에 대한 비판이나 존경과는 상관이 없는 일이다. 적어도 한 시대에 영향을 미쳤다고 볼 수 있는 한 철학자의 사상이 어떻게 유신 체제와 맥을 같이할 수 있는지를 알아보는 데 그 이유가 있을 뿐이다. 한 시대의 사상을 나름대로 수렴해서 일정한 체계를 갖춘 한국인의 사유 내용이 유신 체제와 가지는 공통성을 알아보고자 한 데에 그 본의가 있다. 모든 체제가 그렇듯이 유신 체제도 그것을 발의한 한 개인이나 소수 집단에 의한 것으로만 보기는 어렵지 않을까 싶다. 거기에는 박종홍의 사상에서 볼 수 있듯이 이미 한국인들의 생각 속에 가능성이 싹트고 있었던 것이다. 유신 체제를 일방적으로 매도하는 사람들은 그들 안에 있는 유신적 사유를 한국인의 이름으로 성찰할 수 있어야 한다.

반대한 함석헌

함석헌의 경우는 철두철미할 정도로 유신 체제와는 담을 쌓는 사상적 입장을 보였다. 이 또한 당시 한국인들이 도달한 사유의 한 내용을 보여 주는 것이지만, 결론적 입장에서 함석헌은 박종홍과 다른 방향을 취하게 된다. 함석헌이 세간에 널리 알려진 것은 1950년대 말 『사상계』지를 통해 「생각하는 백성이라야 산다」는 글을 발표한 것이 계기가 되었다. 함석헌은 여기서 현대가 민중의 시대임을 말하고 자주성이 결여된 남북한을 함께 비판하였다.

4 · 19 혁명이 일어나기 1년 전에 쓴 「육당 · 춘원의 밤은 지나가다」란 글에서는 민중을 억압하는 위정자들을 '압박자'로 비난하면서 혁명이 도래하고 있음을 암시하고 있다. 즉, "(민중들이) 이제 신음하는 소리 한 마디만을 질러도 저들이 질겁을 하고 도망을 할 시간이 다가온다."[16]고 했다. 자유당 독재가 망하고 민주주의

가 회복될 것임을 가리키는 말이다. 「때는 다가오고 있다」는 글에서는 "내게 자유를 다오! 나를 사람으로 대접해 주고 내 알 것을 남김없이 알게 하고, 내 할 것을 꺼림없이 하게 해다오."[17]라고 하여 민주주의에 대한 소망을 간절하게 나타내고 있다. 그런 만큼 함석헌은 독재를 시종일관 반대하였고, 유신 체제에 대하여 몸으로 저항을 하였다.

함석헌은 비폭력의 방식으로 저항을 하였는데, 이는 그의 신조였다. 함석헌은 저항이란 인간 그 자체로서 자유로이 발전해 가는 인격을 가졌기 때문에 불가피한 것이라고 보았다.[18] 지배층에서 유신 체제를 '한국적 민주주의'라고 부르는 데 대하여 함석헌은 거부감을 보였다. 그래서 "왜 한국을 세계적으로 끌어올릴 생각은 못하고 세계의 여러 민족이 막대한 희생의 대가를 치르고 얻은 그 민주주의를 한국에까지 끌어내려야 합니까?"[19]라고 말하고 있는 것이다. 민주주의는 인류가 창안하고 가꾸어 온 보편적 문화이므로 한국의 현실을 내세우며 그것을 특수화하려는 데 대하여 반대하는 것이다.

이러한 입장은 물론 앞에 나온 박종홍의 생각과는 다른 것인데, 박종홍의 생각을 지지하는 사람들이 있었듯이 함석헌의 민주주의관을 지지하는 사람들도 있게 마련이다. 박종홍류는 유신 체제와 생각의 물줄기를 같이할 수 있는 데 비해 함석헌류는 오히려 그것에 반대하고 저항의 길로 나설 수 있는 여지가 있음은 물론이다. 유신 체제와 함께 그에 반대하는 민주주의관이 유신 이전의 한국에 병존해 있음을 보여 준다.

자본주의에 대한 함석헌의 입장은 매우 부정적이다. 그는 뇌물을 먹고, 모든 것을 돈으로만 따지고 생각하는 소위 '먹자풍'의 풍조가 자본주의에서 나온 것으로 보았다. 자본주의 제도를 고치지 않고는 아무리 사회 개선을 외쳐도 소용이 없다고 생각하였다. "먹자풍은 자본주의하에서는 필연적"이므로 "개인을 책망하는 것보다는 이 제도를 고치도록 힘쓰는 것"[20]이 옳다고 하였다.

함석헌은 한걸음 더 나가서 미국을 혐오하는 생각까지 여기서 이끌어 내고 있다. 한국에서의 자본주의 병폐는 미국 때문에 생긴 것이고, "미국 자본주의의 하수도가 바로 우리"[21], 즉 한국이라고 하였다. 전쟁, 도둑질 등 나쁜 사회악의 근원이 자본주의에 있다[22]는 게 함석헌의 생각이다.

그러나 자본주의 아닌 사회에서도 뇌물, 부패 등이 있는 것을 보면 함석헌의 견해는 너무 편향된 면이 있다. 자본주의의 병폐를 미국의 탓으로 돌리는 것도 구체적인 분석이 없어 너무 일방적인 주장으로 들릴 뿐이다. 문제의 지적에는 강하고 대안의 제시에는 약했던 것이 함석헌의 사상적 특징이 아니었나 싶다.

함석헌이 1960, 70년대 한국의 경제 발전에 대하여 별다른 의미를 부여하지 않는 것은 그의 반자본주의의 입장에서 볼 때 자연스러운 일일 것이다. "경제 발전 소리를 하지만 경제가 아무리 발전했다 해도 내 생각만 하고 전체를 생각하지 않는데 숫자가는 것이 무슨 의미가 있느냐?"[23]는 것이다. 함석헌은 자본주의, 그것의 발전이 키워놓은 배금주의, 그래서 사람들마다 이기심에 사로잡혀 돈만 찾게 된 한국 사회를 싫어하였다. "돈, 돈, 권세,

궤(櫃), 그것은 망하는 민족의 마지막 중얼거림"[24]이라고 극단적인 말로 자신의 심정을 나타내었다.

그러므로 자본주의에 바탕을 둔 경제 발전의 성과를 크게 자랑하고 계속 그러한 성공을 위해서 필요한 것이 유신 체제라는 지배층의 논리에 함석헌이 동의하지 않게 된 것은 당연한 일일 것이다. 애당초 함석헌은 5·16의 당위성도 인정하지 않았다. 5·16으로부터 유신 체제에 이르는 지배층의 발전 논리를 반대하고 비판할 사상적 단서의 하나를 함석헌이 마련하고 있었나 해도 과언이 아닐 것이다.

자본주의를 반대하는 만큼 함석헌은 공산주의에 동조하는 입장을 보일 듯싶지만 그렇지는 않다. 함석헌은 명백한 반공주의자이다. 공산주의가 싫어서 월남한 데서도 알 수 있거니와 자유를 소중하게 여기는 그의 민주주의에 대한 신념에 비추어 보더라도 이를 알 수 있는 일이다. 그렇기에 함석헌은 한국전쟁 때 출병해 적화 통일을 막아준 미국과 유엔에 '덕'을 입었다[25]는 생각을 가지고 있기도 하였다.

반공이라는 입장에서는 그를 위한 체제로서의 당위성을 안고 출발한 유신 체제와 함석헌이 어긋날 이유는 하나도 없다. 다만 유신 체제가 가지는 비민주성이 함석헌에게는 혐오스러울 뿐이라고 해야 한다. 또 함석헌이 "공산당을 이기는 것은 그 양심을 때리는 데 있다."[26]고 한 만큼 만일 조금이라도 양심과 어긋나는 반공의 행위가 유신 체제에서 발견된다면 그것도 문제라고 해야 할 것이다. 함석헌의 사상 내지 그로서 대표될 수 있는 당시 한국인들의 사유 속에 유신 체제를 반대할 생각의 근거는 다분히 있었다.

민족주의에 대한 함석헌의 생각은 어떨까? 3·1 독립 운동 정신을 높이 평가한 그가 민족주의를 반대하였다고 볼 수는 없다. 그러나 자기 민족만을 중심으로 하는 편협한 민족주의는 반대하였다. 자기 민족을 "도덕의 표준"으로 삼고 자기 민족의 생각이나 이해가 곧 정의라고 하는 식의 민족주의에는 찬성하지 않았다. 또한 이러한 민족주의에 입각한 국가주의도 함석헌은 물론 받아들이지 않았다. "다른 나라, 다른 민족도 나와 한 가지 운명을 같이하는 사람"[27]으로 아는 민족주의를 함석헌은 지지하였던 것이다.

함석헌은 국가가 산업주의, 부국강병을 지향하는 것도 바람직하지 않은 것으로 보았다.[28] 그런데 국가가 이러한 노선을 취할 때 동원 수단으로 나오는 것이 대개 자기 중심의 민족주의이고 그에 입각한 국가주의이다. 유신 체제를 성립시킨 한국의 지배층도 함석헌이 볼 때 여기서 예외는 아니었다. 그렇다면 "모든 문제의 근본이 그 속에"[29] 있다고 보는 함석헌이 유신 체제를 지지할 수 없었을 것은 쉽게 알 수 있다. 바꾸어 말하면 유신 체제를 반대할 사상적 논조의 하나가 함석헌을 통해 당시 존재하고 있었던 것으로 볼 수 있는 것이다.

나만 아는 민족주의, 그에 입각한 국가주의를 버리고 "고상하고 원대한 정신"을 가진 민족주의를 함석헌은 바랐다. 각자 자기만을 고집하는 입장에서 오는 민족 상호의 대립과 갈등은 여기서 받아들여질 여지가 없다. 또 민족을 우선하는 입장에서 개인을 그 안에 매몰시키는 사상적 폭거도 당연히 용납될 수 없다고 보아야 한다. "고상하고 원대한 정신"에서 나오는 민족주의는 개인의 자유와 인권을 소중히 여길 것도 분명하다. 그러한 입장에서 본다면 한국의 현실은 참으로 한심스러울 정도이다. "자유가 있느니 없느니, 인권 보장 되느니 못 되느니"[30] 하면서 싸우는 정도에 머물고 있는 실정을 함석헌은 안타까워하였다. 그러한 생각이 유신 체제에 대한 그의 비판적 입장을 드러내는 것임은 물론이다.

함석헌은 행동을 강조하는 사람이요, 그 자신 민주화 운동을 통해 이를 실천한 바 있다. "씨알은 소리를 내야 씨알"[31]이라고 한 함석헌의 말은 바로 이러한 행동성을 강조하고 있는 것이다. 박종홍도 행동을 강조했지만, 현실에 순응하고 살았던 만큼 가열찬 행동성을 박종홍에게서 느끼기는 어렵다. 이에 비하면 함석헌은 말과 글로 주장했을 뿐만 아니라 역경 속에서 그것을 실천으로 보여 주었다는 점에서 차이가 있다.

산업화 대 민주화

오늘날 이른바 1960~80년대의 근대화에 참여한 세력은 산업화 세력, 민주화에 기여한 세력은 민주화 세력으로 불린다. 이 기준에 의하면 박종홍과 같은 경우는 산업화 세력, 함석헌의 경우는 민주화 세력으로 분류될 수 있을 것이다. 민주화를 소중하게 생각하는 입장에서 본다면 함석헌과 같은 지식인이 더 평가를 받을 수 있겠지만, 박종홍류의 지식인도 과소평가할 것만은 아니다. 산업화와 민주화는 다 함께 소중한 것이고, 산업화가 없었다면 민주화도 쉽지 않았으리라는 점을 생각해야 한다.

그런데 한국에서 산업화는 공동체 우선의 집단주의, 민주화는 개인주의를 매개로 추진되어 왔다. 개인보다 국가와 민족을 생각하고 지도자를 정점으로 하는 권위주의적 집단주의가 산업화에는 크게 자리 잡아 왔다. 이것의 사상적 근원은 개인에 앞서 가족과 국가의 중요성과 그에 대한 의무를 강조한 유교라고 보아야 할 것이다. 이에 비하면 민주화는 집단보다 개인의 존재, 개인의 자유와 권리를 중시하는 입장으로서 서구 사상에서 온 것으로 보아야 할 것이다. 한국의 전통 사상에서 민주주의 요소가 없었던 것은 아니지만, 그것이 생활 속의 사상으로 자리 잡은 계기는 아무래도 서구 사상의 영향에서 찾아야 한다.

민주화가 이루어졌다는 것은 한국인들에게 개인주의가 생활 속에 상당히 스며든 것으로 볼 수 있다. 유교의 공동체 우선의 집단주의가 여전히 잔존하지만 민주주의가 추구하는 개인주의적 가치가 주류로 떠오르는 상태가 된 것이다. 오늘날 가문보다 핵가족이 보편화되고, 개인주의적 성향이 널리 나타나고 있는 것은 그 점을 보여 준다. 그 결과 산업화가 추구하는 경제에서의 발전이 계속 유효한 가치일 수 있더라도, 민주화가 낳은 개인주의 성향을 무시하고는 어떠한 국가적 기능도 성공하기 어렵게 되었다.

이제는 산업의 고도화를 위한 정부의 노력에서도 그 과정에서 소외된 개인에의 관심이 촉구되기에 이르렀다. 기여한 만큼의 배려를 받지 못하는 민중으로서의 각 개인, 빈부의 양극화에 따라

고통을 겪는 개인들을 위한 정책적 고려와 복지가 과제로 떠오르게 된 것은 그 때문이다. 국가와 민족의 이름으로 그들에게 고통과 인내를 요구할 수 있는 시대는 지났다. 공동체 우선의 집단주의적 성향이 강하던 한국 자본주의에서 개인의 존재가 과거보다 비중을 가지고 다루어질 필요가 있게 된 것이다. 민족주의에서도 개인을 그 아래 매몰시킬 수 있는 단계는 지났다. 반공주의에서 개인의 인권을 고려하며 국가보안법의 철폐가 요구되는 것도 같은 추세의 반영으로 볼 수 있다.

공동체 우선의 집단주의에서 개인주의로의 이행이 한국 사상의 대세라면 집단주의에 사상적 바탕을 둔 박종홍류의 지식인과 개인주의에 바탕을 둔 함석헌류의 지식인은 한국 사상의 변화를 대변하는 모습으로 볼 수 있다. 집단주의를 극대화한 유신 체제에 대한 참여와 반대의 입장에서 그들은 변화하는 한국 사상의 흐름을 대변하는 위치에 선 것이다. 민주주의 · 자본주의 · 민족주의 · 반공주의는 이들 두 유형의 지식인이 대변하는 사상적 흐름 위에서 변화를 맞고 있는 것도 사실이다. 이들 두 흐름이 병존하면서도 개인주의적 입장이 강조되는 경향을 이후의 한국 사상사는 보여 주고 있다고 판단된다. 국가와 민족이 여전히 강조되지만 경제 발전 과정에서 소외된 각 개인으로서의 민중, 개인의 인권과 복지가 중요시되는 이후의 사상적 움직임은 그것을 말해 준다.

저항과 침묵의 양면성, 왜?

1970년대의 한국인 다수는 유신 체제를 부정적인 것으로만 받아들이지 않았다. 한국인들의 주체성을 형성한 역사적 전통 등 여러 요인이 그러한 인식에 작용을 한 것이다. 경제 개발을 통해 나타난 유신 체제의 실용성은 다수의 일상인들에게 지지를 받을 수 있었다. 실용을 최고의 가치로 하는 일상적 사상이 1960, 70년대의 한국에서는 강렬하게 작용하고 있었다.

민주주의에 대한 논쟁

유신 체제하에서 일어난 저항을 간단하게 표현한다면 민주화 운동이라고 할 수 있을 것이다. 외형상 국민의 동의를 얻어 성립되었으나, 부당하게 계엄으로 자유로운 토론을 막고, 정부의 일방적인 홍보만이 허용된 상태에서 합법화된 유신 체제를 저항 세력들은 인정할 수 없었다. 성립 절차에서 민주주의의 형식 논리는 충족시켰더라도 내용 면에서 절차적 하자를 가진 체제에 대하여 그들은 침묵할 수가 없었던 것이다. 그동안 우여곡절을 겪으면서도 한국 사회에 꾸준하게 부식되어 온 민주주의 의식이 그것을 촉발시키고 있음은 물론이다.

유신 체제가 한국의 문화, 상황적 특수성을 고려한 '한국적 민주주의'에서 나온 것이라면, 이에 저항하는 반대 세력들은 보편적 민주주의를 지지하는 입장이라고 말할 수 있다. 그들의 주장

어디에서나 민주주의의 보편적이고 핵심적인 가치로서의 자유가 요구되고 있었던 점에서 그렇게 말할 수 있는 것이다. 그들은 민주주의를 단순히 남의 나라에서 만들어진 것이 아니라고 하면서 다음과 같은 주장을 펴고 있다.

> 그러면 민주주의란 무엇인가? 그것은 남의 나라에서 실현되고 있는 어떤 특정한 제도를 말하는 것이 아니라 한 사회를 형성한 성원들의 뜻에 따라 최선의 제도를 창안하고 부단히 개선해 나가면서 성원 전체의 정의와 행복을 도모하는 자세요 신념을 말한다.[32]

이 글은 윤보선, 함석헌, 김대중 등이 1976년 3월 1일에 발표한 「3・1 민주 구국 선언」에 나오는 내용인데, '한국적 민주주의'에 대한 반론의 뜻을 내포하고 있다. '한국적 민주주의'는 민주주의를 서구에서 만들어진 저들의 문화로 보고 한국 현실에 맞는 민주주의를 만들겠다는 동기를 가지고 있었다. 민주주의의 한국화라는 목표에는 유신 체제로 나타난 제도 면에서의 새로운 시도가 나타나 있으며, 정치에서 그 양상이 뚜렷하게 나타나고 있었던 게 사실이다. 위 글은 그러니까 '한국적 민주주의'에 담긴 그러한 생각과 실제를 공박하는 반론의 성격을 가지고 있는 것이다. 여기서 제도는 2차적인 것으로 되어 있다. 1차적 중요성을 가지는 것은 최선의 제도를 창안하려는 사회 성원들의 뜻이고, 만일 제도가 당초의 뜻에서 달라진다면 끊임없이 연구・개선함으로써 성원들의 정의와 행복을 도모하려는 자세와 신념인 것이다. 민주주의를 틀에 짜인 고정된 것으로 보지 않고 최선의 변화를 추구하는 데에서 찾고자 하였다는 점에서 평가할 만하다.

어쨌든 이 글에도 나와 있듯이 민주주의에서 중요한 것은 사회 성원들, 국가적 차원에서 말하자면 국민들의 뜻이다. 그들이 자유로이 생각하고 말하며 선택할 수 있는 기본적 자유가 중요한 것이다. 그리고 덧붙여 말한다면 그러한 자유를 누리고자 하는 용기 있는 행동이 거기에 수반되어야 할 것이다. 문제는 어느 때나 그것이 행동하는 소수에 의해서만 수행될 수 있다는 점이다.

이 점에서 학생, 종교인, 언론인, 재야 인사 등 민주주의를 요구하는 세력이 자유와 그것을 실현하는 국민의 기본권 보장을 행동으로 요구하고 나선 것은 의미 있는 일이었다. 사실상 복수 후보가 허용되지 않는 상태에서 실시되는 간접 선거 형식의 대통령 선출도 그들로서는 참을 수 없는 일이었다. 그것은 재출마하는 집권자에게 전적으로 유리한 것이었고, 국민의 직접적인 지도자 선택권을 심하게 제한하는 것이었다.

문제는 그들이 철폐를 요구하는 유신 체제도 어찌 되었든 국민의 합법적 찬성에 의해서 성립되었다는 점이다. 절차적 부당성이 인정될 수 있다고 해도 형식적으로는 합법성을 가진 체제였던 것이다. 권력자가 선포한 안보의 비상 상황에 동의하고 그가 제시한 이른바 위임적 독재(Kommissarische Diktatur)[33]를 승인한 결과인 것이다.

그렇다면 1970년대의 민주화 운동은 다수의 지지로 이루어진 유신 체제에 대하여 소수의 국민들이 이를 인정하지 않으려는 데서 출발한 것으로 볼 수 있다. 이것은 민주주의의 원리 중

하나인 다수결의 의사 결정 방식이 정당성을 확보해 주지 못하고 있음을 보여 주는 사례이다. 만일 유신 헌법이 그 성립 과정에서 토의와 논의를 존중하는 등 언론의 자유를 보장해 주었다면 이러한 문제점을 감소시킬 수 있었을 것이다. 절차적 민주주의가 얼마나 중요한가를 유신 체제하에서의 민주화 운동은 보여 주고 있다.

민주주의가 채택하는 다수결의 원리가 국민 대중의 무지와 경솔함으로 바람직하지 않은 결과를 가져올 수 있음을 우리는 안다. 그래서 대중을 "고상한 이상에 통일되지 않는 한" 우중(愚衆)에 불과하다고 보면서 "자기 스스로가 자기 운명을 그르치고야 마는 무리"라고 보는 견해도 있다. 이에 의하면 대중은 그 정신이나 지능이 보잘것없어서 자기를 알지 못한다. 이로 인해 "다수의 의견이란 항상 과오에 빠지기 쉬운 것이요, 소위 비상시라 하는 시기에 더욱"[34] 그렇다고 본다. 그러나 대중이 반드시 불신만 받을 수 있는 존재일 수는 없다. 대중이 고상한 이상이 무엇인지 모르고 행동할 수도 있지만, 그러나 자신도 모르는 사이에 엄청난 역사적 행동을 할 수도 있다. 4·19 혁명의 예를 보더라도 처음에는 부정 선거에 대한 항의의 시위에 지나지 않았다. 그러나 마침내는 자유당 정권의 붕괴를 가져오고 한국 민주주의 역사에 커다란 변화를 몰고 오지 않았던가? 대중 스스로도 미처 깨닫지 못하는 사이에 이루어지는 대중의 역할까지 무시해서는 안 된다. 그러나 전반적으로 본다면 대중이 경솔하고 불신받을 수 있는 존재임을 완전히 부정할 수도 없다.

그래서 이를 시정하려는 선각자나 소수 집단의 노력과 희생이 요구되는 경우는 얼마든지 있을 수 있다. 아무리 대중의 지식 수준이 높아진다고 해도 그들은 언제라도 과오를 되풀이할 수 있다. 마찬가지로 이를 다시 고치려는 소수자의 노력과 희생도 다시금 반복될 수 있을 것이다. 그렇다고 대중의 판단이 반드시 그른 것도 아니고 소수자의 견해가 항상 옳은 것도 아니다. 그래서 인간이 선택하는 사상과 체제도 반드시 옳은 것일 수만은 없다. 비판과 관용의 태도가 중요시되어야 할 이유도 그 때문인데 유신 체제는 이 점에서 분명히 문제가 있었다. 유신이라는 높은 성을 쌓아놓고 이것 아니면 안 돼, 한국이 나아갈 길은 이것뿐이다 하는 식의 태도를 보여 주었던 것이다. 거기에 비판은 허용되지 않았고, 관용의 태도도 물론 거의 없었다.

발전이냐 종속이냐

유신 체제의 절차적 문제점은 경제 부문에서도 드러냈다. 안보를 최우선시하여 자본주의 경제 체제에서 운영 절차상 요구되는 근로자의 정당한 노동권을 제한한 것이다. 이 당시에는 근로자의 노동권을 경제적 시각에서가 아니라 국가 안보와 관련시켜 보는 정치적 시각이 지배적이었다. 경제 성장을 저해할 수 있는 안보상의 불안 요소(근로자의 시위, 파업 등)를 사전에 제거하자는 의도가 강하게 반영된 것으로, 경제 성장에 대한 집착과 반공주의가 여기에 작용하고 있음은 물론이다. 이러한 취지에 따라 유신 헌법 제29조는 노동 3권의 보장을 법률의 범위 안에서 하도록 규정하면서도 그 제3항에서는 그것의 제한 가능성을 광범위하게 언급하고 있다. 공무원과 국영 기업체, 공공 사업체 등 국민 경제에 중대한 영향을 미치는 사업체의 종사자에 대하여서는 법률에 의하여 노동 3권을 제한하거나 인정하지 않을 수 있음을 밝히고 있는 것이다.

이러한 점을 두고는 반공주의를 비판하는 입장에서 한국 자본주의에서의 고착취와 자본 축적, 그로 인한 산업화의 성공을 조롱 섞인 눈으로 보는 견해가 있다.[35] 이에 의하면 모든 것을 반공의 이름으로 정당화시키는 안보관에 입각하여 근로자를 탄압함으로써 한국 자본주의가 성공한 것으로 본다. 물론 반공주의가 현실에서 부정적인 면이 없지 않았으므로 그렇게 볼 수도 있다.

그러나 반공주의가 혁명의 이름으로 무장 게릴라까지 남파하는 북한의 현실적인 위협에 효과적으로 대처하면서 경제에 긍정적 기여를 한 점도 잊어서는 안 된다. 노동 현장에 북한의 간첩망이 침투하여 파괴 활동을 조성하려는 기도가 있었던 점도 간과되어서는 안 된다. 이러한 상황에서도 1977년 3월에 노동청은 30인 이상 업체에 노사 협의회 구성을 지시하였다. 이 시기에는 중앙과 지역별로 노사 간담회도 열렸으며, 중앙 노사 간담회의 경우 노동측은 그들의 요구 사항을 무엇이든 제기할 수 있었다.[36]

또 1973년 4월에 반사회적 기업인 73명을 처벌한 데서 볼 수 있듯이 악덕 기업인에 대한 국가 차원에서의 응징도 가해졌다. 1974년 12월에는 노동 관계법을 개정함으로써 정부에 의한 노사 관계의 안정과 근로자의 복지 향상을 위한 제도적 조치가 이어졌다. 이에 따라 노사 협의 체제가 강화되었고, 종업원 지주제와 근로자 재산 형성 등의 복지 정책이 시행되기에 이르렀다. 이 조치에는 일정 조건하에서 근로자에 대한 대출 확대도 규정되어 있었으나 실제로는 그대로 되지 않는 등 문제도 있었다. 그러나 근로자들에게 상당한 혜택이 돌아갈 수 있게 된 것은 부인할 수 없다. 노동청이 1978년부터 근로자의 최저 임금을 2만 원에서 3만 원으로 인상한 것, 1978년 5월 YH무역의 위장 휴업에 따른 감원을 회사가 스스로 시정토록 한 것 등의 조치도 있었다.

또 자율성에 반드시 확신을 가질 수 있는 것은 아니지만 1975년도의 노조 조직률이 15.8%에 이른다는 사실도 관심을 끌게 하는 바가 있다. 이 수치는 노조의 조직이 훨씬 자유로워진 2000년의 11.6%에 비하더라도 높은 수준이다.[37] 이 모든 것은 유신 체제하에서의 한국 자본주의가 자본가를 전적으로 우대하거나 일방적으로 근로자를 억압하고자 하지 않았음을 말해 준다. 이 말은 당시의 한국 자본주의에 문제가 없었다는 것이 아니라 친자본・반노동의 관점으로만 말할 수 없는 면이 있었다는 것이다.

일부에서는 반공주의가 근로자들의 저항적 주체화를 철저히 억압하고, 그들에 대한 탈주체화를 전면적으로 이루어냈다고 비판한다.[38] 일리가 있는 말이다. 그러나 인간의 주체적 조건이 존재로서의 생존을 전제로 한다고 볼 때 반공주의가 인간 내지 국민으로서의 근로자들이 가져야 할 생존적 주체성(생존권을 요구 또는 확보하려는 주체로서의 성격)을 살려 준 사실도 간과되어서는 안 될 것이다. 반공주의가 철폐되어 공산주의자들의 파괴활동이 산업 시설과 산업 현장에서 이루어진다면 근로자들의 생존적 주체성은 상당한 위협을 받을 수 있었다는 점을 잊어서는 안 된다.

노사 관계에서의 불법 파업 등 반생산적 활동에 공산주의자들이 관심을 기울여 온 사실은 레닌을 비롯한 공산주의자들의 혁명 활동에서 쉽사리 볼 수 있는 일이다. 자본주의를 반대하고 노동자 주체의 세계를 바라는 그들의 입장에서는 당연한 태도일 것이다. 실제로 1960, 70년대에 광산과 중소기업 등에 북한 간첩들이 침투하여 활동했던 사실은 조금이라도 이 방면에 관심을 가진 사람이라면 다 아는 사실이다. 필자 자신 과거의 공무원 생활을 통해 이를 잘 알고 있기에 하는 말이다.

그렇다고 노동권에 대한 국가의 억압이 전적으로 정당했다는 얘기는 물론 아니다. 노동권은 국가뿐만 아니라 사용자측에 의해서도 상당한 제약을 받을 수 있다. 노동조합을 설립하려는 근로자들의 노력은 사용자들의 방해 공작으로 저지되는 경우도 있었다. 또 노조가 있는 경우에도 사용자측의 무성의로 노조 활동이 제대로 진행되지 못하거나 방해를 받는 경우도 있었다.

1976년 4월과 7월에 있었던 동일방직 노조 대의원 대회의 유회와 회사측 대의원들에 의한 별도의 노조 설립은 그러한 예에 속한다. 이 회사에서는 1978년 2월에 열린 노조 대의원 선거에 오물 투척 및 깡패를 동원하여 방해를 하기도 하였다. 그리고 1977년 6월의 다나무역의 예에서 보듯이 회사는 노조 간부들의 해고 등을 자의로 단행한 경우도 있었다. 노조를 결성하려는 사원들을 해고하거나 임금 인상과 근로 조건의 개선 등 근로자들의 당연한 요구도 합법적 절차에 따른 노사 간의 협의로 해결되지 않는 일이 있었다는 것이다.

이처럼 정상적인 노사 관계가 작동하지 않는 체제하에서 근로자들의 대응은 단식 농성 등 극한적인 경우가 많았다. 이 과정에서 노동운동에 관심을 가진 일부 문인들이나 사회 운동가들이 근로자의 편에 섰는데, 그들의 주장에는 이 시기 한국 노동운동의 현 주소와 함께 앞으로의 방향이 제시되어 있다.

예컨대 1973년 12월 10일에 도시 산업 선교회가 발표한 내용을 보자. 이들은 기업인들의 부당 노동 행위를 처벌할 수 있도록 하는 입법과 근로자들의 단체 행동 및 단체 교섭권의 제한 철폐, 근로자들의 회사 경영 참여를 제도적으로 보장할 것을 요구하였다. 이러한 주장에는 개헌의 요구도 내포되어 있거니와 근로자들의 경영권 참여라는 아주 선진적인 요구까지 포함되어 있어서 눈길을 끈다. 도시 산업 선교회의 이러한 주장에는 근로자들을 자본주의 체제의 중요한 당사자로서의 지위를 확립시키려는 뜻이 강하게 나타나 있다. 각종 부당 노동 행위에 대한 근로자들과 사회 일부에서의 거부 의식이 행동으로 나타나고 있다는 것을 보여 준다. 이는 건강한 자본주의를 확립하려는 실천적 노력의 하나로 볼 수 있을 것이다.

그러나 당국은 이들을 처벌하기에 이른다. 자본주의 체제하에서 약자인 근로자들을 보호하기 위해 개발해 낸 각종의 제도와 그것의 원활한 운용을 위한 사회적 노력은 아직 기대에 미치지 못하고 있었던 것이다. 1960년대 이후의 고속 성장이 1970년대에도 계속되었지만 한국 자본주의의 일면은 이처럼 정상에서 이탈해 있었다. 안보와 성장 우선의 국가 정책이 낳은 부작용이거니와 그것이 '한국적 민주주의'를 구현했다고 보는 유신 체제와 무관할 수는 없다.

1960, 70년대에 이룬 한국 자본주의에 대하여서는 민족주의의 입장에서 종속 이론(Dependency Theory)을 원용(援用)하여 한때 반론이 많았다. 외국의 자본 및 원자재에 의존한 성장 정책을 추구함으로써 종속적 경제가 되었다는 것이 그들 이론의 골자였다.[39] 이를 좀 더 명확히 하여 미국과 일본에 대하여 종속을 스스로 재촉한 체제였고, 민족주의를 외치면서도 경제적 자립과는 거리가 먼 종속을 부추겼을 뿐이라는 비판도 하였다.[40] 미국 시장에 의존하는 수출을 두고도 종속적이라는 말을 하는 경우가 있다. 레닌의 제국주의론에서 영향을 받은 것으로 알려져 있는 종속 이론의 특성상[41] 이러한 비판은 놀라운 일이 아닐 것이다. 사실은 레닌의 제국주의론을 제대로 받아들인 것도 아니고 그의 반자본주의적 견해를 수용한 데 지나지 않지만, 어쨌든 이론의 주소가 반자본주의에 있는 한 그러한 비판은 있을 수 있는 일이라고 생각된다. 그러나 그에 대한 반론에도 귀 기울일 필요가 있다.

이러한 점에서 국내 학자들의 비판과는 반대로 외국 학자들이 이 시기의 한국 자본주의를 긍정적으로 보는 시각을 유의해 볼 만하다. 비록 종속적 관점에서의 이해가 한국 자본주의에 적용될 수 있는 면이 있을지라도 어쨌든 한국의 경제 발전 결과는 성공적이었다는 점을 중시한다. 여기서는 한국 자본주의가 자신의 독자적인 힘으로 성과를 이룬 사실을 무엇보다 강조하였다.[42] 외부의 학자들이 한국 자본주의를 성공적으로 보았던 것은 그동안에 이룬 여러 가지 경제 지표를 기준으로 하였겠지만, 절대 빈곤의 타파를 이루었다는 움직일 수 없는 사실 때문이기도 하다. 종속이라는 것은 그 용어를 등장시킨 중남미 경제처럼 만성적인 저발전에 머물러 있는 경우에 논의의 적합성을 가진 개념이라고 해야 한다. 비록 자본과 기술, 시장, 혹은 원자재 부문에서 대외 의존적인 면이 있다고 해도 그것을 기초로 성공적인 경제 발전을 이룰 수 있다면 종속으로만 볼 일은 아니다.

자본, 기술의 그 어느 면에서도 가진 것 없는 상태에서 한국 자본주의가 성장해 왔다는 사실도 잊어서는 안 된다. 물론 비판적인 일부 학자들이 이를 몰라서 하는 말은 아니겠지만, 그렇더라도 그들의 견해는 지나치게 부정적인 시각으로만 일관되어 있다. 한국 자본주의에 대한 그들의 이론적 바탕인 종속 이론이 "자율적인 민족 자본주의의 발전 가능성을 부정함으로써 '종속' 경제가 자본주의적 성장을 이룰 수 있다는 선택적 가능성을 무시해 버렸다."[43]는 비판을 받고 있는 사실을 그들은 이제라도 생각해 볼 일이다.

경제 성장을 보는 시각

미국 시장에의 의존도가 높다는 사실도 종속으로만 볼 일은 아니다. 미국 시장은 한국만이 아니라 당시 일본, 대만이나 유럽을 비롯한 많은 국가들이 진출하고 있었으며 미국 시장의 상황에 따라 해당 국가의 경제가 영향을 받았던 것도 사실이다. 물론 프랑스처럼 비중이 적은 나라에 비하면[44] 한국의 경우는 의존도가 매우 높은 편이었다. 그렇더라도 이는 '영향'이라는 개념으로 보아도 충분한 일이지 꼭 '종속'으로만 볼 일이 아니다. 시장은 그에 참여하는 개인이나 국가를 일방적으로 좌우할 수 있는 것이 아니다. 시장의 상황에 따라 참여자의 경제적 성과가 달라지는 것은 사실이지만, 시장이란 결국 그것을 잘 이용하느냐의 여부에 따라 참가자의 이익을 결정해 주는 하나의 기구에 지나지 않는 것이다.

1960, 70년대의 한국 자본주의가 미국 시장의 영향을 크게 받았다고 하면 몰라도 그에 종속되었다고 하는 것은 용어의 사용에 문제가 있다. 한국은 미국 시장을 주체적으로 적절하게 잘 이용한 경우로 보아야 할 것이니 종속이라는 말은 타당하지 않을 듯싶다. 왜 외국인들은 크게 개의치 않는 한국 경제의 대외 지향성을 구태여 종속이라고 하면서 우리 스스로가 깎아내려야만 하는가? 저임금을 바탕으로 미국 시장에 진출하고 있는 중국 경제에 대하여서는 미국에 종속되어 있다는 말을 한 적이 있는가? 오늘날 중심적 자본주의의 핵으로 볼 수 있는 미국도 19세기 초만 하더라도 사실상 영국에 종속된 경제였다. 미국은 영국에 대한 1차 산품의 공급지이자 공산품의 수입국이었으며, 자본과 숙련 노동도 영국에 크게 의존하고 있었다. 그래서 J. S. 밀이나 마르크스도 미국을 영국 경제의 일부분 내지 그 식민지로 보았을 정도이다.[45] 발전 초기의 자본주의 국가치고 초기에 종속의 양상을 띠지 않는

국가는 없다고 해도 과언이 아닐 듯싶다.

이런 의미에서 이 시기의 한국 자본주의에 비판을 하면서도 그 자립 지향적 성장성을 평가한 견해는 음미할 만하다.[46] 후발 자본주의 국가에서 급속한 산업화를 위해 국가가 주도적 역할을 하는 것에 관심을 가졌던 발전 국가론(Developmental State Theory)의 시각도 돌아볼 필요가 있다. 여기에서는 한국 등의 경제 성공을 국가에 의한 "방어적 보호주의 내지 경제 민족주의라는 자국 이익 극대화의 이데올로기가 깔려 있었던 것"[47]으로 본다. 이러한 관점은 경제 발전 과정에서 한국이 취해 온 자국 산업의 보호 조치나 동원 체제로서 민족주의를 강조한 것을 볼 때 타당성이 있다고 해야 한다. 그렇다면 현상으로서의 종속에 대한 한국 자본주의의 이념적 극복 의지는 주시해야 될 점이고 성공도 한 것으로 보아야 한다.

오늘날 한국은 미국의 채권을 가지고 있고, 기술을 수출하기도 하며, 2005년도에 발생한 뉴올리언스 시의 천재지변에 적지 않은 구호금을 보낼 정도의 여유도 가지게 되었다. 또 일부의 진보적 학자들도 인정하듯이 "(한국은) 이미 준제국주의 국가로서 제3세계 민중에게 억압적 민족으로 전화"[48]되어 가고 있을 정도이다. 그만큼 경제가 발전한 국가로 국제 사회에서 인식되고 있다는 얘기인 것이다. 1960~80년대의 한국 자본주의가 현재의 경제 상황에 밑거름이 되고 있음은 누구도 부정할 수 없다. 이 시기 한국 자본주의에서 종속적인 면이 있었다고 하더라도 그것은 자립을 향한 과도적 종속이었다는 인식을 가질 필요가 있다. 자본,

기술, 내수 시장이 빈약한 당시의 상황에서 다른 대안이 있었는지 비판자들은 확실히 얘기해 보라. 없다면 최소한 비판을 절제할 필요가 있다. 세계 제10위권의 경제 국가를 이룬 지금은 자기에 대한 비판에서도 저발전 국가의 이론적 틀을 벗어나 좀 더 수준 높은 경지를 이루어 낼 수 있어야 한다.

1960, 70년대 내지 1980년대 중반까지의 한국 자본주의에 대한 비판 세력들의 입장은 대체로 현상만을 자의로 해석하는 경향이 있다. 산업화를 이룬 고도 성장에 대하여서도 "인간이나 자본주의 윤리가 배제된 천박한 성장 제일주의"라느니 "민족 문제와 대립된 극우 반공 체제, 대통령 1인 권력 체제 속에서 친일파·친미파들이 미국의 세계 정책과 세계 자본주의의 한 부분으로 정력적으로 추진한 것"[49)]이라는 평가를 한다. 전혀 틀린 말은 아니지만 이러한 비판은 너무 지나친 감이 있다.

성장에 따른 문제점이 있더라도 그로 인해 많은 사람들이 일터를 얻어 살게 된 이상 여기서 인간이 전적으로 배제되었다고 말하기는 어렵다. 의식주의 해결과 함께 노동의 사회적 가치를 실현할 수 있게 되었다는 점에서 최소한 그렇게 볼 수가 있는 것이다. 자본주의 윤리가 배제되었다고 하지만 근검 절약하면서 기업을 일군 기업인들도 적지 않았음을 생각해야 한다. 인간 사회의 모든 것이 그럴 수 있듯이 자본주의도 완전히 윤리적일 수만은 없는 것이다. 민족 문제와 대립된 극우 반공 체제라고 하는데 이것도 단순화된 이해임은 앞에서 여러 차례 언급한 바이다. 민족 문제를 가지고 말하자면 남한의 극우 반공 체제보다 북한의 극좌적인 모험주의를 비판하는 것이 옳다고 본다.

미국의 세계 정책과 세계 자본주의의 한 부분으로 성장 정책이 이루어졌다고도 하는데, 이것은 인식상의 혼란을 나타내는 것으로 보인다. 현대 세계의 어느 자본주의나 성장 정책도 세계적 규모의 연관 속에서 이루어지게 마련이다. 그것은 마치 한 개인이 그가 속한 사회나 국가와의 관련 없이 살기가 어려운 것과 마찬가지이다. 이 경우 개인이 그에게 주어진 국가 사회와의 연관 속에서 자신의 경제적 삶을 높이려 한다는 것이 흠이 될 수는 없다. 국가의 경우도 여기서 다를 게 없는 것이다. 가장 염두에 두어야 할 것은 산업화를 가져온 성장 정책이 잘 살아 보려는 한국인들의 자립적 의지를 가장 큰 동력으로 해서 추진되었다는 사실이다. 이러한 점을 망각한다면 그것이야말로 가장 심각한 반민족적 위치에 서는 논의라고 해야 한다.

반공주의와 민족주의에 대한 비판과 반론

유신 체제하에서 반공주의와 민족주의는 두 가지 점에서 관심을 끈다. 첫째, 반공을 강조하는 입장에서 정부는 이 시기에 과연 남북한의 체제 중 어느 쪽이 민족을 더 잘 살게 하는가라고 하는 체제 비교론을 강조하였다. 남한의 자본주의와 북한의 사회주의 체제 중에 과연 어느 것이 민족을 잘 살게 하고 있는가를 한번 따져 보자고 한 것이다. 이는 1970년대 들어 북한을 훨씬 앞지르게 된 국민들의 생활 수준에 대한 자신감에서 나온 것임은 물론이다. 이것은 국민들로 하여금 반공에 대한 확신을 더욱 심어 주는 효과도 없지 않았으리라 생각된다.

둘째는, 반공주의의 강화가 오히려 하나의 민족으로서의 내부적 단결을 저해하는 점이 나타나게 되었다는 사실이다. 이 말은 반공주의가 매카시즘의 잘못을 드러내고 있다는 의미이지만, 더욱 중요한 것은 국민들이 그러한 잘못을 모르는 체하지 않았다는 사실이다. 1950년대에도 반공을 내세워 진보당에 대한 탄압이 있었지만, 당시는 그것이 잘못되었다고 공공연하게 지적하고 나서는 개인이나 집단은 찾아보기 어려웠다. 그런데 1970년대, 특히 엄혹한 유신 체제하에서 정부가 반공법에 위배되는 반국가 단체로 규정한 인민혁명당 사건에 대하여 항의하는 사태가 벌어졌다. 천주교 사제단에서는 이 단체 구성원 중 개별적으로는 반공법 위반 혐의가 있으나 그들 전체가 반국가 단체를 구성한 것은 아니라고 발표하였다. 당시에는 정부가 공산주의자로 규정한 개인이나 단체를 옹호하거나 그들을 위해 해명성 발언을 하는 자체만으로도 용기가 필요하였다. 그런데도 이런 상황이 벌어진 것은 정부의 반공법 적용이 신뢰를 잃고 있다는 얘기가 될 것이다.

동시에 정부의 어떠한 처벌도 두려워하지 않고 바른 말을 하려는 민주 시민 의식이 과거와 달리 국민들에게 상당히 높아졌다고 볼 수도 있다. 천주교 사제단이 종교 단체로서의 특수한 지위를 십분 활용하고 있었다고 볼 수 있지만 그런 의식이 없었다면 과감하게 나설 수 없었다고 보아야 한다. 국가가 반공이라는 명목으로 무조건 국민들을 침묵하게 할 수 없게 되었다고도 볼 수 있다. 이제까지 당연시되던 보수 일변도의 사상적 움직임에 대하여 진보의 성격을 띤 저항 세력이 등장할 가능성을 보여 주는 것이기도 하다. 아울러 이것은 남한 내에서의 민족 단합 내지 민족주의가 사상적 분열로 인해 심각하게 손상될 수 있음을 알려 주는 것이기도 했다.

그러나 반공주의는 문제점에도 불구하고 본래의 그 유효한 기능을 한 것으로 평가된다. 혹자는 이 시기의 반공주의가 분단을 고착화하고 강화한 체제 이데올로기라고 하여 민족주의와 대립적인 국가주의로 규정하지만,[50] 이것은 잘못된 시각이다. 무조건 민족의 통일적 염원을 이루어내는 것만이 민족주의일 수는 없다. 무엇이 민족의 가야 할 길인가를 알고 그 방향에서 민족적 진로를 택함으로써 민족의 생존과 행복을 도모할 수 있다면 그것이 바로 민족주의의 바른 길이라고 해야 할 것이다.

반공주의를 비판하는 측에서는 반공주의가 "진영(陣營) 논리에 추종하여 철저하게 냉전 체제의 강화에 앞장섰다."[51]고 하는데 이러한 견해도 적절한 것으로 보기 어렵다. 진영 논리를 앞세워 냉전 체제를 강화한 것이 아니라 주어진 냉전 체제의 현실에서 진영 논리를 따랐다고 보아야 한다. 그리고 그러한 노선은 국가 민족의 생존과 행복을 위해 당시로서는 불가피하고 바람직했던 것으로 생각된다. 반공주의는 당시의 국민적 수준에서의 합의로 이루어진 사상적 방향이었음도 알아야 한다.

유신 체제에 동의한 일상 의식

여기서 우리가 또 하나 유의해 볼 것은 유신 체제에 침묵으로

동조해 준 다수의 의사이다. 유신 체제에 대한 찬반 투표에서 다수 국민은 말없는 가운데 동의의 뜻을 결과적으로 보여 주었다. 유신 체제에 대한 평가가 부정적으로 내려지고 있는 오늘의 입장에서 보자면 이는 결코 간단한 일이 아니다. 역사는 되풀이된다는 말을 꼭 믿어서 하는 말은 아니지만, 유사한 상황이 만일 미래의 어느 날 되풀이될 때 침묵하는 다수의 결과적 과오를 방지하기 위해서도 그에 대한 사상적 해명이 필요하다고 본다.

외형상 일반 국민들은 분명히 유신을 지지하였다. 국민들 대부분이 유신 체제의 비민주성을 몰라서 지지해 주었다고 본다면 이는 국민들을 모독하는 일이 될 것이다. 문맹자가 거의 없어진 한국 사회에서 국민들이 민주주의에 대한 기초 지식을 모르고 있다고는 볼 수 없다. 당시 대부분의 사람들은 민주주의를 알았고, 정부의 홍보에 대하여 나름대로 분석을 하는 가운데 결국 유신 체제를 지지한 것으로 보아야 한다. 유신 체제를 반대하는 세력만큼 사상적으로 정돈된 의사를 가지지는 못했을지라도 나름대로의 사상적인 의사 체계는 지니고 있었다고 해야 한다. 그런데도 행동은 비민주적인 유신 체제를 지지하는 것으로 나타났다.

유신 체제가 물리적 강제력과 정부의 일방적인 홍보에 의해서 마치 강제된 동의의 형식으로 만들어진 것으로 본다면 이는 지나친 해석이라고 해야 한다. 1970년대의 한국인 다수는 유신 체제가 자신에게 나쁜 체제가 아님을 인지하고 받아들였다고 보아야 한다. 한국인들의 주체성을 형성한 역사적 전통, 그와 무관할 수 없는 생활 감정과 사유 등의 여러 요인이 그러한 태도를 만드는 데 크게 작용을 한 것이다.

유신 체제의 성립에 동의를 표한 사람들, 즉 침묵하는 다수의 의사 내용을 요약한다면 일상 의식(일상생활을 가장 중시하는 의식)에서 나오는 것이라고 할 수 있다. 먹고 마시고 자고 미워하고 사랑하며 낳음과 죽음이 있고, 돈을 벌려고 뛰어다니며 자식에 대한 기대로 사는 생활!

일상생활의 양상은 대개 그런 것으로 되어 있다. 거기에서는 물질의 풍요함이 다른 무엇보다 앞서서 추구된다. 현실에서의 안락과 즐거움이 존중되고 가난, 고통, 불쾌 등은 기피의 대상이 되는 공리주의 사고가 지배적이다. 인간의 본능적 감정과 현실을 중시하는 계산적 사고와 판단력이 일상의 삶에서는 중시될 수밖에 없다. 대부분의 사람들은 이러한 생활을 추구하는 일상인이라고 볼 수 있는데, 이들은 또한 높은 이상이나 가치 및 그에 바탕을 둔 별스런 행동을 좋아하지 않는다. 의식주가 풍족하고 고통 없이 살 수 있으면 그보다 좋은 생활이 없다. 일반 사람들에게 최고의 가치는 이 같은 생활을 유지하면서 사는 것이다. 일상에 만족하며 사는 사람들을 나쁘게 말하면 세칭 '속물'이라고 할 수 있다. 사람들은 사육신이 되기보다 한명회가 되기를 원함으로써 의리보다 이익을 좇으려 한다. 일상생활을 중시하는 사람들의 가치 의식은 사상이라는 이름을 붙이기도 어려울 정도로 낮은 수준으로 취급될 수 있다.

그래서인지 일상적인 것은 학문이나 사상의 영역에서도 오랫동안 관심권 밖에 있었던 게 사실이다. 그러나 일상생활의 사상성을 이처럼 무시해도 좋은 것일까? 이러한 물음은 근자에 들어 특히 사회학 분야에서 일상생활에 새삼 관심을 기울이기 시작했다고 해서 제기하는 것이 아니다. 따지고 보면 일상생활이야말로 깊이 있는 통찰이 요구되는 면이 있다고 보기 때문이다.

평범하고 유치하며 더러워 보이는 일상생활이지만, 그것 없이는 어떠한 사상이나 이념적 기도(企圖)도 의미를 가질 수 없다. 성인(聖人)으로 일컬어지는 사람들의 종교 사상이나 심원한 철학 사상, 개혁이나 혁명 등의 어떤 내용이나 노력도 일상생활에 대한 관심을 떠나 있지 않다. 그러한 사상이나 혁명들이 의미를 가지고 논의되고 평가받는 궁극적 귀결점은 일상생활에 대한 기여의 유무에 달려 있다고 해도 과언이 아니다. 그런 점에서 일상생활은 인간 생활의 기초이고 본령이다.

인간 사회에 대한 어떤 이상이나 청사진도 일상생활을 벗어나 존재할 수는 없다. 사상이 인간의 생활을 벗어나게 된다면 누구도 그것을 받아들이지 않을 게 분명하다. 정치에서 민생을 내세우며 실용이 자주 강조되는 것도 일상생활에 대한 의미 부여를 전제로 해서 할 수 있는 말이다. 민주주의의 관점에서 보면 유신 체제는 독재에 지나지 않는다. 그러나 경제 개발을 통해 나타난 유신의 실용성은 다수의 일상인들에게 지지를 받을 수 있었던 게 사실이다. 1960, 70년대의 한국은 그 어느 것보다 실용을 최고의 가치로 하는 일상적 사상이 주류를 이룬 시대였다고 파악할 수도 있다.

비일상적인 가치 판단의 입장에서 본다면 유신 체제는 독재이고 야만적인 체제로 보인다. 그러나 일상적인 시각에서 본다면 유신 체제가 한국인의 일상생활과 결코 적대적 관계에 있었다고 말할 수는 없다. 유신 체제는 1960년대에 이룩한 경제 성장을 1970년대에도 계속 이어 가는 성과를 거두었다. 이는 여러 사람들이 먹을 수 있는 밥의 크기를 더욱 키워감으로써 일상생활의 기본적 수요를 충족시키고 있었다는 얘기가 된다.

또 민주화를 외치는 일부 국민들에게는 철퇴를 가했지만, 그 체제가 요구하는 제한된 자유를 수용한 대다수의 국민들에게는 별다른 해악을 끼치지 않았다. 유신 체제에 도전하지 않은 대다수의 국민은 거주 이전이나 영리의 자유 등 여타의 자유를 누리는 데 큰 불편을 느끼지 않았다. 유신 체제에 대한 다수 국민들의 동의는 그러한 생활을 수용하겠다는 의사 표시로 볼 수 있을 것이다. 그들은 민주주의, 인권 등의 문제보다 불안한 안보 상황에서 자신들의 생존을 보장해 주고 의식주만 해결된다면 유신 체제도 좋다고 본 것이다. 낮은 수준의 민주 의식을 탓하며 그들을 나무란다 해도 소용없는 일이다.

다수의 사람들에게는 언제 어디서나 고매한 이상이나 가치보다 일상생활의 안락과 그것의 보장이 가장 큰 관심사이다. 그들에게 민주화를 위해서 감옥에라도 가라고 요구하는 것은 부질없는 일이다. 개혁이나 진보에 요구되는 사회적 노력에 일반 사람들의 이러한 의식이 걸림돌로 작용할 수 있는 것은 의심의 여지가 없다. 그러나 사람들이 선호하는 일상생활에의 요구는 어떠한 개혁이나 진보에서도 그것이 유의미함을 확보하는 최대의 요소라는 것을 알아야 한다.

역사적으로 보더라도 일상생활은 한국의 체제 이념과 매우 친밀한 관계를 가져왔다. 삼국 시대나 고려, 조선 시대의 어느 경우를 보더라도 체제 이념의 중심은 민생의 안정에 있었다. 조선 중기에 개혁을 표방한 진보 세력(이율곡 및 실학파)의 경우에도 이러한 입장에는 변함이 없었다. 이율곡은 민생과 더불어 보국 안민을 강조했는데, 이는 국민에 대한 의식주의 제공과 국가 안보의 확립을 역설한 것이었다. 다시 말하면 국민 다수의 일상생활을 중하게 여기는 입장이었던 것이다. 실학파에서도 토지 개혁론을 비롯한 분배와 국가 행정의 개혁을 통한 부정부패의 방지로 민생의 안정을 도모하려는 주장이 주를 이루었다.

한국인들은 이처럼 일상생활을 중시하는 이념을 지향하며 살아왔다. 이 이상의 인간적 가치, 예컨대 자유나 평등에 대한 다수 사람들의 이념적 지향성은 일상의 삶에 비해 부차적인 것이었다고 해도 과언이 아니다. 20세기의 한국인뿐만 아니라 모든 인간의 보편적 소망이 우선 일상생활에 뿌리를 두고 있다는 점을 유신 체제는 잊지 않고 그것을 구현하였던 셈이다. 이는 정치가 다름 아닌 일상생활과의 친밀한 관계에서 이루어져야 하는 것임을 확인해 주는 셈이기도 하다.

일상 의식을 가진 다수의 국민들에게 유신 체제가 무언의 동의를 얻을 이유는 분명히 있었다. 유신 체제는 독재였지만, 그것을 만들고 이끌어 간 지도자가 당시는 물론 오늘날에도 다수 국민들에게 인기를 얻고 있는 것은 무엇을 말하는가? 어느 경제학자의 말대로 독재는 강제적인 통제력과 함께 소수 집단이나 국민들의 지지를 이끌어 낼 수 있는 인기 내지 충성이나 동의가 없으면 성공하기 어렵다.[52] 유신 체제는 적어도 결과적으로 이러한 요건을 충족시키고 있었기에 국민 다수의 반대 없이 일정 기간 유지될 수 있었던 것으로 보인다.

그러므로 거듭 하는 말이지만 유신 체제의 잘못도 그것을 발의, 추진해 간 개인이나 소수에게만 책임을 지울 일이 아니다. 다수의 국민들도 함께 만들어 낸 과오라면 비판만이 능사가 아니다. 그들이 저지른 과오의 사상적 성격이 비판자들에게도 있을 수 있다는 점도 생각해야 한다. 형식적 합법화에 의한 독재는 독재자와 함께 그것을 만들어 준 국민들의 내면적 독재성에도 책임을 물을 수 있는 것이다. 과거의 일에 대한 비판보다 현재와 미래를 위한 성찰의 자세로, 그것을 하나의 반성 자료로 삼는 노력이 사상사의 면에서는 중요하다. 더구나 유신 체제로 정점을 이룬 1960, 70년대의 체제는 한국 민주화의 밑거름이 되었다는 사실도 부인할 수 없는 일이다. 유신 체제에 대한 반대 세력의 비판과 도전을 통해 한국 민주주의는 한 단계 발전하는 계기를 마련하게 되었다고 볼 수 있다.

후기 제5공화국

민주주의와 반공주의 시련

유신 체제의 비민주성에 대한 인식이 폭넓게 공유된 상태에서 발생한 10 · 26은 신군부가 집권함으로써 민주주의의 실패로 끝맺게 되었다. 민주주의의 파괴로 보수층에 실망한 일부 국민이 과거에 없던 좌파 노선으로 기움으로써 반공주의에도 시련을 안겨 주었다.

보수층의 과오를 업고 좌파 형성

1979년에 발생한 10 · 26 사태는 실험에 들어간 '한국적 민주주의'가 실패로 끝났음을 의미한다. 침묵하는 다수의 일상 의식에 기초한 동의가 유신 체제를 뒷받침했지만, 그것의 비민주성에 대한 인식은 내면적으로 폭넓게 공유된 상태에 있었다. 때문에 유신 체제는 침묵하는 다수의 동의에도 불구하고 만만치 않은 저항을 불러오고 있었다. 10 · 26의 상황은 어쨌든 그런 상태에서 발생한 것인데, 그러나 그것은 시민 혁명이 되지는 못하였다. 지배층 내부에서의 불화가 직접적 도화선으로 작용한 정변으로 보는 것이 옳을 듯싶다.

최고 지도자의 암살로 이루어진 10 · 26은 그 방법에서 민주주의와도 거리가 멀었으며, 국민들의 저항권 실현이라고 보기도 어려웠다. 그렇더라도 10·26 이후 민주주의가 정상적으로 운영될 여지는 있었다. 그러나 역사에 이미 기록되어 있듯이 이른바 신군부 세력이 정치에 개입하면서 민주주의는 또 한 번 시련을 맞고 말았다. 신군부 세력에 의한 권력 탈취가 민주주의의 후퇴를 가져온 것이다.

아울러 그것은 이제까지의 반공주의에도 시련을 가져오게 되었거니와 자본주의와 민족주의에도 여파가 없지 않았다. 1969년의 3선 개헌이 1954년도의 대통령 중임 제한 철폐와 본질에서 다를 게 없다는 점에서 한국 민주주의는 15년의 시간적 차이에도 불구하고 진전이 없다고 보았다. 그리고 1972년에 성립된 유신 체제는 '한국적 민주주의'라는 구호가 있었지만 민주주의의 본질을 훼손하는 면이 적지 않았다는 점에서 사상적으로는 후퇴라고 해야 할 것이다. 그런데 10·26 이후 다시 군부가 총칼을 앞세워 집권함으로써 그러한 양상이 계속되는 상태가 되었다.

침묵하는 다수의 국민은 그들의 일상 의식에 묶여 결국 민주주의의 패퇴에 동조하는 결과를 낳았지만, 소리치는 소수의 국민은 이와 달랐다. 학생, 성직자, 교수, 문인 등 주로 반대 세력을 구성하는 이들은 아직 일상 의식이 강하지 않거나 가치 판단에서 이를 극복할 능력이 있는 사람들이다. 그들은 유신 체제하에서 단련된 민주 의식과 행동으로 신군부에 저항하기 시작하였다. 한편 그들 중 일부는 민주주의를 파괴하는 보수 집권층의 행동에 적잖이 실망하여 과거에는 없던 좌파 행동 노선을 걷게 되었다. 앞에서 민주주의와 함께 10 · 26 이후 반공주의가 시련에 직면하게 되었다는 것은 바로 이러한 사실을 두고 한 말이다.

한국에서 좌파라 함은 마르크스주의에 공감하거나 적어도 그에 친근한 입장에 있는 사상적 성향을 배제하고 말할 수는 없다. 그러므로 10 · 26 이후 1980년대 들어 좌파 행동 노선이 나타났다는 것은 기존의 자본주의에 변화가 나타나고 있음을 의미한다. 자본주의를 당연시해 온 사상적 풍토에 이의를 제기하는 움직임이 보이게 된 것이다. 좌파는 민족주의 면에서도 새로운 시각을 제기하였다. 광주 민주화 운동에서 나타난 미국의 반시민적 역할에 분노한 그들은 마침내 반미로까지 치달았으며, 북한을 이데올로기상의 적이라기보다 같은 민족이라는 입장에서 생각하는 경향을 보이게 된다. 사상을 초월한 민족 단위의 통일론이 급속히 퍼져간 것은 그 때문이다. 반공적 민족주의를 넘어 혈연 차원에서의 단일 민족에 대한 주의나 주장이 생겨나기 시작한 것이다.

역사적 시각에서 본다면 반공주의는 어차피 한시적일 수밖에 없는 사상인 반면에 혈연적 민족주의는 영구한 것일 수 있다는 점에서 이러한 현상은 언제라도 일 수 있는 흐름이었다. 자본주의의 최선진국인 미국과 일본에도 공산당이 존재하는 상태에서 우리만 반공주의를 언제까지 고수할 수 있는 것은 분명 아니다. 그런데 문제는 아직 그런 환경이 만들어지지 않은 한국의 여건에서 반공주의를 위협하는 상황이 발생하게 되었다는 점이다.

좌파의 등장은 실패를 거듭해 온 한국의 민주주의 역사와 무관할 수 없을 것이다. 한국은 헌법에서 규정한 대로 분명히 민주주의를 지향하는 국가이다. 그러나 헌법의 그러한 사상은 국가권력을 잡은 집단에 의해서 왜곡되거나 무시되어 왔다. 정당의 경우도 사정은 별로 다를 게 없었다. 역대의 어느 정당치고 그 강령이나 정책에서 민주주의를 실현하겠다고 천명하지 않은 경우가 없었다. 그러나 실제 정당의 운영 과정을 보면 '3김시대'의 예에서 볼 수 있듯이 대부분 당수 1인의 의사에 의해 좌우되는 비민주성을 보여 왔다. 제5공화국 시대에도 물론 이 점은 달라지지 않았다. 신군부 세력이 주축이 된 민정당은 사실상 총재인 전두환 1인의 의사에 따라 움직였다. 거기에서 민주주의에 합당한 정당의 기능을 찾기 어려운 것은 물론이다.

제5공화국에서는 또한 출판과 인쇄업의 허가제와 함께 언론기본법을 제정하여 언론의 통폐합과 규제를 강력하게 실시하였다. 언론의 폐해가 없는 것은 아니지만 민주주의에서 자유로운 언론이 가지는 효용성에 비추어볼 때 이런 규제는 문제라고 하지 않을 수 없다. 민주주의를 외치면서도 보수 집권층은 이를 예사로이 훼손하고 있었던 것이다. 좌파가 도덕적으로 그들을 우습게 볼 행태를 스스로 만들어 내고 있었다고 보아야 한다.

자본주의도 실제의 운영에서는 정치 지배층이 정경 유착에 의해 시장성을 뒷전으로 돌리는 행태를 보이는 폐해가 없지 않았다. 시장에서의 공정 경쟁이 방해를 받고, 금융 배분이 자의적으로 시행되는 경우가 많았던 것은 그 때문이다. 반공주의의 경우도 국가 안보를 위해 불가피하였을지라도 왕왕 인위적 용공 조작 등의 혐의를 보이면서 그 목적과 신뢰에 금이 가게 되었다. 1980년대 들어 전개된 민주화 운동에서 마르크스주의적인 반자본주의와 반미적 민족주의, 그리고 반공주의에 대한 공격적 행태가 나타나게 된 것은 바로 이러한 사실들을 배경으로 하였다.

좌파 운동 세력의 편향된 시각들

반미적 민족주의는 이미 언급했듯이 광주 민주화 운동의 진압을 묵인한 미국에 대한 항의에서 비롯된 것으로 보인다. 그러나 이면에는 신군부가 정권의 정당성을 인정받기 위해 필요 이상으로 친미적 태도를 보인 데 대한 반발에서 나온 점도 있을 것이다. 혹자는 한국의 1980년대가 그 이전의 어느 때보다도 "국력과 의식의 성장"으로 인해 미국에 대하여 자주성을 지켰던 시기로 평가한다.[1] 미국에 대하여 전보다 자주성을 가질 수 있을 만큼 실제와 의식에서 한국이 성장했다는 의미인 것이다. 그만큼 미국에 대하여 비판적 입장을 가질 수 있게 되었다는 얘기인데, 그렇다면 반미의 태도는 어느 정도 예견될 수 있었던 것이라고 해야 한다. 광주 민주화 운동 등은 단지 그 계기를 마련한 것에 지나지 않는 것으로 보인다.

1980년대는 민간 부문에서 대단히 편향적인 사상의 조류가 지배하던 시대라고 말할 수 있다. 이 시기의 한국 사회를 사상적으로 분석하고 규정하는 지배 이론은 대체로 좌파 이론가들에 의해서 이루어졌다. 우파는 내용에서 이에 대응할 만큼의 현실 분석 수준을 보여 주지 못하였다. 우파로 분류될 수 있는 학자들은 과거의 한국 사상을 정리 또는 평가하는 작업에 열중하는가 하면

기존의 이데올로기를 옹호하는 데에만 머물러 있었다. 그것도 아니라면 순수 철학적 사유나 사회 분석에 몰두하는 경우가 대부분이었다. 그들은 좌파 사상을 매우 위험하고 배격되어야 할 노선으로 인식하였다. 공세적이고 분석적인 좌파의 이론적 자세에 비하여 우파는 수세적이고 안이한 태도를 보였던 셈이다.

보수로 분류되는 이들 우파에게도 이론과 사상이 없었던 것은 물론 아니다. 그러나 그들은 건국 이후 유지되어 온 체제 이념을 한 단계 끌어올리는 이론적 작업에서 별다른 성과를 보여 주지 못한 채 보수주의가 우위를 점하는 현실에 대체로 안주하고 있었던 것으로 보인다. 반성적 차원에서의 자기비판이 있었다고 해도 크게 눈에 띌 정도의 성과를 보여 주지 못하였다. 좌파의 이론적 도전에 대하여 역시 같은 태도로 나서는 우파로서의 치열성이 아쉬웠다고 할 수 있겠다.

이 시기의 경제는 건국 이후 최대의 호황을 누림으로써 한국 자본주의는 그 어느 때보다 가장 내실 있는 성장세를 보여 주었던 것으로 평가된다. 그러나 이러한 성과는 공무원의 임금 동결, 농민에 대한 보조금 삭감, 그리고 노동 생산성에 훨씬 밑도는 실질 임금 상승률로 이루어진 것이었다.[2] 경제는 호황이었지만 부실 기업의 정리가 이루어져야 할 만큼 문제도 있었고, 노조의 설립 요건이 강화되어 노동권에 제약을 가하는 조치도 이루어졌다.

보수층인 우파는 경제의 성장세를 평가하는 입장이었으나 좌파의 시각에서는 그렇지 않았다. 그들에게는 이러한 성과가 민중에 속하는 하위 공무원이나 농민, 노동자의 희생으로 이루어진 외형의 성장으로만 비쳤다. 그들에게 이 시기의 한국 자본주의는 1960, 70년대와 마찬가지로 민중을 착취하는 체제에 지나지 않았다. 1974년 이후 1인당 GNP 수준에서 북한을 능가하기 시작한 남한의 경제 성장도 그들에게는 의미 있게 받아들여지지 않았다. 여기에는 북한에 대한 정보의 부족도 있었겠지만, 이 사실을 알았더라도 그들의 이념적 완고성은 이에 별다른 의미를 부여하지 않았을 것이다. 기존 체제에 대한 그들의 반론 자세는 자신들의 학문적 시각까지 결정해 버리는 면이 있었기 때문이다.

좌파의 움직임에 정부나 우파의 이론측도 대응 자세를 취하기는 했다. 강단에서 마르크스주의를 비판하는 이념 교육이 강화된 것이 하나의 예가 될 터인데, 그 수준은 결코 높지 않았다. 대학에서 이념 교육을 담당하는 과목인 '국민윤리'는 그 내용이나 교수진 및 전문성의 수준에서 기대에 미치지 못하였다. 여기에는 그럴 만한 이유도 있었는데, 연구를 위한 자료 접근에의 제약과 이해관계에 따른 비전문적 교수진의 충원도 한몫을 하였다. 연구 내용에서도 문제는 있었다. 예컨대 좌파 학생들의 시위가 한창이던 1986년도에 국민윤리학회에서 발간한 『국민윤리연구』 제22, 제23호를 보자. 여기에 보면 공산주의를 비판하고 민중론에 대한 논의가 있으면서도 정작 학생들의 주장 내용에 대한 직접적이고도 심층적인 분석이나 비판의 글은 별로 눈에 띄지 않았다.

결국 우파는 좌파 사상을 극복할 수 있는 이론 개발에 성공했다고 볼 수 없다. 이에 비해 1970, 80년대에 대학 강단 등 그들의 생활 현장에서 배제된 다수의 좌파 이론가들은 권력에 대항하여 다양한 이론을 수용하고 개발하는 노력을 보였다. 특히 자본주의에 대한 분석에서 그러했는데, 국가독점 자본주의론나 주변부 자본주의론, 세계 체제론 등이 그 예이다. 한국 자본주의는 국가와 독점자본의 결탁으로 이루어졌다는 것, 세계 자본주의의 차원에서 보자면 미국과 같은 중심부 자본주의에 착취당하는 주변부의 위치에 있다는 것이 이들 이론의 내용이다.

좌파 이론에서는 국가의 이름으로 행해지는 정책이나 조치에 대하여 비판적이었는데, 자본가와 노동자의 계급적 대립 관계를 설정하고 국가를 자본가 편으로 상정하였다. 이는 마르크스가 주장한 대로 국가는 지배 계급의 도구라는 인식에서 나온 것임은 물론이다. 그러나 과연 국가가 그처럼 일방적으로 자본가의 편이기만 하는가를 선뜻 동의하기는 어렵다. 근대적인 국민 주권의 원칙에 입각해 있고, 정치적으로는 국민의 지지 위에서 운영이 가능한 것이 현대 국가라면 계급 차별을 일상화하면서 존립할 수는 없을 것이다. 따라서 국가를 계급 지배의 도구로 보는 것은 너무 단순화된 견해라고 보아야 한다. 그러한 관점에 입각해 있는 한 국민들에 대한 국가의 어떤 노력도 억압 차원에서만 보게 될 우려가 있는데, 사실 그들의 주장에는 그러한 면이 없지 않았다.

예컨대 1970년대의 몇 가지 국가 정책에 대한 비판적 견해에서도 이 점을 알 수 있다. 이에 의하면 유신 체제에 저항하지 않은 대다수의 (대)학생들은 "경제 개발을 위한 인력 양성의 제도적 교육을 통하여 기능적 인간으로 길들여져 갔다."[3] 중・고등학생들의 경우도 "입시 제도와 이를 위한 …… 교육 과정의 확충에 의하여 반독재 저항 전선에서 교묘하게 배제"[4]되었다고 한다. 이러한 표현들을 보면 유신 독재에 저항하지 않은 대학생들은 모두 체제에 의해 길들여지는 무력한 인간으로 간주된다. 또 입시 제도는 본래의 교육 기능과는 상관없이 오직 독재를 위한 필요에서 실시되는 것으로 생각되기가 쉽다. 1975년 남부 베트남의 패망에 따라 불안해진 한반도의 안보 위기를 타개하기 위한 학도 호국단의 부활도 군사적 억압 체제의 도구로만 보고 있을 정도이다.[5] 그러한 목적의 학도 호국단이라면 진작 1960년대에 할 일이지 왜 1970년대 중반에 들어서서야 비로소 만들어졌겠는가?

관점에 따라 1980년대를 여러 가지로 규정지을 수 있겠지만, 사상적으로 본다면 이 시기는 급격한 변화가 나타난 시기라고 할 수 있다. 같은 민주화 운동이라도 1970년대는 정치 체제의 변화를 목표로 하는 데 지나지 않았다. 그런데 1980년대에 이르면 민주화 운동도 일부에서 사회 체제의 변혁을 도모하는 등 과거와는 다른 양상이 나타났다. 학생들은 정부의 단속을 피하여 지하에서 마르크스주의를 학습하였고 사회주의 혁명을 이루려는 과격한 움직임도 보였다. 민주화 운동의 경력으로 인해 취업의 길이 막힌 일부 대학 출신들이 산업 현장에서 펼친 '의식화' 운동도 또한 있었다.

의식화 운동은 근로자들에게 국가와 자본가들로부터 자신들이 착취당하는 입장에 있다는 것을 일깨워 투쟁 의식을 심어 주는 것인데, 거기에는 계급 관념과 민중론적 견해가 활용되었다. 계급 관념은 아무래도 마르크스주의와 관련된 것이고, 민중론은 노동자·농민을 주축으로 하는 다수의 피지배층에게 자본주의 경제에서 그들의 피착취적 위치를 일깨워 주는 것이었다. 모두가 기존 지배층에 대한 저항의 논리를 정당화하는 이론 도구들이었던 것이다. 학생들은 대체로 대학 생활을 시작하는 초기에 좌파 이념에 접하면서 그것으로 사회를 보고 비판하게 되었다.

좌파의 등장과 현실 변화의 예고

반공을 국가 통치 이념으로 해 온 마당에 좌파 이념이 등장하였다는 것은 정책 당국의 반공 정책이 실패했다고 볼 수 있다. 그런데 공산권 붕괴 이전부터 이미 이론의 역사에서 정당성을 상실한 마르크스를 부활시킨 한국 좌파의 사상적 수준은 어떻게 볼 수 있을까?

마르크스를 되살리다

좌파는 어느 사회에서나 있을 수 있는 사상 면에서의 진보 집단을 가리킨다. 여기서 진보란 현존 체제가 상정하는 이념과 정책에서의 한계를 넘어서는 것을 말하거니와 한국의 현대사에서 이들이 나타난 것은 이미 보았듯이 1980년대 들어서라고 할 수 있다. 그러나 잠재해 있던 기간까지를 보자면 1970년대까지로 소급할 수도 있을 것이다. 3선 개헌과 유신 체제에 대한 민주화 운동 과정에서 정상적인 사회 진출의 길을 저지당한 학생층이 있었고, 이들은 결국 기존 사회에 대한 반론을 근본적으로 정립할 위치에 있었기 때문이다. 1980년대의 좌파 운동권에서 필독서로 꼽혔던 『해방 전후사의 인식』이 1979년에 나온 것은 이러한 점을 반영한다. 이 책은 대한민국의 건국 과정을 비판하고 김일성의 항일 무장 투쟁을 사실로 인정하는 등 당시로서는 상당히 진취적인 학문의 입장을 보여 주었다. 어디로 보나 1980년대 들어 나타난 좌파 운동은 1970년대의 준비 기간을 거쳐 나타난 것으로 보는 게 온당할 것이다.

반체제의 운동권 학생들은 공장 활동이나 노동 야학, 스스로의 선택에 의한 노동자화의 길을 택하는 경우가 적지 않았다.[6] 또 긴급조치 위반으로 형벌을 받은 일부는 특정 교도소에서 좌익 사범과 동일 사동(舍棟)에서의 구금 생활을 통해 그들과 정서적 동질감을 느꼈던 경우도 있었을 것이다. 더구나 1980년대에 사회로 진출한 이들은 출판업 종사자, 신문사나 잡지사의 기자, 종교 단체나 농민회 등의 직원으로 일하면서 학생 시절에 그들이 가졌던 이념을 전파하기에 이르렀다.[7] 학문적으로 마르크스주의에 관심을 가진 소장 학자들도 강단에서 좌파 이론의 개발에 힘을 기울였다. 이들의 전공 분야는 주로 정치, 사회, 경제 분야였는데 한국 현대사에 대한 해석에서 우파 학자들에 비하여 그 양과 치열성에서 논쟁상의 우위를 점하게 되었다.

그런데 이들이 근거로 하는 이론의 토대가 마르크스주의라는 것은 의외이기도 하고 기존 체제에 대한 대안으로서는 사상 면에서 진보라기보다 오히려 퇴보를 의미하는 것이 아닌가 생각되기도 한다. 건국 이후 한국이 일관되게 반공을 국시로 해 온 것은 누구나 아는 사실이다. 그런데도 이와 정반대되는 사상적 움직임이 표출되기에 이른 것은 물론 이제까지의 반공주의가 정책 면에서 실패했음을 증명해 주는 것이다.

정책 당국의 일부 순수하지 못한 반공 정책이 초래한 자업자득의 결과라고 볼 수도 있다. 정부 당국은 순수한 민주화 운동도 용공시하는 경우가 많았다. 한국 자본주의에 내재된 일면의 반노동적 태도가 좌파의 생성에 영향을 준 바도 있다고 해야 한다. 당국은 노동운동 자체를 경제 성장에 지장을 주는 것으로 보는 한편, 안보와 연결해 부정적으로 보고 탄압하는 면이 없지 않았다. 이에 대한 반발이 오히려 노동운동의 유일한 이론처럼 생각되는 마르크스주의에 관심을 가지도록 만들고 마침내 좌파의 생성에 일조를 한 것이다.

자본주의 발전에 따른 빈부의 문제도 그들에게 영향을 주었을 것이다. 절대적 빈곤이 어느 정도 극복된 단계에서 상대적 빈곤이 문제화되면서 그에 대한 극복 방안을 마르크스주의에서 찾았던 것으로 보인다. 이렇게 보면 좌파의 등장은 의외라기보다 예견된 일이라고 해야 할 것이다.

그런데 1980년대 말에 나타나는 공산권의 붕괴가 아니더라도 마르크스주의를 토대로 하는 좌파 운동은 이미 그 정당성을 유지하기 어려운 입장에 있었다. 계급 철폐를 공언한 공산권 국가들이 이를 실현하지 못한데다가 정상적인 의식주의 수요마저 사회 구성원들에게 제공하지 못하게 되었기 때문이다. 생필품의 부족으로 늘 줄을 서서 배급을 기다리는 공산권의 생활 모습은 그들이 이상화해 온 사회상과는 거리가 먼 것이었다. 북한을 보더라도 1980년대 들어 이미 체제 경쟁에서 남한에 뒤졌을 뿐만 아니라 남한의 독재보다 훨씬 가혹한 독재가 존재하고 있기도 하였다. 그런데도 1980년대 들어 한국에서 마르크스가 재림하였으니 사상적 퇴보라고 보아도 무리는 아닐 것이다. 그것은 보수적 집권 세력이 보여 준 사상적 저열성에 의해 촉발된 면이 있지만, 이 시기 한국 사상이 전개한 수준의 한 단면을 보여 주는 것이기도 하다.

민주주의, 자본주의, 민족주의와 반공주의가 함께 얽혀 부정적으로 작용하는 현실에 대하여 한국 사상은 마르크스주의 내지 그와 유사한 차원의 분석 도구 이상의 이론적 틀을 제공하지 못하고 있었다. 그동안의 경제 성과에 비하면 참으로 초라하게도 한국의 사상 수준은 1980년대에 들어 오히려 후진 단계로 접어든 감이 있다. 반공주의로 인해 마르크스주의라는 괴물에 한 번도 몸을 담가 보지 못한 그 순수성이 차라리 부담스러웠기 때문이라면 그것은 사상적 통과 의례의 하나쯤으로 볼 수도 있는 것일까? 그렇게 해서 또 다른 사상적 비상(飛上)을 위한 몸짓으로 그것을 볼 날이 올 수도 있을까?

어쨌든 1980년대에 출현한 한국의 좌파는 전혀 진보적이지 못한 모습으로, 그러나 소리는 요란하게 역사에 출현하였다. 그람시, 알튀세르 등이 개진한 이론들은 그 내용뿐만 아니라 용어(예컨대 그람씨가 사용한 '기동전'이나 '진지전'의 개념, 그리고 알튀세르가 사용한 '마르크스주의의 위기')까지도 그들에게는 마치 복음처럼 활용되었다. 조선 시대에 중국 주자의 학문에 매몰된 당시의 유학자들처럼 1980년대 내지 1990년대의 한국 좌파는 유로 코뮤니즘이라는 외래의 이론 세례를 강하게 받고 있었다.

그러나 이론의 차용은 있으나 비판적 도입을 하였다고는 볼 수 없다. 1980년대 후반 공산권의 붕괴에 따른 한국 좌파 운동의 위기(좌파 운동 측에서 말하는 '마르크스주의의 위기')를 맞이해서도 프랑스 공산주의자 알튀세르의 이론을 우선 생각하였다.[8)] 전혀 무의미한 것은 아니겠지만 알튀세르의 생각과 당면한 한국의 문제가 다른 것을 생각하면 이는 현실적인 태도라고 하기 어려울 것 같다.

알튀세르가 마르크스주의의 위기를 말한 것은 1978년이고, 그가 말한 위기는 그로부터 10여 년 후에 온 공산권의 붕괴와는 관련이 없는 것이다. 그는 공산당원으로서 프랑스 공산주의의 문제점을 논하면서 이러한 말을 한 것뿐이다. 알튀세르는 마르크스주의의 위기를 넘어서기 위해서 이론의 명료화, 엄격화 및 비판적 수준으로의 제고, 당의 구조 및 운영 방식의 개선, 프랑스에서의 계급 상황에 대한 구체적 분석, 노동자 계급과 민중 사이의 이른바 "민중 동맹"을 제시한 것이다.[9)]

그러므로 '마르크스주의의 위기'라는 말을 다 같이 하고 있다 하더라도 알튀세르와 한국의 좌파가 사용한 의미는 다를 수밖에 없다. 더구나 알튀세르는 그 자신 마르크스-레닌주의자이자 모택동 사상의 신봉자이기도 하였다.[10] 따라서 알튀세르가 공산권의 붕괴를 마르크스주의 자체의 위기로 볼 여지는 거의 없었다고 보아야 한다. 기껏해야 이론이 아닌 실천에서의 잘못 정도로 위기를 받아들였을 가능성이 높지만 그마저도 그의 생애에 닥친 말년의 불운(그는 정신 병원에 있다가 자살한 것으로 알려져 있다)으로 인해 이에 대하여 의미 있는 견해를 제시할 입장이 되지 못하였다. 그래서 "알튀세르를 다시 읽으며 마르크스주의의 위기를 생각할 것이 아니라 한국의 현실, 대중의 실생활을 다시 보며 마르크스주의의 위기를 생각하라."[11]는 자기비판까지 나오고 있을 정도인데 타당성이 있는 견해라고 할 수 있을 것이다.

계급 이론과 그 비판

1980년대에 공공연히 그 모습을 드러낸 좌파는 이미 보았듯이 계급과 민중론을 이론의 토대로 삼으며 성향에서는 친북한적인 면을 보였다. 계급이라는 관념을 사상에서 폭넓게 활용한 사람은 물론 마르크스이다. 마르크스는 자본가와 그에 의해 고용된 노동자(근로자)의 이분법적 계급 구조를 설정하여 자본주의 사회를 분석하고 그 종말을 예언하였다. 마르크스에게서 계급은 지배와 복종, 착취와 피착취의 관계를 설명할 수 있는 유효한 개념이다. 그래서 자본가와 노동자의 관계를 마르크스는 자본가에 의한 지배와 착취를 노동자가 그대로 감수하지 않을 수 없는 관계로 파악한다. 이렇게 본다면 자본주의 사회는 착취와 대립이 존재하는 갈등 사회일 수밖에 없을 터인데, 물론 그것은 근거가 없지 않다.

마르크스가 생존하던 19세기의 자본주의만 하더라도 노동자들에게 합당한 임금을 지불하지 않고 이윤 추구에만 열을 올리는 자본가들이 숱하게 많았다. 가혹하게 착취를 당하면서도 생산 수단을 소유하지 못한 노동자들은 생계를 위해 자본가가 요구하는 대로 노동력을 팔 수밖에 없었다. 노동자들이 자신들의 이익을 지킬 수 있는 노조도 이 때는 거의 제대로 조직되어 있지 않았다. 자본주의의 선진국인 영국에서도 1870년대에 이르러서야 노조가 합법적으로 설립될 정도였다. 따라서 노사 양자 간의 갈등을 해소할 수 있는 제도적 장치를 갖추지 못한 채 항상 긴장 관계가 내재해 있었다.

마르크스는 자신 이전에 집단이나 신분과 동의어로 쓰이다시피 한 계급이라는 용어를 자본주의 사회에서의 갈등적 생산 관계를 드러내는 데 썼다.[12] 그 이후 계급의 개념은 단지 자본주의의 생산 관계에서 오는 착취와 피착취만이 아니라 사회 구조에서 오는 동질적인 관계에도 사용하게 되었다. 이렇게 해서 용어로서의 계급에는 생산 및 사회 관계에서의 부당한 착취를 해소하려는 의지가 부가적으로 포함되어 있다고 할 수 있다. 계급은 한 무리의 집단을 상정해서 하는 말이고, 결국 그것은 상호 대비에서 오는 상하의 의미를 내포하고 있는 것도 사실이다. 그리고 상하 대비 관계에서 보면 관련 상위 계급에 의한 하위 계급에의 착취 가능성은 언제라도 있는 것을 부인하기 어렵다. 자본가와 근로자는 물론 예컨대 대기업과 중소기업, 임대인과 임차인, 농산물 유통에서의 중간상과 농민 사이에서도 이를 발견할 수 있다. 그래서 계급 관계가 "사회적 제 관계의 총체는 아니지만 그 중 가장 중요한 구성 부분"13)이라는 말도 한다.

그렇더라도 모든 제도나 용어가 그렇기 쉽듯이 오늘날 쓰이는 계급이란 용어는 사회 경제 관계를 너무 그 구조에만 치중하여 단순화해서 보는 측면이 있다. 아무리 자본주의하에서의 자본가와 임노동자가 착취·피착취로 볼 면이 있다 하더라도 그것이 양자 간의 관계를 모두 설명할 수 있는 것은 아니다. 세상에서 흔히 말하는 대로 자본의 논리가 그러한 관계를 야기할 가능성은 물론 어느 때나 있고, 적은 것도 아니다.

그러나 생산 수단의 소유 여부에 따라 이루어지는 생산 관계도 그것의 성립 이전에 이미 자본가와 노동자가 서로를 필요로 하는 사회 관계에 기초해 있다. 그리고 거기에는 착취·피착취로만 볼 수 없는 인간 상호의 인정적인 면이 있는 것도 사실이다. 적은 자본을 가지고 어려운 여건 속에서 기업을 운영하면서도 근로자들의 생계를 고려하는 중소 기업인들도 드물지 않다. 생산 관계의 대립성을 지양하는 이러한 개별적 사회 관계 외에도 현대 자본주의는 그것을 제도화하는 입법을 이미 마련해 놓았다. 자본가에 대한 제약을 위해 노조를 활성화시킴으로써 자본의 무제약적인 이윤 추구가 어렵도록 만든 것이다.

노조가 활성화되고 근로자를 보호하기 위한 제도적 조치가 이루어지면서 이제 근로자들은 일방적으로 착취당하는 약자의 입장에만 있다고는 말할 수 없게 되었다. 그들은 임금을 비롯해 여러 부문에서의 근로 조건 개선을 요구하고 경영에도 참여하는 수준에까지 이르렀다. 자본주의의 자기조절 기능이 노사 간의 계급적 관계를 완화시키고 있는 것이다. 게다가 계급 면에서 사회 이동성이 허용되고 있는 민주적 자본주의도 이러한 경향에 고무적인 전망을 보태 준다. 당해 인간의 능력에 따라 노동자에서 자본가, 그리고 중소자본에서 대자본 내지 독점자본으로의 자본 확대가 가능한 경제적 여건도 마련되어 있다.

혹자는 한국에서 중소자본은 확대 재생산을 통해 독점자본이 될 수 없다고 보아 이러한 전망을 부정적으로 보는 경우가 있다.[14] 정경 유착이나 시장 원리에 반하는 불공정한 여러 가지 장벽이 존재함을 들어 그렇게 생각하는 것으로 보인다. 그러나 현재의 독점자본도 중소자본에서 출발하였다는 것을 감안하면 이러한 견해는 타당성이 있다고 보기 어렵다. 또 1997년 말의 외환 위기 이후 정경 유착의 고리가 상당히 완화되었고 자유 경쟁의 분위기가 확산되고 있는 점에서도 한국 자본주의는 긍정적으로 발전하고 있다.

또한 시장에서의 경쟁력은 이제 기술과 지식이 중요한 비중을 차지하는 단계로 접어들고 있다. 성공적인 벤처기업의 예에서 볼 수 있듯이 적은 자본으로도 혁신적인 기술과 독창적인 지식을 무기로 대자본을 만드는 일이 어렵지만은 않게 된 것이다.

노동자의 편에서만 계급을 생각할 것이 아니라 이제는 경제와 사회 전체를 보는 입장에서 생각을 해 갈 필요도 있다. 계급이 사회를 보는 유일하고 절대적인 기준이 될 수 없으며, 우리가 국가 사회를 살아가는 데에서는 이외에도 고려해야 할 여러 차원이 있음을 잊어서는 안 된다. 노사 간의 관계만 하더라도 계급적 갈등 관계일 수 있지만 동시에 서로를 필요로 하는 공생의 사회 관계에 있다는 사실도 인정되어야 한다. 인간은 계급적으로만 살 수 있는 것이 아니다. 상호 의존적인 사회 관계를 통해 자신들의 삶을 영위하게 마련인 것이다.

그럼에도 불구하고 좌파는 종래의 계급관에 입각하여 민중론을 전개한다. 민중이란 "사회 계급의 기층(基層)에 속해 있으며 어느 시대나 생산의 주체이면서도 지배받고, 억압당하고, 수탈당하는 그 사회의 절대 다수의 성원"[15]이라고 한다. 이렇게 본다면 민중은 어느 시대, 어떤 사회에서나 존재한다고 보아야 한다. 과거 우리 역사에서의 노비와 대다수의 농민, 공인(工人) 및 상인이 모두 민중에 해당된다. 이들이 사회에서의 기층, 즉 사회를 움직이는 기본 계층이자 생산을 담당하는 주체인 것은 분명하다. 그러나 그들이 일방적으로 억압당하고 수탈당하는 입장에 있다고 초역사적으로 말할 수 있는가는 의문이다. 과거에는 신분에 따른 특권 계급이 있었고, 그들은 민중의 노동력에 의해 살았으므로 그러한 말을 해도 무리는 아닐 것이다.

그러나 오늘날은 얘기가 다를 수밖에 없다. 노동자를 고용하는 자본가도 그 나름의 노동과 모험을 감수하면서 경영에 임하고 있는 것이다. 그의 경제 활동에는 자신의 가족뿐만 아니라 그에게 고용된 근로자들의 가족 생계도 달려 있다. 치열한 경쟁 속에서 고도의 책임감과 협상력 및 통찰을 요구하는 그의 경제 활동이 없다면 근로자들의 노동도 의미를 가질 수가 없다. 인간 상호의 사회 관계가 생산 관계에서의 노동이 가지는 의미를 가능하게 해 주는 것이다. 근로자의 노동만이 중시되는 관념은 배격되어야 한다. 항상 성공과 파멸의 기로에서 고도의 책임감이 요구되는 자본가의 정신적인 노동과 전반적인 그의 경제 활동에도 이제는 커다란 의미를 주어야 한다. 그가 소유한 자본에 불가피하게 동반되는 책임성에는 근로자의 노동에 대한 것도 함축되어 있음을 잊어서는 안 된다. 자본의 유지와 확대, 그것을 통한 이윤 창출을 위한 그의 책임감 있는 노력은 근로자들의 노동에 대한 대가의 지불을 함축하고 있는 것이다. 노동과 자본은 대립적인 것만이 아니라 공동 운명체적인 면도 있다는 사실을 잊어서는 안 된다.

이 같은 관점에서 노동자와 자본가를 흔히 노동과 자본이라고 단순화해서 부르는 어법도 고칠 필요가 있다. 노동과 자본이라고 부르는 데는 그것이 속한 각각의 인간 주체를 사상(捨象)하고 오로지 물적 차원에서 그 논리성을 구하겠다는 의미가 보인다. 정당한 임금을 지불하는 자본가도 있는데 그것을 자본의 논리로만 말할 수는 없다. 자본에 착취 성향이 있다 하더라도 그것을 움직이는 인간에 의해서 완화되거나 배격될 수 있다. 또 노동의 가치가 자본과 상관 관계에 있음을 알고 갈등적 노사 관계를 지양하려는 노동운동(일부 노조에서의 무파업 선언이나 자발적인 임금 동결 결의)도 있는데, 이 경우를 자본에 적대적 입장에 있는 것으로 보는 노동의 이름만으로 설명할 수는 없을 것이다.

그러한 예들이 상대적으로 아주 적더라도 노동과 자본의 대립적 갈등 해소에 귀중한 단서가 될 수 있다면 그것은 의미 있게 받아들여져야 할 것이다. 자본 없는 노동, 노동 없는 자본의 홀로 서기도 어렵거니와 기술 노동이 늘어가는 현대에서 자본과 노동의 구분은 의미가 없어지는 면도 있다. 고도의 지식 기술은 그 자체가 노동이면서 자본일 수도 있는 것이 아닌가?

더구나 자본은 고용을 창출하고, 세금을 납부함으로써 국가 재정에 기여하며, 소비자에게 유용한 물품을 만들어 제공하기도 한다. 엄청난 부를 사회에 환원함으로써 건강한 사회를 만들어 가는 일도 자본에서 비롯될 수 있다. 이 모든 것을 도외시한 채 착취의 논리로만 자본을 보는 것은 너무 편면적이고 악의적인 관점이라고 볼 수밖에 없다. 인간은 자본에 휘둘리는 노예로만 사는 것이 아니다. 그의 따뜻한 품성으로 인해 자본은 얼마든지 인간 관계를 돈독하게 만들어 가는 부속물일 수 있다는 점도 알아둘 필요가 있다.

민중론 깊이 보기

한국만이 아니라 현대의 문명 국가는 헌법에서 모든 사람의 평등과 자유를 선언하고 있다. 여기에 따른다면 착취와 수탈이 허용될 수 없을 것이다. 그럼에도 불구하고 민중의 착취를 말하는 계급론이 나오는 것은 민주 헌법의 취지가 사실상 그대로 구현되고 있지는 않음을 알 수 있다. 평등은 사회 경제 관계에서 매우 불철저한 이념에 지나지 않는다는 얘기인 것이다. 만일 평등이 각자의 능력에 따른 것이라고 한다면 민중론은 논의할 의미가 없는 것이기도 하다. 그것은 사회 성원의 대다수를 차지하는 민중의 입장을 전혀 고려하지 않는 시각이라는 점에서 누구나 받아들일 수 없을 것이다. 경험에 비추어 보더라도 능력에 따른 평등의 현실성을 그대로 인정하기 어려운 점도 있다. 인간의 능력과 크게 상관없이 이루어지는 사적 재산 관계에 의한 경제 불평등이 얼마든지 가능하지 않은가?

게다가 기회의 평등을 내세워 민중의 존재, 그들의 어려운 입장을 외면할 수도 없는 일이다. 기회의 포착 여부를 인간 능력의 차이에 따른 것으로 본다면 사회 정책적인 차원에서의 복지 문제로 취급하면 된다. 그러나 그것이 사회 구조상의 문제로 볼 여지도 있다면 민중에 대한 문제 의식은 존재 의의가 있다고 보아야 한다. 공정 경쟁을 저해하는 각종 잘못된 시장 질서와 불법·탈법적인 경제 활동으로 인해 부와 소득의 분배가 정당하게 이루어지지 않는다면 민중론은 사회 문제로서 제기될 근거가 있는 것이다. 한국에서 오늘날 좌파를 중심으로 펼쳐지는 민중론은 바로 이러한 입장에서 나오는 것으로 이해된다.

민중론에서의 민중은 어느 사회에서나 다수이다. 그래서 "민중, 곧 전체의 대중"[16)]이라는 견해도 있지만, 대중과 민중이 같을 수는 없다. 대중에는 민중 아닌 여타의 사회 구성원들도 포함될 수 있기 때문이다. 민중은 이미 언급한 바와 같이 계급 의식을 떠나서는 말할 수 없는 개념이다. 물론 민중이 사회 구성원의 다수를 차지한다는 뜻에서 대중으로 부를 수도 있겠지만, 개념상 양자는 분명히 구분될 필요가 있다. 민중이 주로 경제의 관점에서 이름 붙여지고 있는 데 비해 대중은 문화 혹은 문명 비평의 관점에서 주로 쓰인다.

국가 차원에서 볼 때 민중은 국민의 다수를 차지하게 마련이다. 다수결을 원리로 하는 민주주의 국가에서 보자면 민중은 당연히 우대받고 존중을 받는 계급이어야 한다. 그런데 대부분의 민주국가에서 민중의 입장은 그와 반대이다. 그래서 민중 민주주의, 즉 민중이 주인 되는 민주주의가 제기되는 것으로 생각된다. 또 민족의 단합과 민족적 목표를 말하면서도 현실은 민중의 처지를 개선하지 못한다고 보아 민중 민족주의를 말할 수도 있을 것이다.

1970년대의 학생운동 선언문에서 이러한 인식이 나타나고 있다. 민주청년학생총연맹(약칭 민청학련)이 1974년에 발표한 「민중 · 민주 · 민족」과 「민중의 소리」라는 제목의 선언문들에 보면 학생, 민중, 민족이 동렬의 민주화 운동의 주체로서 강조되고 있다. 또한 자신들의 운동을 "민중적 · 민족적 · 민주적 운동"이라고 하여 민중이 이념적 주체로서 민족 · 민주주의와 연계될 수 있음을 드러내고 있다.[17] 이것은 학생들에 의한 하나의 구호성 이념일 수 있지만, 계급의 시각에서 볼 때 사회 불평등이 존재하고 민족 · 민주주의가 그와 동거하는 사회에서 전혀 근거 없는 주장일 수는 없을 것이다. 계급을 떠난 민족이며 민주주의를 그들은 생각하기 어려웠을 것이다.

1970년대에 민중이란 용어는 학생들에게서만 나온 것은 아니다. 1971년 10월에 나온 「부정부패자는 물러가라」는 제목의 천주교 원주교구의 선언문에는 도처에 민중을 언급하고 있다. "민중을 수탈하여 살찐 불의의 무리", "절대 다수의 민중이 말 한마디 못한 채 겪어야 하는 이 고통", "민중을 위한, 민중에 의한, 민중의 '가나안'을 건설하자!" 등 여러 번에 걸쳐 나오고 있다.[18]

여기에 이르면 민중은 좌파만의 용어라고는 할 수 없게 된다. 좌파가 독재자로 규정하는 이승만과 박정희도 민중이라는 말을 썼고, 민중의 지지를 염두에 두었다.[19] 1965년도에는 보수 세력에 의해 결성된 민중당이라는 정당도 있었다. 그들에게도 민중에 대한 의식이 있었다는 증거이다. 또 1970년대에는 민중 신학이 제기되면서 민중에 대한 기독교계의 관심이 촉발되기도 하였다. 그러나 1980년대 들어 자본주의 체제를 비판하는 좌파의 학생 운동권에서 이 용어는 더욱 자주 쓰였고 이념의 색채를 강하게 띠게 된 것이 사실이다.

민중은 민족이나 국민보다 그 포괄하는 개념 범위가 좁다. 민중의 입장에서 민족을 규정하고 민주주의를 말한다면 그 개념이나 운용상의 범주도 좁아질 수밖에 없다. 동시에 그로 해서 논쟁이 일어나고 서로 대립하는 것도 필연의 사실이다. 자본주의 체제에서의 빈부 양극화가 민중을 다수 만들어 내는 면은 있다. 그렇더라도 각자의 주체적 노력에 따른 사회 이동이 봉쇄되어 있지 않는 한 현재의 시점에서 자본주의나 민주주의를 배격하고 다른 대안을 찾을 수 있는 것도 아니다. 사회주의는 결국 실패로 끝나지 않았던가?

자본주의의 자기 조절 능력 및 민주주의의 통합 기능에 그래도 신뢰를 보낼 필요가 있는 것이다. 공정한 시장과 유능하면서도 윤리성을 갖춘 정부 수립을 위해 탈계급 차원에서 노력하는 것이 민중론이라는 이데올로기적 관념을 외치고 다니는 것보다 낫다고 본다. 물론 민중론자들은 이러한 권유를 별로 현실성이 없는 것으로 보아 일축할 가능성이 없지 않다. 그러나 탈계급의 국민적 지지를 바탕으로 성립할 수밖에 없는 현대 민주 국가의 성격상 그 가능성은 점진적으로 높아질 것이다.

한편 민중론의 내용을 두고 볼 때 그것은 결국 인간 사회에서 영원히 풀어야 할 과제라고 할 수 있는 빈부의 문제와 직결되어 있기 때문에 앞으로도 계속 논쟁의 주제로 자리할 수 있을 것 같다. 조선 시대의 주자학이 인성론, 실학이 토지 제도 문제를 두고 활발한 논의를 벌였듯이 한국의 현대 사상은 좌파에 의해 제기된 민중론을 주제로 끝없이 그리고 치열하게 논의가 이루어질 가능성이 있다. 민중론에 내포된 빈부의 격차에 대한 문제의식은 조선 시대의 인성론에 비하면 물질적인 데에 더 비중을 두고 있다. 또 토지 제도론에서 나타난 논의보다는 포괄적이고 입체적인 분석 능력을 보이고 있다는 점에서 차이가 있다. 그만큼 현실을 보는 한국인들의 눈이 정신보다는 물질에 비중을 두고 있으며 빈부의 개선을 위한 시각에서 과거보다 훨씬 복합적인 인식 수준을 나타내고 있는 것으로 판단된다.

좌파 운동권의 이론과 실천

계급 및 민중에 대한 주장과 함께 친북한적 성향도 1980년대의 좌파 운동에서 나타난 특징이다. 한반도에서 마르크스주의적인 현실을 '북한 사회주의'에서 찾는 좌파들로서는 능히 가질 수 있는 성향이었다. 이 운동의 중심 세력인 학생들은 마르크스·레닌주의를 학습하고 신봉하는 데 그치지 않고, 김일성과 김정일을 추앙하는 단계에까지 이르렀다. 특히 PD(민중 민주주의)와 NL(민족 해방)의 양 계파 중 NL에 속하는 이른바 주사파(主思派: 김일성의 주체 사상을 추종하는 파)가 우위를 점하면서 이들의 친북 성향은 강화되었다.[20)]

반미도 주장하게 된 이들은 한국의 지배층을 가리켜 민족 통일을 저해하는 반민족 세력으로 매도하기도 한다. 이제까지 보수적 지배층이 추구한 반공적 입장에서의 민족주의가 오히려 친공 내지 친북적인 민족주의로 바뀌어 나타난 것이다. 이들의 입장은 반미와 함께 민족의 자주성을 외치는 북한의 주장과 일치하고 있다. 한국을 미국의 신식민주의에 따른 종속 국가로 보고 자주적 민족주의를 외쳤다.

1980년대의 대학 캠퍼스가 반미, 민족 자주 통일의 구호로 뒤덮였던 것은 우연이 아니다. 1986년 10월 건국대학교에서 있었던 친공적인 학생들의 시위와 농성, 그리고 1989년 5월에 있었던 부산 동의대학교에서의 격렬한 좌경 학생 시위도 친북적 성향을 여실히 드러내고 있었다. 정부가 이들 중 핵심 분자에 대하여 국가보안법을 적용했지만, 사태는 그것으로 끝날 수 있는 것이 아니었다. 그것은 이미 법을 넘어선 역사적 차원에서의 사상 변화를 알려주는 것이었다. 이들 학생 세대가 사회에 진입하여 기성 세대가 되었을 때 국가보안법의 철폐를 주장할 수 있는 사상적 단서가 나타난 것으로 보아야 한다.

좌파 학생들에게 이제까지의 반공 사상은 반민족적이고 사상과 양심의 자유를 억압하는 것에 지나지 않는 것이었다. 그렇다면 북한에서 저질러지는 사상과 양심의 자유에 대한 억압에도 그들은 비판적 입장을 취해야 하는데 이에 대하여서는 한마디도 하지 않는다. 이것은 그들이 편향된 친북주의자이고 사상에서 낙후성을 면하지 못하고 있다는 점을 확실히 보여 주지만, 그들 자신은 이것을 의식하지 못하였다. 자기 안에 있어야 할 타자로서의 자기 인식을 놓치고 있기 때문이다.

1980년대의 한국 좌파 학생운동은 사회주의 국가를 건설하자는 데 궁극적 목표를 두고 있었다. 1989년 11월 24일자로 나온 「혁노맹이 노동자 계급, 전 민중들에게 보내는 투쟁 호소문!!」[21]에 보면 "노동자 계급이 생산 수단의 주인이 되고 …… 계급 없는 사회 건설을 의미하는 노동 해방의 깃발을 높이 올리자."는 말을 하고 있다. 그를 위해 "임시 혁명 정부 수립하여 (현존의) 파쇼 공화국"을 타도하고 "민주주의 민중 공화국 건설하자!"는 주장을 펴고 있기도 하다. 여기서 말하는 민주주의 민중 공화국이 그 내용으로 볼 때 사회주의 국가임에는 의심의 여지가 없다.

이 점에서 1980년대의 한국 좌파 학생운동은 1960년대의 서독에서 일어난 좌파 학생운동이나 같은 시기 프랑스에서의 문화혁명과도 다른 특징을 가진다. 서독의 경우는 네오 마르크스주의에 입각하고 있다는 점에서 한국과 사상의 뿌리는 같다고 볼 수 있다. 그러나 서구의 운동에서는 사회주의 국가 건설을 목표로 하지는 않았다. 서구의 운동에도 반자본주의적인 성격은 있었지만, 대체로 문화혁명의 성격을 띠고 있었다.

한국의 좌파 학생운동이 1960년대의 유럽에서와 달리 새로운 국가 수립의 목표를 가지게 된 것은 정치 상황의 요인에 따른다고 보아야 한다. 프랑스나 서독에서는 각기 공산당과 사회민주당이 있어서 좌파의 정치 이념을 구현할 수 있는 제도적 장치가 있었던 데 비해 1980년대의 한국에서는 그것이 막혀 있었기 때문이다. 사상의 자유가 다분히 제한되어 있는 상황이 한국의 좌파 학생운동권들로 하여금 격렬한 반응을 일으키도록 한 것이다. 과거에 공산주의 국가였던 러시아도 헌법(1993년 개정) 제13조에서 사상의 다양성을 허용하고, 제28조에서는 양심과 종교의 자유를 인정, 그에 따른 신념의 선택, 보유, 전파, 행동의 자유를 보장하였다.[22] 이에 비하면 한국에서의 반공주의가 좌파 학생운동을 허용치 않는 것은 후진적인 정책으로 보일 수도 있다.

그러나 민주주의의 원리를 무시한 채 강제적으로 한반도 전체를 공산화하려는 북한의 존재가 있는 한 이는 불가피한 일로 받아들여야 할 것이다. 더구나 북한은 남한이 수용할 만한 모범적 국가 사회상을 보여 주지도 못하고 있지 않은가? 북한은 정치, 경제, 사회, 문화의 어느 부분에서도 거의 긍정적인 면을 보여 주지 못하고 있는 것이 현실이다. 그러면서도 자체 개혁의 가능성도 거의 보여 주지 못하는 문제점을 드러내고 있다. 그것은 제도적·체제적 혹은 지배층의 문제인 동시에 인간 자체의 문제일 수도 있다. 족쇄로 작용하는 사상을 북한 사람들이 풀어 내지 못하기 때문이다.

1980년대의 한국 좌파 학생운동은 1960년대의 중국 문화혁명과도 성격상 차이가 있다. 두 운동에 참여한 연령층이 대부분 20대라는 사실에서는 유사한 점이 있으나 한국은 중국과 달리 자발적인 민간 운동이었다는 점에서 다르다. 그리고 중국이 체제 수호적 입장이었던 데 비해 한국은 반체제적이었다는 점에서도 다르다고 보아야 한다. 다만 중국 문화혁명에서 보인 홍위병들의 무절제한 행위와 한국 좌파 학생운동에서의 과도한 좌익, 친북한적인 행동은 그 무모성에서 공통점이 있다. 1980년대 들어 나타난 한국의 좌파는 사상 면에서 수준이 낮았다. 이러한 점은 그들 이론가의 한 사람이 "민중·민주 운동의 전반적인 역량은 한 체제의 붕괴를 불러오기에는 충분하였지만 새로운 체제의 건설을 자기 몫으로 삼을 주체적 역량에는 아직 미치지 못하였다."[23]고 고백한 데서도 알 수 있다. 여기서 주체적 역량이란 사상의 수준도 포함된 것으로 보아야 할 것이다.

그러나 1980년대의 한국 좌파 학생운동이 지녔던 진정성은 인정해야 할 것 같다. 그들은 자신들의 소신을 실현하기 위해 생활에서 남다른 규율을 실천하는 자세를 보이고 있었다. 일례로 1986년 3월 29일에 결성된 구국학생연맹(약칭 '구학련')의 생활 수칙을 보면 다음과 같다.

1. 모든 생활에서 미제에 대한 적개심을 고취하고 조국과 민중에 대한 충성심을 고양한다.

2. 나쁜 습관과 주위의 유혹으로부터 해방되어 명확한 책임감하에 선도적 실천을 수행한다.

3. 비판과 자기비판의 강화로 올바른 동지애를 구현한다.

4. 약속 시간 엄수 등 규율 준수로 절도 있는 생활을 구체화한다.

5. 자신의 몸은 해방 전사의 몸임을 깨닫고 음주·흡연 절제 및 알맞은 운동으로 건강을 유지한다.

6. 개량주의에 오염되지 않기 위하여 가열찬 학습 투쟁을 전개한다.[24)]

마치 러시아 공산주의 혁명사에서나 볼 수 있는 혁명가의 생활 수칙을 보는 것만 같다. 그들이 이 땅에 사회주의 건설을 목표로 한 이상 이러한 생활 태도는 의당 있을 법한 일이다. 대부분의 20대 초반 학생들이 기성 사회에 물들어 가면서 출세를 도모하는 태도에 비하면 사상의 내용은 어떠하든 감동을 주는 면도 있다. 그들이 지녔던 사상은 낮았지만 뜻을 세우고 그에 매진하는 자세는 평가할 점이 있다. 1990년대 내지 21세기에 들어 좌파 학생운동권 출신들이 정치 지배층에 다수 진입한 것은 우연이 아닐 듯싶다. 보수 일변도의 사상 지평이 그로 인해서 더 넓어진 면이 있는 것도 사실이다. 그리고 거기에는 젊은 연령층의 좌파 학자들이 추구해 왔던 학문적 토대가 크게 작용하였음은 물론이다.

그래서 좌파에 대하여 겸손하지 않고 독단적이며 무례하다고 보는 일부의 중립적 입장에서도 좌파가 이룬 학문적 노력에 대하여서는 긍정적인 견해를 보이는 경우가 있다.

그들(청년 좌파 역사학자들)은 자료 발굴을 위해 끈질기게 천착했고, 우익 일변도의 사학사(史學史)에서 기성의 고정 관념을 깨고 사실(史實)을 재해석하는 과정에서 좌파가 설 땅을 찾음으로써 (보수 일변도의 연구 풍토에서) 연구사의 균형을 이루었다.[25]

그러나 여기서 좌파 학자들의 범위를 역사학에만 국한시켜 말할 필요는 없을 것 같다. 정치, 경제, 사회 등 여타의 학문에서도 좌파 이론이 맹위를 떨쳤던 것이 사실이기 때문이다.

1980년대 민주화 운동론 독해

1980년대의 민주화 운동은 국민 스스로가 자기 잘못을 시정하려는 숨 가쁜 노력이었다고 볼 수 있다.

정부에 의해 자유가 인위적으로 제한된 사회는 결국 민간에서 투쟁을 통해 새로운 사상의 방향을 모색하고 변화를 추구하게 된다. 그것을 '(억압적인) 지배 이데올로기와 대항 이데올로기'[26]의 투쟁 양상으로 볼 수도 있겠거니와 이 경우 지배 이데올로기는 불가피하게 대항 이데올로기를 만들어 내게 된다. 지배 이데올로기가 초법적으로 억압 일변도인 경우는 물론이고 형식적 합법성을 가진 억압의 경우에도 마찬가지이다. 그렇게 해서 사상에서의 진전이 이루어지게 되거니와 영국과 프랑스에서의 시민 혁명을 통한 민주주의의 역사는 그것을 입증해 보여 준다. 이들 나라에서는 절대 왕권이 결국은 민주주의를 요구하는 국민들의 뜻에 따라 붕괴되고 변화와 진전을 이룬 것이다.

외형상으로 보면 현대의 민주 국가에서 지배층은 불법적인 권력이라도 절차상에서는 형식적 합법성을 갖추려고 애를 쓴다. 한국의 경우에서 본다면 유신 체제나 1980년대 신군부의 집권 과정이 모두 그랬다. 이들 모두 형식적으로는 합법적 절차를 거쳐 권력을 만들어 냈다. 여기에서 더 중요한 것은 그 과정에서 어쨌든 국민 다수의 동의가 있었다는 사실이다. 정치 문화의 저열성과 정치 과정에서의 왜곡성을 감안하더라도 선거로서 나타난 결과를 전혀 무시할 수는 없는 것이다. 이런 점에서 본다면 1970, 80년대 한국에서의 민주화 투쟁은 실질적 민주주의를 정착시키기 위한 투쟁이라는 것을 알 수 있다.

그런데 형식성 내지 여타의 문제에 대하여 비판 의식을 가지고 본다면 한국의 지배 이데올로기에서 지적되어야 할 것은 민주주의에 국한되지 않는다. 경제에서의 자본주의가 그렇고, 민족주의와 반공주의도 사정은 다를 게 없다. 계급론에 입각한 민중에 대한 논의나 반공적 민족주의에 대한 비판과 거기에서 오는 남북의 동일 민족성에 기초한 통일론, 그리고 매카시즘적 반공 사상의 현실 적용 사례에 대한 항변이 그래서 나오게 된 것이다.

지배와 대항의 이데올로기 대립과 투쟁은 한 사회가 또 다른 사상의 방향을 모색하기 위한 과정이라고 볼 수 있겠다. 이 말은 꼭 새로운 사상이 아닌 기존 사상의 실질화 내지 비판을 통한 고양(高揚)의 경우도 포함해서 하는 말이다. 사실 1970, 80년대 한국에서의 민주화 투쟁을 통해 복합적으로 나타난 이데올로기의 내용을 보면 새로운 것이 별로 없다. 과거에는 나타나지 않던 1980년대의 좌파 등장도 사상적으로는 하나도 새로운 것이 아니다. 기존의 마르크스주의에 기초를 둔 것이고, 더구나 실제에서는 북한의 주체 사상을 추종하고 있다는 사실에서 그것은 낡은 것이다. 이 두 사상이 현실에서 이미 실패한 것으로 간주되었다고 본다면 그렇게 생각하지 않을 수 없는 것이다.

그럼에도 불구하고 이것들을 대항의 이데올로기로 삼았다는 것은 한국인의 사상적 빈곤이나 창의적 사고의 부족을 나타내는 것으로 볼 수밖에 없다. 중남미에서 생겨난 종속 이론과 해방 신학의 이론까지 도입되고 있는데, 이 역시 너무 무분별하고 성급한 면이 없었는지 생각해 볼 일이다. 그들 이론이 한때의 유행 사상처럼 되어 오늘날 학술 논의의 대상으로서도 신선함을 잃고 있음을 생각해 볼 필요가 있다. 한국인들에게는 현실을 주조하는 면에서의 독창적 철학성이 부족해 보인다. 흔히 원효와 율곡, 다산의 독창성을 말하지만 현실 면에서 그것이 얼마나 기여를 했는지는 의문이다. 예능 면에서 한국인들이 보여 주는 능력에 비하면 이는 참으로 안타까울 정도이다.

6·29 선언 이전까지의 1980년대 한국의 집권 세력이 만들어 낸 비민주성에 대하여 오늘날 이의를 제기할 사람은 많지 않을 것이다. 형식상의 합법성을 빌려 창출된 신군부의 정권은 5·18

광주 민주화 운동에서 볼 수 있듯이 역풍을 불러올 소지를 이미 안고 있었다. 그런데 문제는 형식적이라고 하더라도 다수의 민의가 그들 정권 창출의 기초가 되는 헌법의 개정을 지지하였고, 선거에서도 지지를 보내주었다는 점이다. 1960년의 3·15 부정선거와 같은 엄청난 부정을 저지르면서 정권이 만들어진 것도 아니다. 여당에 유리한 정치 문화의 폐풍(弊風)이 있었지만, 그것을 가지고 정권 창출의 결과를 전적으로 부정할 수도 없다. 문제는 어디에 있는가?

일상성에 안주하는 다수 국민들의 사고와 행동에서 찾을 수밖에 없다. 보통의 사람들은 일상의 안락이 저해되지 않는 한 적당히 힘 있는 자와 타협하려고 한다. 힘을 가지고 떠오르는 신군부에 대하여 다수 국민들이 정권의 합법성을 만들어 준 것은 바로 그 때문이다. 그러므로 1980년대의 긴 민주화 운동을 논리로만 본다면, 국민 스스로의 잘못을 시정하려는 숨 가쁜 노력으로도 볼 수 있지 않을까 싶다. 다수결의 원리로 만들어진 과오에 대하여 사회가 부담하게 된 시련이자 고통이라고 볼 수 있을 것이다. 사회 전체로 본다면 잘못을 시정하려는 운동이 가열차게 일어난 셈이다. 전통의 야당 정치 세력과 학생들이 앞장 선 좌파 세력, 그리고 근로자들이 합세하여 이 운동을 이끌어 갔다. 그것은 민주주의를 한 단계 고양시키기 위한 민간 부문에서의 실천적 노력이었다.

전통의 야당 정치 세력은 대체로 민주화 운동 자체에 힘을 쫃는 세력이었다. 직선제 헌법을 쟁취하고 자유가 부당하게 통제받지 않는 민주 국가의 실현이 그들의 목표였다. 기존의 자본주의 경제 노선이나 반공적 민족주의에 대하여 반대하는 입장을 보이지도 않았다. 그러나 학생들을 핵심 세력으로 하는 좌파는 이와 달랐다. 그들은 외형상 민주화 운동에 참여하고 있었지만, 그들 중 극단적인 노선을 걷는 자들은 사회주의 국가를 세울 의지를 가지고 있었다.

그런데 1980년대, 더 정확하게는 전두환의 통치기에 한국 경제는 경제 성장과 물가 안정, 그리고 국제 수지 흑자라는 좋은 성과를 이루어내고 있었다. 그러나 자본주의 경제 자체를 반대하고 한국 경제를 국제 자본주의에 편입된 종속 경제로 보는 좌파의 입장에서는 이러한 성과를 평가할 이유가 없었다. 이 시기의 노동운동은 상당히 과격해져갔다. 화염병과 쇠파이프가 등장하는 것은 예사였다. 좌파 운동권 학생들이 노동운동에 관여하면서 이러한 양상이 벌어진 것으로 보인다. 유신 체제와 신군부 정권에 의해 정상적인 사회 진출을 저지당한 운동권 학생들이 의도적이든 아니든 이른바 '위장 취업자'가 되어 이러한 노동운동의 흐름에 일조를 하였던 것이다. 이 시기에는 노학 연대(勞學連帶)가 상당히 밀도 있게 추진되었다.

1980년대는 외치는 소수의 소리가 침묵하는 다수의 결정을 전복한 시기이기도 하다. 어쨌든 다수에 의해 정초된 헌법 질서를 결국 소수가 바꾸는 역할을 해냈기 때문이다. 이들 소수에 포함되는 좌파는 민주화 투쟁 과정에서 북한에 유리한 대중 조작도

서슴지 않았다. 1983년 9월에 일어난 KAL기 피격 사건, 같은 해 10월에 발생한 미얀마에서의 아웅산 묘소 폭발 사건까지 이들은 한국 정부의 자작극이라고 강변할 정도였다. 만일 건국 이후 역대 정부가 국가권력을 이용하여 반공 면에서 횡포를 일삼았다고 본다면, 이러한 경우는 좌파에 의한 정보상의 테러로 볼 수 있지 않을까 싶다. 북한의 조직적인 역공작이 거기에 작용하고 있을 것은 짐작하기 어렵지 않다.

한국사의 긴 안목에서 본다면 1980년대의 좌파 그 자체는 결코 긍정적으로 볼 이유가 없다. 그들이 표면상 내세운 민주주의 이념에 비추어 보더라도 그들이 추구한 친북 노선은 남북 비교에서 상대적 우월성을 확보할 수 없는 것이다. 아무리 그들이 1980년대의 한국을 독재가 지배하는 사회라고 하더라도 인간의 기본적 자유가 주체사상의 이름으로 철저하게 봉쇄당하고 있는 북한보다 심하다고 볼 수는 없다. 그들에게 남북한을 자유로이 선택해서 살라고 한다면 과연 그들은 북에 가서 살겠는가?

그러나 좌파가 마냥 비난의 대상만 되어서도 안 될 것이다. 어쨌든 그들은 민주화 운동을 가열차게 추진함으로써 한국 사회에서 중요한 의미를 갖는 6·29 선언을 이끌어 낸 공로가 있다. 일상성에 매몰된 다수의 생각을 넘어 그들은 행동으로서 민주화의 새 장을 연 것이다. 한국의 민주주의는 그들의 힘에 의해서 한 단계 높아졌다고 볼 수 있다. 그러나 그들의 목표가 민주화 자체에 있지 않았다는 점에서 보면 그러한 평가는 유보되어야 한다.

항복과 타협, 6·29 선언

6·29 선언은 정부와 민간이 대립을 넘어 타협의 차원에서 민주주의에 커다란 진전을 이룬 것이다. 그것은 민권의 승리이자 독재로 불리던 한국 정부가 그 정도의 민주적 타협을 이루어 낼 수 있는 유연함을 갖추게 된 증거로 볼 수도 있다.

기존의 사상적 체제를 고수하려는 신군부 지배층과 좌파가 포함된 소리치는 소수 저항 세력 간의 투쟁은 일단 6·29 선언을 낳았다. 이러한 결과는 물론 직선제 헌법을 쟁취하고자 하는 1987년 6월 10일의 전국적인 대규모 시위가 도화선이 된 것이다. 이 시위에는 그동안 침묵으로 일관하던 다수의 국민도 참여하였지만 그 주도 세력은 역시 소리치는 소수였다.

6·29 선언은 대통령 선거의 직선제, 평화적 정부 이양, 자유로운 출마와 공정한 경쟁을 위한 대통령 선거법의 개정, 김대중의 사면 및 복권으로 그 내용이 이루어져 있다. 직선제는 1980년에 개정된 헌법에 의한 간선제 대통령 선거에서 나타난 여야당 간의 불공정한 경쟁을 지양하고 있다는 점에서 의미가 있다. 부당하게 형을 받고 연금 상태에 있는 김대중에게 정치의 자유를 주고 있는 점도 어느 한 개인을 넘어 민주주의 차원에서 진일보한 경지를 보여 주었던 것으로 평가된다.

6·29 선언의 사상적 의미는 우선 그로 해서 만들어진 1987년도의 제9차 개정 헌법의 전문에서 찾아볼 필요가 있다. 여기에

보면 "4 · 19 민주 이념을 계승"한다는 구절이 있다. 이러한 내용은 제3공화국 헌법과 유신 헌법에는 있었으나 1980년에 개정된 헌법에는 없던 것이어서 눈길을 끈다. 이것은 6 · 29 선언으로 달성된 민주주의의 한 단계 높아진 경지에서 4 · 19 혁명의 민주주의 정신을 상기하며 이를 계승하겠다는 다짐이다. 6 · 29 선언으로 이룩된 민주화에 대한 자신과 긍지를 나타내고 있는 것으로도 풀이할 수 있다.

사실 6 · 29 선언은 4 · 19 혁명 이후 처음으로 얻어낸 민권의 승리라고 할 수 있다. 1970년대의 오랜 민주화 투쟁이나 1980년의 5 · 18 광주 민주화 운동도 지배층을 굴복시키지는 못하였다. 그런데 6 · 29 선언은 지배층으로부터 나온 사실상의 항복이고 주권자인 국민의 의사가 관철되었다는 점에서 의미가 있다. 좀 더 시야를 넓혀 보면 정부와 민간이 대립 양상을 넘어 타협의 차원에서 민주주의에 커다란 진전을 이룬 것으로 평가할 수도 있겠다. 그것은 민권의 승리인 동시에 독재로 불리던 한국의 정부가 그 정도의 민주적 타협을 이루어 낼 수 있는 유연함을 갖추게 된 증거로 볼 수도 있다.

또 1950년대나 1960년대 이후 정부가 거의 일방적인 자기 해석을 통해 주도해 오던 민주주의에, 민간 부문에서의 반론으로 제동이 걸리게 되었다는 점에서도 의미가 있다. 그것도 4 · 19 혁명과 같은 극단적 방법이 아니라는 점에서 더욱 큰 의미가 있다. 또한 이를 기점으로 민간에 의한 정부 통제가 나타나게 된 것으로 볼 수 있겠다. 6 · 29 선언 이후 시민 단체들이 등장하여 정부의 각종 정책에 의견을 표시 또는 반영시킬 수도 있게 된 것이 그 증표이다. 국가의 일방적 주도 시대가 가고 시민 사회적 요소가 강해지는 계기가 마련된 것이다. 국가에 억눌렸던 사회 영역의 확대, 그에 따른 사회 구성원으로서의 다양한 관심이 이후 표출될 수 있게 된 것으로 판단된다.

민주화의 중요한 의미는 그것이 과거나 현재보다 미래를 향한 과제라는 데 있다. 이 점에서 1987년의 개정 헌법 전문에 "조국의 민주 개혁"을 다짐하고 있는 것은 미래 지향적인 민주주의의 발전을 나타내는 의미로 유의해 볼 만하다. 그것은 국민에 대한 약속이라는 점에서 일회성의 선언으로 끝날 성질의 것이 아님을 말해 준다.

6·29 선언은 정치적인 내용으로 되어 있으나 경제에 미치는 영향도 적지 않다. 이 선언이 나온 직후인 1987년의 7, 8월에 노동 쟁의가 급격히 증가하였고, 노조의 설립도 현저하게 늘어났다. 자본주의 체제에서 중요시되는 노사 관계의 당사자 한편이 억눌린 상태를 벗어나 자신들의 자유와 권리를 찾기 위한 움직임을 활발하게 보인 결과이다.

뿐만 아니라 사회 및 시민운동 단체도 봇물을 이루듯 생겨났다. 공해추방운동연합(1988), 경제정의실천시민운동연합(약칭 경실련, 1988), 민주사회를 위한 변호사 모임(약칭 민변, 1988), 전국빈민연합(1989), 전국교직원노동조합(약칭 전교조, 1989), 전국노동조합협의회(민노총 전신, 1990), 전국농민회총연맹(1990) 등이 발족되었다. 6·29 선언이 정치적 선언에 그치지 않는 복합적 성격을 가진 것임을 이로써 알 수 있다.

이외에도 이 선언이 가지는 자유화의 표징적 의미는 반공주의에도 영향을 미친 것으로 볼 수 있다. 이제까지의 경직된 반공주의가 실제에서 유연한 방향을 취할 수 있는 계기가 불가피하게 다가온 것이다. 계기는 제도 정치권으로부터 왔다. 6・29 선언을 이끌어 내는 데 좌파 세력이 상당한 역할을 함으로써 그들의 제도 정치권에 대한 진입이 용이하게 된 것이다. 기존 정당에서 좌파 운동권 출신의 젊은이들을 영입하기 시작함으로써 그들은 국가 사회적으로 발언권을 가질 수 있게 되었다.

지난날 좌파라면 무조건 '빨갱이'로 취급하던 입장에서 보면 제도권 일각에서 그들을 보는 눈은 확실히 달라져 갔다. 이러한 사실은 국민들의 지지에 관심을 쏟지 않을 수 없는 정당의 입장에서 볼 때, 이들의 존재가 요긴하게 인식되기 시작했음을 의미하는 것이기도 하다. 그들의 활동 기반이 계속 넓어질 소지가 있는 것은 말할 나위도 없거니와, 그것이 진전될수록 반공 이데올로기에 타격을 가할 수 있는 세력의 힘이 강화될 것은 물론이다. 그와 더불어 반미의 소리도 높아지고 민족 자주화를 요구하는 국가 정책이 나타날 가능성도 높아질 것으로 예상해 볼 수 있다. 이렇게 볼 때 6・29 선언이 차지하는 이데올로기 면에서의 의미는 매우 복합적이고 간단치 않음을 알 수 있다.

근대 국가로의 진전에도 불구하고 한국인의 행동과 의식에 아직도 영향을 미치고 있는 유교와 관련해서도 6・29 선언은 고찰될 필요가 있다. 이 선언을 계기로 유교에서 그 연원을 찾을 수 있는 정치적 권위주의가 줄어들게 되었음을 인정하지 않을 수 없다. 이것은 수평 관계를 중시하는 민주주의에 특히 진보적 행보를 약속하는 분수령이 될 수 있었다고 보아야 한다.

결국 6·29 선언은 민주주의뿐만 아니라 자본주의, 민족주의 및 반공주의에도 많은 변화를 야기하는 전환점이 되었다고 할 수 있다. 그것은 국가 차원의 사상이 국민의 실천 운동을 통해 변화를 이루고 특히 민주주의에서는 한 단계 높은 경지를 이루게 된 계기였다고 말할 수 있겠다.

3
과도기의 사상 변화

과도기의 양상

정치에서 민주주의가 내용이 채워지면서 관심은 경제 민주화로 넘어가서 노사 관계에서 평등과 자유에 대한 요구가 거세졌다. 국가 자본의 관계에서는 정부 주도의 국가 자본주의가 약화되고 민간 부문이 선도하는 단계에 접어들게 되었다.

정치 · 경제에서의 민주주의 진전

여기서 과도기라 함은 1987년 후반부터 1997년 후반기까지의 10년간을 말한다. 정권을 기준으로 본다면 이 시기는 사실상 노태우와 김영삼의 집권기이지만, 전두환의 퇴임과 좌파 성향이 강한 김대중의 권력 승계가 정해지는 시기이기도 하다. 또한 앞에서 본 6 · 29 선언이 담고 있는 사상의 의미가 강하게 그 진로를 설정함에 따라 과거와 차원이 다른 민주주의가 요구된 시기였고 이후의 상황도 그렇게 흘러갔다.

그러나 보수 집권층에서는 기존의 민주주의에 뚜렷한 개선의 기미가 있었다고는 할 수 없다. 정통성은 있었으나 효율성에서 문제를 보여줌으로써 국민들에게 민주주의를 다시 생각하도록 만들어 주기도 하였다. 대북 관계에서 보자면 민족주의나 반공주의에서 기존의 경직된 자세를 타파하려는 노력이 시도되었으나 적극적이고 일관된 사상의 방향을 찾아보기는 어려웠다.

1997년 말에 발생한 외환 위기는 1990년대 들어 정치권을 중심으로 추진된 개혁이 실속 없었음을 드러내 주었다. 낙후된 자본주의 정신과 비합리적 사회 관계에서 오는 금융 위기가 그 주범이었다고 볼 때, 어떤 형태로든 기존의 사상에서 변화를 모색하지 않을 수 없게 되었다. 1987년 후반부터 1997년 후반에 이르는 동안은 6·29 선언으로 시작된 사상의 변화가 외환 위기에서 보이듯 획기적 변화를 낳지 못하면서 1998년부터 나타난 사상에서의 커다란 변화를 불가피하게 초래하게 된다. 그 변화의 내면의 힘, 즉 좌파적 사고와 기반이 이 시기에 더욱 강화되고 있었다는 점도 간과할 수 없다. 6·29 선언에 의해 그 앞 시대와 구분되는 동시에 1997년 이후에 등장하는 좌파 사상의 현실화와도 구분될 수 있는 독특한 성격을 이 시기에서 발견할 수 있다. 이 기간을 전 시대와 그 이후의 시대를 잇는 과도기로 설정하는 이유는 바로 그러한 점에 있다.

1988년에 평화적 정권 교체가 외형상 이루어진 것은 한국 민주주의 역사에서 작지 않은 의미가 있다. 1950년대 이후부터 1980년대 초반에 이르기까지 미완의 과제였던 절차적 민주주의에서 한 단계 커다란 진보를 이룩한 것으로 평가할 수 있다. 그 이후 한국에서 헌법상의 대통령 임기는 이의 없이 지켜져 왔다. 아쉬운 점이 있다면 이 때의 정권 교체가 이른바 수직적으로 이루어짐으로써 미흡한 면이 있었다는 사실이다. 이는 그 당시 한국의 민주화 수준을 드러내는 것으로 볼 수 있을 것이다. 그러나 대선에서의 부정 선거 시비는 이전에 비해 상당히 줄어들었는데, 이 점은 이후의 총선에서도 마찬가지였던 것으로 파악된다. 이로써 민주주의의 주요 절차인 선거 문화가 한 단계 높아진 것으로 볼 수 있겠다.

이 시기에는 특히 노동운동 부문에서 민주화의 요구가 강하게 분출되었다. 6·29 선언 직후 노동 분규가 급증하고 노조의 설립이 증가하는 등의 양상에서 알 수 있다. 이것은 노조의 설립요건이 완화되고 쟁의 금지 대상이 축소되는 등의 노동법 개정에 따른 것이었다. 1989년에 1인 이상 모든 사업장에 근로기준법을 적용하게 된 것도 이에 영향을 미쳤을 것이다. 노사 관계에서 평등한 지위를 확보하려는 의지와 노동운동에서의 자유를 획득하려는 근로자들의 요구를 반영한 결과임은 물론이다. 그러나 이에 대응하는 국가의 체제는 아직 눈에 띄는 변화를 보여 주지 못하였다. 노동자 쪽과 그에 대응하는 국가권력 모두가 획기적인 의식의 변화를 하지 못했기 때문일 것이다. 민주노총 등 민간 부문에서 정치적으로 근로자의 권익을 대변하는 정당의 출현에 대한 요구도 없지 않았으나 시기상조였다. 그러나 1993년에 진보정당추진위원회(제17대 국회의원인 노회찬 등이 주도한 기구)가 결성된 데에서 볼 수 있듯이 노동자정당의 출현은 시간 문제였다.

정치 민주화에도 불구하고 경제에서 이처럼 변화가 없는 데 대해서 "(정치적) 민주주의와 자본주의 간의 갈등"이 심화되었다는 주장도 있다.[1] 경제 민주화가 정치의 민주화를 따라가지 못한 결과라는 것이다. 그러므로 여기에서는 경제 민주화가 처방으로 제시된다. 이 말은 타당한 점이 있지만, 반드시 의미 있는 견해라고는 할 수 없다. 경제의 민주화라는 것이 예컨대 기업의 지배, 경영 및 시장에서의 자유와 평등의 제도적 완비를 의미하는 것일진대 과연 그것이 정치적 민주주의와의 갈등을 줄일 수 있다고 볼 수 있을까? 만일 그것이 제도뿐만 아니라 의식에서의 민주화까지 의미하는 것이라면 더구나 그것은 어려운 일이 아닐까?

한국 자본주의는 아직 자유와 평등을 적절하게 행사할 수 있는 성숙한 경제 주체로서의 의식을 기업인, 근로자 및 시장 참여자들에게 기대하기가 쉽지 않은 것으로 보인다. 정치의 민주화라는 것도 아직 문제의 소지가 많거니와 이기적 욕구가 특히 첨예하게 대립할 수 있는 경제 부문에서의 민주화란 더욱 어려운 일이라고 해야 한다. 이것은 장기적인 과제이다. 경제의 민주화도 중요하지만 경제 주체들이 상호 신뢰를 쌓는 사회적 자본의 확보가 선행되거나 적어도 신뢰를 확립해 가는 것을 기초로 경제의 민주화도 이루어져야 할 것이다. 많은 입법상의 노력에도 불구하고 아직 그 점에서는 한국 자본주의에 미흡한 데가 있다고 보기 때문이다. 예컨대 노사 합의 사항이 어느 일방에 의해 준수되지 않아 불신을 야기하는 경우가 얼마나 많은가?

또 경제의 민주화에서 노사와 관련해 국가의 입장도 논의의 대상이 되지 않을 수 없다. 당연히 이 경우 국가의 중립성이 요구되지만, 그에 대한 평가가 노사 양측의 이해에 따라 달라질 수 있다는 문제점이 있다. 노사정 위원회가 노사 양측의 견해 차이로 걸핏하면 표류하는 현실이 그것을 잘 말해 준다. 자본주의가 있고 나서 근대 민주주의가 성립되었다는 역사적 사실을 생각할 때 진실은 경제의 민주화가 있어야 정치의 민주화도 확실해질 수 있다는 점이다. 그러므로 정치의 민주주의와 자본주의 간의 갈등을 문제로 삼으면서 경제 민주화를 처방으로 내세우는 것은 논의의 적합성이 결여된 면이 있다. 그것은 경제 민주화가 미흡한 상태에서의 정치의 민주주의는 가능하다고 해도 기초가 약하다는 얘기도 된다.

혹자는 1980년대 말을 기점으로 국가와 자본의 관계에서 종래와 달리 자본이 국가보다 우위에 서는 양상이 나타나고 있는 것으로 진단한다.[2] 말하자면 국가 주도 내지 그 우위로 이루어진 한국 자본주의에 변화가 왔다는 얘기인데, 이것은 성급한 판단으로 보인다. 물론 국가에 대한 자본의 우위 근거로 제시되는 재벌측의 주장들, 즉 시장 기능의 중시, 규제 완화, 민간 주도 경제 등이 강조되기 시작한 것은 일견 타당한 근거를 가지고 있다. 그러나 이러한 내용들은 자본의 힘이 커져서라기보다 경제 구조의 변화에 따른 불가피한 결과에서 온 것으로 보아야 할 것이다. 1980년대 말에 들어 생명 공학, 반도체 등의 첨단 기술 단계로 접어들면서 기업에 의한 기술 주도가 이루어지는 것과 함께 국가에 대한 자본측의 발언이 종래보다 강화될 수밖에 없었다.[3]

재벌들이 1970, 80년대에 비하여 정부의 지시를 무조건 따르지 않게 된 것은 사실이지만, 좀 더 대국적인 눈으로 사태를 볼 필요가 있다. 재벌들이 그 이후로도 국가권력의 향배에 민감한 반응을 보이며, 여러 면에서 종속의 태도를 보이고 있음은 부인할 수 없는 사실이기 때문이다. 길게 보면 관존민비의 전통이 한국 자본주의에 아직도 그 명맥을 유지하고 있는 것으로 보인다. 1980년대 말 이후의 국가-자본(가의) 관계는 국가에 대한 자본가 쪽의 독립성이 과거보다 높아졌다는 정도로 보는 게 온당할 듯싶다. 2005년 12월에 내려진 삼성 그룹과 관련된 불법 행위(도청에서 드러난 뇌물 수수)에 대하여 사법 당국이 문제 삼지 않은 것을 두고 이의를 제기할 수도 있겠지만, 이것도 꼭 그렇게 볼 사안은 아니다. 기업의 최고 경영자나 그룹 외의 여러 면, 예컨대 국가 경제나 법 적용의 향방 등을 고려한 결정으로 볼 수 있는 것이다.

그러나 어떻게 보더라도 정부가 주도하는 국가 자본주의가 이제는 약화되고 민간 부문이 이를 선도하는 단계에 접어든 것은 틀림없어 보인다. 이 단계에서는 정부가 설령 유능하지 못해도 관리에서 결정적인 실수만 하지 않는다면 경제는 나름대로의 성과를 이룰 수 있게 된다. 이로 인해 경제가 정치에 대하여 가질 수 있는 사회적 비중도 그만큼 커졌다고 볼 수 있겠는데, 이에 따라 경제의 민주화가 더 한층 중요한 의미를 가지게 된 것을 부인할 수 없다.

남북 관계에서의 좌파 민족주의 확산

좌파도 이 시기에 변화를 맞는다. 1989년 목사 문익환과 학생인 임수경의 밀입북이 있었고, 부산 동의대학교에서 학생들의 친공적인 농성이 있었지만, 1991년에 공산권의 원조(元祖)인 소련이 붕괴되고 이어 동구의 공산권이 무너지면서 사태는 달라졌다.

운동권의 많은 사람들이 현실 공산주의에 실망을 느끼고 좌파의 대열에서 이탈하는 경우가 많아진 것이다. 어느 좌파 계열의 학자는 이러한 현상을 두고 마침내 자신의 학문적 무지를 숨김없이 드러내고 있기도 하였다.

> 한국의 좌파는 왜 몰락했는가. [……] 학문과 실천의 기본도 제대로 모르고 엉터리 학문을 하고, 감히 사회 변혁을 입에 담은 당연한 결과였다. 눈을 뜨고도 마르크스-레닌주의 철학/사상의 색안경에 가리어 있는 그대로의 이 땅의 현실을 보지 못하는 장님이었고, 남의 이론 속의 현실을 제 눈으로 보는 현실이라 착각했기 때문이다.[4)]

자기가 믿는 사상을 절대시하면 인간은 그것의 노예가 되고, 사상은 그에게 족쇄가 된다. 그런 상태의 사상은 한 인간을 망치고 사회를 병들게 할 수도 있다. 그러므로 어느 사상을 신봉하더라도 때로는 그에 거리를 두고 생각해 보는 마음의 자세가 필요하다. 세상에 완벽한 절대의 사상은 없으며 오직 인간이 그렇게 믿는 한에서 절대의 사상이 존재하는 것이 아닐까? 실천을 통한 체험은 그런 점에서 귀중한 교훈을 주는데, 앞의 인용에서는 그 점을 역력히 보여 준다.

그러나 총선과 대선을 계기로 계속 정치권에 진입한 운동권 출신들은 그들의 좌파 성향을 제도권에 뿌리 내리는 역할을 해 간다. 그들은 '진보'의 이름으로 기존의 반공주의에 변화를 재촉하게 된 것이다. 그들이 신봉했던 사상은 낡은 것이었지만, 완고한 보수층의 사상적 관점에 대하여 나름대로 변화를 촉구하는 입장에 선 것으로 평가된다. 좌파 성향을 띤 전국교직원노동조합과 민주노총이 합법적 지위를 쟁취하기 위해 이 시기에 활동하고 있는 것도 이러한 변화의 추세를 반영한다.

1970년대 중반에 이미 싹을 보인 계급 관점에서의 민족주의 접근은 1980년대 후반에 들면서 더욱 뚜렷해진다. 광주 민주화 운동을 계기로 형성된 반미 민족 자주화에 대한 사상 흐름이 민주화의 대세를 타고 강화되었으나, 방향 면에서 편향적인 데가 있었다. "민족 문제의 기본 모순이 계급적인 데 있다"거나 "민족 문제는 계급 문제에 바탕한 것이며, 계급 문제의 해결을 통해 비로소 근본적으로 해결되는 문제"[5]라는 인식은 전통적인 민족주의 관념에 비추어볼 때 동의하기 어려운 바가 있다.

이러한 평가는 민족을 계급과 결부시키는 인식이 전혀 틀렸다는 의미에서 하는 말이 아니다. 계급 갈등의 해소가 민족의 단합을 긍정적으로 실현하기 위해서 필요하다는 점은 인정할 수 있겠다. 그러나 민족의 문제를 곧바로 계급의 문제와 연결시키는 것은 민족의 자연적 상호 친근성을 훼손할 가능성이 있다는 점도 인정할 줄 알아야 한다. 민족주의는 계급 관점을 떠나서도 의미 있는 것이 아닐까? 일제하에서 한국의 민족주의가 계급을 떠나서도 의미 있게 활동할 수 있었던 점을 생각해 볼 일이다. 민족과 계급의 문제를 연결시켜 보는 것은 너무나 좌파적인 관념의 소산이라고 볼 수밖에 없다. 그것은 이념의 과잉에서 나온 것으로 남북한이 궁극적으로 극복해 내야 할 이데올로기에 입각한 민족주의를 타파하기 위해서도 바람직한 것이 아니다.

어쨌든 1990년대를 전후한 이 시기에 좌파의 인식이 널리 사회에 확산되고 있었던 것은 숨길 수 없다. 동의대학교 사태나 문익환과 임수경의 밀입북이 보수층의 비난을 면하기 어려웠으나, 그것은 한국 사회에서 강화되는 좌파의 비중을 말해 주는 것이었다. 정부가 남북한 관계에서 전향적 자세를 취하게 된 것을 이러한 추세와 분리해 볼 수 없을 것이다.

1988년 7월에 정부가 발표한 7 · 7 선언은 이전과 달라진 대북 자세를 분명히 드러내 보였다. 각계의 남북 동포의 교류 추진, 남북 이산가족 방문 및 생사 확인, 우방의 대북한 교역 인정, 남북한의 직접 교역과 문호 개방, 남북한의 경쟁 · 대결 외교 종식, 북한의 미국과 일본과의 관계 개선 협조를 제의하였다. 여기에는 이전의 경직된 반공 자세를 어디에서도 찾을 수 없다. 정치 외교에서의 대결 자세 완화와 함께 경제에서의 경쟁 의식도 넘어서는 자세를 보이고 있다. 남북한의 체제 경쟁에서 이미 승리를 거둔 남쪽의 여유와 아량이 엿보인다. 이는 미국과 일본에 대한 북한의 관계 개선 노력에 협조하겠다는 말에서도 확실히 알 수 있다. 선언의 내용은 좌파 이론 쪽에서 제기하는 계급 관점 혹은 이데올로기 관점에서의 민족주의를 초월하여 공동 운명체로 살아 온 역사적 실체로서의 민족을 확인하려는 시도로 해석될 수 있다. 1991년 9월과 12월에 각기 이루어진 남북한 동시 UN 가입 및 「남북 사이의 화해 불가침 및 교류 협력에 관한 합의서」의 채택은 이러한 흐름에 보탬이 되는 것이었다.

이보다 앞선 같은 해 5월에 국가보안법도 개정을 하여 이러한 흐름을 뒷받침한다. 개정된 내용에서는 국가보안법의 해석, 적용에 있어 국민의 기본적 인권을 최대한 보장할 것과, 반국가 사범과 친족 관계에 있는 사람이 불고지죄를 범한 경우에는 반드시 그 형을 감면하도록 하였다. 반공을 우선시하던 입장에서 국민의 기본적 인권과 혈연적 인간 관계를 최대한 배려하려는 합리성이 보인다. 족쇄의 기능을 하기도 하였던 반공주의가 정부에 의해 그 억압의 성격을 완화해 가는 모습을 보이기 시작한 것이다.

이 시기에 이르러 정부는 북한을 자극하지 않으려는 태도를 보인다. 정부 자신은 물론 민간에서의 북한에 대한 비판도 막으려는 입장을 취하고 있다. 남북 교류를 차질 없이 추진하려는 의도에서 나온 것이지만, 대북 교류에서 저자세의 일단을 보이고 있음은 문제로 지적될 수 있을 것이다. 역사의 긴 안목에서 본다면 교류 자체보다 민족사의 정통이 남쪽에 있음을 확신하고 북한에 대하여 당당하게 대하는 자세가 필요해 보인다. 아쉬운 일이지만, 당당하지 못한 이 때부터의 대북 자세가 이후로도 주조를 이루게 된 것이 사실이다. 일반사로서의 한국 역사는 물론 사상사의 입장에서 보더라도 이는 지양되어야 할 자세이다. 북한의 사상 기조가 통일 후의 한국 사상을 이끌어 가는 데 기여할 바는 많지 않다고 보아야 한다. 자유를 억압하고 인권을 경시하는 등 북한의 사상이 보여 주는 실상은 전근대적 상태를 탈피하지 못한 단계라고 볼 수 있다.

어찌 되었든 남북한 사이에 교류가 트이면서 대결 자세가 완화된 감이 있지만, 북한의 태도는 반드시 그렇지도 않았다. 그들은 남북 간에 채택된 기본 합의서도 지키지 않았고, 결국 남한에 대한 공격용으로 쓰일 핵무기를 개발하고 있었다. 대남 혁명 공작도 물론 계속하고 있었다. 1993년 3월에는 이미 가입해 있던 핵확산 금지 조약(NPT)에서 탈퇴함으로써 남북 간의 군사 관계는 물론 국제 관계에서도 긴장을 야기하였다. 이러한 상황에서 6·29 선언으로 촉발된 민주화의 기류를 한껏 실현하는 데는 한계가 있어 보인다. 성급한 좌파 노선에 입각해 일방적으로 국가 차원에서 전면적인 사상의 자유를 실현하는 것은 아무래도 무리가 있어 보인다는 말이다. 적어도 정부의 입장은 그러한 것이었고, 이로써 이 시기에 국가보안법 등의 반공 관련 법제는 철폐 또는 전면적으로 개정될 이유를 충분히 살릴 수가 없게 되었다. 민주주의하에서의 절대적 자유를 신봉하는 입장에서는 이 점에 분명 불만이 있을 수 있다.

그러나 분단의 현실적 제약을 생각한다면 그러한 불만은 그 자체로 끝날 수 있어야 한다. 어느 사상의 유용한 도구화는 그와 관련된 상황의 고려 없이 이루어질 수는 없다. 여기에는 현명한 지혜와 바른 마음 자세도 함께 갖추어져야 한다. 이론으로는 아무리 좋은 사상이라도 그것을 실천해 가는 인간의 마음 자세가 바르지 못하면 좋은 결과를 만들어 내기가 힘들다. 하나의 사상을 절대시하고 그에 대한 비판을 용납하지 않을 때 그 사상은 인간에게 독이 되고 족쇄가 된다. 그에 비해 이론으로는 불충분하더라도 그에 대한 비판을 받아들이며 순수한 마음으로 그 내용을 보완·실천해 갈 때 그 사상은 인간에게 더 없이 유용한 도구가 될 수 있을 것이다. 그러나 사상의 실천 과정에서 과연 순수한 마음이 얼마나 가능할 수 있을지는 의문이다. 자기가 옳다고 믿는 사상에 대한 독선적 고집, 이해 관계, 개인적 야심 등등 여러 요인에 의해 사상은 실천 과정에서 왜곡되기가 십상이다.

1990년대 초에 들어 경제, 정치, 문화, 환경 등 여러 분야에서 시민운동이 전개되기 시작하였다. 국가-국민 간의 관계를 벗어나 시민된 입장에서 자신들의 생활에 대한 관심이 발현되기 시작한 것이다. 오랜 숙원이었던 민주화의 중요한 성과가 이루어지면서 국민 아닌 시민의 입장에서 다양한 생활로 관심이 열린 결과이다. 그것은 국가라는 틀을 넘어 자치적 시민으로서의 삶이 전개되는 새로운 사회의 발견이라고 할 수도 있을 것이다.

그러나 이러한 움직임이 전적으로 국가와 무관하게 이루어지는 것이 아님을 알아야 한다. 시민 단체에 대한 정부의 금전 지원에서 나타나듯이 그것은 일방적 지배를 넘어 국민들을 다른 차원에서 간접적으로 계몽하려는 국가의 기능적 변화와 관련이 있다고 보아야 한다. 사회 구성원들을 국민 아닌 시민의 영역으로 귀환시켜 거기서 나오는 힘을 국가 기능상의 부속 자원으로 삼으려는 의지가 거기에 없다고 할 수 없다. 이것은 물론 국가의 민주적 성격이 그만큼 높아진 결과에서 온 것으로 한국에서의 민주주의 수준이 고양된 증표로 볼 수 있을 것이다. 이로 인해 민주주의를 비롯한 국가 차원의 사상들이 폭넓은 자기보완의 기회를 가지게 된 것은 긍정적으로 평가될 수 있는 점이다.

그러나 이 시기의 시민운동은 좌파적 성향이 강한 면도 보인다.

사회 운동가(이 용어는 시민 운동가로 바꾸어도 크게 무리가 없을 듯함) 5백여 명을 대상으로 사회 연구소 정치 의식 조사팀에서 설문 조사한 결과 미군의 즉각 철수 내지 조속한 철수를 지지하는 견해가 90%를 넘고 있다.[6] 국민 대다수가 미군의 철수를 반대하는 상황에서 시민 운동가들의 견해가 이같이 나온 것은 좌파로 분류될 수 있는 성향이 아니고는 나올 수 없는 결과라고 해야 한다. 시민운동에 운동권 출신들이 다수 진출한 데서 온 결과이겠지만, 어쨌든 민주화의 진전이 이루어지는 것과 함께 반공주의도 그 경직성을 조절해야 될 단계에 온 것을 알려준 것이다.

민주 정치에서의 정통성과 효율성 문제

정통성이 있되 효율성을 동반하지 못하는 민주주의는 국민들에게 실망을 준다. 정통성과 효율성이 함께 구비되는 민주주의라야 제대로 그 값을 인정받을 수 있다. 1990년대에 한국인들이 성취한 민간 정부의 탄생은 민주주의 정통성과 효율성을 일치시키는 과제를 안겨 주었다. 그것은 이론만으로 되지 않는 국민 모두의 노력을 통해서만 이루어질 수 있는 실천적 과제라고 할 수 있다.

1990년대 초는 한국 정치에서 전환이 이루어진 시기이다. 군 출신들에 의한 정권이 종막을 고하고 민간 정부로 권력이 돌아오는 계기가 마련된 것이다. 이러한 전환은 과거에 대한 역사적 정리를 불가피하게 요구하거니와 '역사 바로잡기'는 그 중에서 중요한 의미를 가진다.

'역사 바로잡기'라는 말은 1993년에 들어선 김영삼의 민간 정부가 전두환 · 노태우를 처벌하면서 사용되었다. 광주 민주화 운동을 탄압하는 등 민주주의를 거스른 이들의 행위를 단죄하면서 그것을 역사 바로잡기로 명명한 것이다. 30여 년 만에 권력이 민간으로 돌아오면서 그것은 불가피하게 요구되는 민주화의 한 진통이라고 볼 수 있을 것이다. 이로써 쿠데타를 통해 합헌 정부를 무너뜨리려는 차후의 어떤 불법 행동도 감히 하기 어렵게 되었다는 점에서 그것은 한국 민주주의의 한 진전이라고 말할 수 있다. 1988년의 평화적 정권 이양과 함께 그것은 민주주의가 진일보하는 중요한 계기가 된 셈이다. 그것은 또한 비민주의 과거사를 척결함으로써 정치에서 민주주의에 대한 국민적 자신감을 얻게 된 것으로 볼 수 있겠다. 한 연구에 의하면 민주 정치 체제에 대한 찬성이 87.7%인 데 비해 군사 정부에 대한 찬성은 31.3%로 나타나 있어 민주주의에 대한 국민들의 자신감을 알 수 있게 해 주었다.[7)]

그러나 그 자신감은 소수에 의해서 일깨워진 것에 지나지 않았다. 대부분의 국민들은 민주주의를 역행한 세력들에게 합헌성을 부여해 주는 일을 해 왔을 뿐이다. 소수 저항 세력의 투쟁이나 그들 중 집권에 성공한 쪽에서 행한 과감한 조치에 의해 비민주성이 척결됨으로써 다수 국민은 자신들의 과오를 역사에서 시정할 수 있게 된 것이다. 그러므로 민주화에 대한 다수 국민들의 자신감은 스스로의 노력에 의해 얻어진 것이라고 할 수 없다. 엄밀하게 말하면 민주화는 그들에게 주어진 것이지 노력으로 획득한 것이 아니란 말이다. 주권자인 국민 대다수가 별로 달라질 게 없는 상태에서 민주주의에 획기적 변화가 올 수는 없다.

군인 아닌 민간이 정부를 구성하게 되었지만 민주주의의 내실에서는 크게 달라진 것이 없었다. 흔히 '인치'(人治)로 불리기도 하는 최고 권력자 1인의 독주는 여전했고, 총선에 의한 만들어진 정당 구도가 인위적 정계 개편으로 변경되는 민의의 왜곡 현상이 있기도 했다. 의회에서의 법안 날치기 통과나 탈법적인 도청이 자행된 것도 다 아는 사실이다. 민주화를 외친 세력이 민주주의의 모범을 보여 주지 못했던 것이다. 자신들이 상해에서 건립된 대한민국 임시 정부의 법통을 이었다(김영삼이 대통령 취임사에서 주장)면서 앞의 모든 정권을 부정하였지만, 민주주의의 수준에서는 앞의 정권들과 크게 달라진 것이 많지 않았다. 절차적 민주주의에서는 진전이 있었지만 운영상의 내용에서는 그만큼 진전이 더디었다고 할 수 있는 것이다.

과연 민주화를 위해 싸운 사람들이 펴는 민주주의는 어떤 것인가? 그들도 결국 민주주의의 모범을 보여 주지는 못한 것이 아닌가? 그렇다면 그들이 투쟁하며 외친 민주주의란 오직 자신들의 집권을 위한 구호에 그쳤던 것이 아닌가? 그들에게 민주주의를 기대했던 측에서는 이러한 비판을 하게 되었다. 그러한 비판까지 있게 된 것은 과거의 관행과 사고를 탈피하지 못한 정치 문화의 탓이지만, 민주주의에 대한 국민의 수준이 총체적으로 보여 주는 결과라고 해도 과언이 아닐 것이다.

이러한 경우를 두고 반민주주의(semi-democracy)의 개념을 설정할 수 있지 않을까 싶다. 헌법에 민주적인 내용이 담기고 위정자나 국민 모두 정치 체험을 통해 민주주의를 지지하는 공감대를 형성하고 절차 면에서도 진전을 이룩하고 있다. 그러나 운영상의 실제 행태에서는 민주주의와 맞지 않는 면을 보게 되는데 이러한 경우를 반민주주의 상태라고 말하고 싶은 것이다. 반민주주의 상태에서는 1인 중심의 권위주의 행태가 가능할 수 있다는 점에서 전면적 민주주의와는 아직 거리가 있다고 보아야 한다.

또 절차적 민주주의가 진전을 이루었다고 해도 효율성에서 긍정의 평가를 받을 수 없다면 그것도 문제가 아닐 수 없다. 1990년대 초반에 들어 민간 정부를 구성하고 그에 의해 비민주적 과거사를 정리할 수 있었던 것은 분명히 한국 민주주의 역사에서 진전을 이룬 것이다. 그러나 김영삼의 예에서 보듯이 정통성을 회복한 민주주의가 효율성에서는 국민의 기대를 충족시키지 못하였다. 외환 위기가 야기되면서 경제적 빈부 격차가 커지고 분배의 시정에다 초점을 두겠다던 민간 정부의 당초 약속은 깨어졌으며 경제의 성장도 급전직하로 추락하였다.[8)]

이렇게 되자 민주주의의 정통성 회복에 대한 국민의 평가와 자신감도 회의에 빠지는 경우가 생기게 되었다. 군부 독재로 지탄을 받는 과거의 정부에 비해 민주주의의 정통성을 회복한 민간 정부가 효율성에서 오히려 못하다는 생각을 국민들은 가졌다. 이것은 최고 권력자 개인의 능력에 대한 문제와 함께 민주주의가 반드시 유능한 지도자를 산출해 내지 못한다는 문제를 일깨워 준 면이 있다.[9)] 정통성의 회복이라는 제도 차원에서의 민주주의의 진전이 효율성을 그대로 보장해 주지 않는다는 점을 국민들로 하여금 깨닫도록 한 것이다. 이로써 정부에 대한 국민들의 지지도는 나날이 줄어들었다. 국민의 실용적 기대를 충족시키지 못하는 민주주의는 아무리 정통성이 있더라도 국민의 지지를 받기 어렵다는 점을 말해 준다. 정통성은 민주주의의 필요 조건이지 충분 조건이 아니다. 거기에 효율성이 더해져야만이 민주주의의 충분 조건이 마련되었다고 할 수 있다.

정치에서의 효율성 문제는 제도보다 지도자 개인의 능력에 달려 있는 면이 많아 보인다. 그러나 사람들은 그 어느 체제에서보다 민주주의에서 정치적 효율성이 높을 수 있다고 암묵적으로 믿어 온 면이 과연 없을까? 사람들은 대중의 지혜를 활용할 수 있는 여건이 민주주의에 가장 잘 구비되어 있고, 따라서 효율성도 다른 어떤 체제보다 높을 수 있다고 믿는 것 같다. 제도화된 복수 정당제, 언론의 자유, 선거 및 국민 투표제 등이 그러한 믿음을 뒷받침해 주고 있다. 1인보다 소수, 소수보다 다수의 의사가 질적인 면에서 나을 수 있다는 개연성을 민주주의는 내포하고 있다. 유능한 지도자의 산출 가능성도 그 안에 포함되어 있다고 보아야 한다.

그런데 1997년 말에 외환 위기가 닥치면서 민주주의가 절차의 검색 장치에도 불구하고 반드시 유능한 통치력의 소유자를 판별 또는 산출해 내지 못한다는 인식을 사람들로 하여금 가지게 하였다. 이것은 한국 민주주의의 문제이자 세계적으로 보편화되는 민주주의 자체의 문제라고도 할 수 있을 것이다. 이 점에서는 민주주의의 제도적 형식성도 되돌아볼 여지가 있다. 예컨대 임기

제의 제한 등이 권력의 남용을 방지하는 기능은 할 수 있겠지만, 유능한 통치력의 강제 퇴출을 가져온다는 점에서는 반드시 선(善)이라고 할 수 없다.

중요한 것은 제도의 형식을 스스로 창출해 갈 수 있는 지도자의 양식(임기 제한이 없더라도 스스로 물러날 때를 알아 퇴임할 줄 아는 마음 자세)과 국민들의 정치 문화 수준에 있다고 본다. 국민의 이름으로 창출된 유능한 지도력에 임기 제한의 규제를 두지 않되 그 또한 국민의 이름으로 필요에 따라 새로운 지도력으로 대체할 수 있는 양식과 능력이 지도자와 국민 모두에 요구된다. 그렇게 되자면 국민은 현명해야 하고 지도자는 권력에 대한 탐욕을 버려야 할 것이다. 대통령 연임에 제한이 없으면서도 지도자의 교체에 별다른 문제가 발생하지 않고 있는 프랑스의 예는 그 점에서 많은 관심을 끌 만하다.

1990년대에 한국인들이 성취한 민간 정부의 탄생은 앞으로의 또 다른 과제, 즉 어떻게 하면 민주주의의 정통성과 효율성을 일치시킬 수 있겠느냐 하는 과제를 안겨 주었다고 해도 과언이 아니다. 그것은 이론만으로 되지 않는 국민 모두의 노력을 통해서만 이루어질 수 있는 실천적 과제라고 해야 할 것이다.

반공적 민족주의에서 민족적 반공주의로

국가보안법의 존속에서 볼 수 있는 반공주의의 사상 기조는 이 기간에도 여전히 기능을 발휘하고 있었다. 다수의 국민들이 이러한 사상 범주를 생활로 받아들이고 있었던 것이다. 1987년 이후부터 시작된 학생 운동권 출신을 비롯한 좌파의 선별적 정치권 영입은 계속되었다. 당연히 반공주의에 비판적일 수 있는 이들의 정치권 진입은 내적으로 반공에 균열이 가해질 여지를 만들어 가는 셈이었다. 이들이 정치 지배층에 편입됨으로써 조만간 좌파의 사상이 징벌의 대상물에서 벗어나 그 정당화를 주장할 발판을 마련할 것이기 때문이다.

한편 정부는 반공을 표방하면서도 기왕에 물꼬를 튼 남북 교류는 계속하였다. 이것은 7·7 선언의 정신을 이어 받는 것이지만 인도적 차원의 대북 경협과 민간 기업(대우)의 진출까지 시도하는 등 과거보다 그 범위가 확대되어 갔다. 북한이 잠수함을 침투시키는 등 적대 행위를 계속 하고 있는 가운데에서도 남북한 간의 교류가 지속되었던 것은 반공주의(남쪽) 내지 적화 통일 노선(북쪽)에도 불구하고 같은 민족으로서의 일체성을 어떻게든 실현해 보려는 의지 때문이라고 해야 할 것이다. 실현되지는 못했지만 1994년 7월에 남북 정상 회담을 가지기로 합의했던 것도 거기에서 비롯되었다.

반공적 민족주의 입장에서는 생각하기 어려웠던 일들이 점차 늘어갔다. 반공적 민족주의에서 민족적 반공주의로 점차 그 색채가 변해 가는 느낌을 주는 일이 아닐 수 없다. 반공적 민족주의 입장에서는 반공이 우선됨으로써 공산권 내지 북한과의 교류나 협상은 절대 허용될 수 없는 일이다. 그러나 민족적 반공주의 입장에서는 민족을 먼저 생각하는 바탕에서 반공을 추구한다. 반공을 하되 북한이 같은 민족이라는 사실을 인정하기 때문에 협상과 교류의 여지가 있는 것이다. 이 단계에서 반공적 민족주의에 익숙한 다수의 국민들은 정부에 의해 추진되는 민족적 반공주의에 다소 당황하거나 거부감을 느낄 수 있을 것이다. 그러나 급격한 변화가 없는 한 그들로서는 반공주의의 변화상을 시대 변화에 따라 수용할 수밖에 없다.

좌파의 경우는 물론 이와 다르다. 그들은 이른바 '기동전'의 개념으로 그동안 가두에서 시위를 벌여왔고, '진지전'의 개념을 빌려 자신들의 역량을 강화하는 활동을 해 왔다. 반공주의에 변화가 있다고 해도 그들이 추구하는 이념 목표에는 아직 미흡한 것이었다. 소련을 비롯한 동구 공산권의 몰락으로 그 기세가 꺾이기는 했으나 한국대학총학생회연합(약칭 한총련)이나 사회주의노동청년동맹(약칭 사노맹), 21세기 진보학생연합 등 좌파의 움직임은 그래서 이 시기에 여전히 존재하고 있었다. 낡은 사상의 족쇄를 벗어나지 못한 채 그들은 그람씨나 알튀세르의 사상에 갇혀 치열함을 무기로 반공주의에 도전하고 있었던 것이다.

정부가 반공에 입각해 이들을 처벌한 것은 민족적 반공주의가 현실에서 어떻게 구현되고 있느냐를 잘 보여 준다. 즉, 그것은 대북 관계에서는 민족의 입장을 주로 하여 가능한 범위에서 교류를 하면서도 대내적으로는 반공의 칼날을 멈추지 않는 양태를 보였다 할 것이다. 한총련을 국가보안법상의 이적 단체로 규정한 것이 그 한 예이다. 그러나 처벌을 위한 법 적용의 경우에도 그 강도는 종래보다 훨씬 완화된 모습을 띠었다.

예컨대 국가보안법의 제7조 제1항과 제3항에 규정된 "반국가 단체 찬양 고무 및 이적 단체 가입죄"에 대하여 검찰은 아주 엄격하게 제한적으로 적용하고 있다. 현실의 변화를 감안하여 지나친 단속을 자제하겠다는 의사 표시인 것이다. 문익환 등 밀입북으로 그동안 수감되어 있던 인사들에 대한 석방도 이루어졌다. 그리고 이동휘 등 공산 계열 독립 운동가들에게 훈장을 추서하고 대북 위주의 국방 개념을 대주변국 군사 대치로 바꾸는 조치도 내려졌다. 그동안 엄격했던 반공주의가 이제는 국가 차원에서 수정이 가해지게 된 것이다. 반공주의를 구현하는 주체로서의 국가가 민간 일부의 움직임을 수용하면서 사상 변화를 시도한 것으로 볼 수 있다.

외환 위기에 담긴 의미

부정과 부패를 이겨 낼 수 있도록 국민의 경제 문화 수준을 끌어올리는 것은 자본주의의 원활한 운영을 위해서는 매우 중요하다.

한국 자본주의의 현 주소

민간 정부의 탄생에서 오는 역사의 전환은 경제에서도 나타나기 시작했다. 국가 주도의 자본주의를 벗어나 민간 스스로 경제를 이끌어 가는 방향을 추구하게 된 것이다. "규제와 보호 대신에 자율과 경쟁을 보장"하고 "민간의 창의를 존중"하겠다는 정부의 발표는 그러한 방향을 뚜렷이 하는 것이었다.[10] 국민 경제의 규모가 커지고 기업의 활동 능력이 궤도에 오른 상태에서 이러한 방향 전환은 적절한 것으로 보인다. 경제 개발이 시작된 1960년대 초부터 사실 이러한 견해는 당연한 것으로 여겨져 왔다.[11] 다만 당시 민간 부문의 경제 능력으로는 감당하기 어렵다고 보아 정부가 국가권력을 매개로 전면에 나섰던 것이다.

그러나 오랫동안 국가 주도에 익숙해 온 경제가 민간의 자율성에 따라 스스로 움직이기에는 한계가 있었다. 1992~96년을 기간으로 한 경제 사회발전 5개년 계획의 이름에서 나타나듯이 이제 국가는 단순한 경제 개발을 넘어 사회 발전까지 끌어안기에 이르렀으나 그것은 쉽지 않았다. 정경 유착에 따른 경제적 비효율성, 단기 이익만을 추구하는 기업의 단견, 재벌의 경제력 집중과 독단적 지배 구조, 기업들의 과다한 부채, 부정부패 등 경제 사회의 문제점들은 발전에 장애가 되었다. 이 문제들 중에는 1980년대부터 개선이 논의된 것들도 있었으나 현실적으로 결실을 맺은 것은 없었다. 이러한 상태에서 정부는 의욕만을 앞세워 1996년 10월 경제협력개발기구(OECD)에 가입함으로써 경제의 선진화를 이루고자 하였다. 이에 따라 외환 수급의 국제화가 이루어지게 되었지만, 그것을 감당할만한 경제 사회적 의식이나 제도가 한국인들에게 갖추어져 있었다고는 보기 어렵다.

자본주의를 생활하는 사람들의 의식이나 또 그것을 운영해 가는 제도적 틀이 아직은 미성숙한 단계에 있었던 것이다. 인간의 의식을 지배하고 제도의 근간으로서 작용하는 것을 사상에서 찾는다면 이러한 사실은 물론 자본주의에 대한 한국인들의 사상적 낙후성을 말하는 것이 되겠다. 그리고 그 사상의 낙후성은 자신들을 이끌어 왔고 이끌고 있기도 한 역사적 요소(앞에서 언급한 정경 유착, 기업의 단기 이익 추구, 부정부패 등)에 대한 반성과 극복을 위한 노력이 약했던 데에서 찾을 수 있을 것이다. 1997년 말에 닥친 외환 위기와 그로 인한 IMF의 개입은 한국 자본주의의 사상적 낙후성이 가져온 재앙이라고 해야 한다. 이로 인해 1988년부터 특히 강조된 분배의 개선은 오히려 악화되고 경제의 자율성도 후퇴하는 양상을 보이게 된다.

민주주의와 마찬가지로 자본주의도 양식과 규칙을 지킬 줄 아는 정신이 요구된다. 그런데 한국 자본주의는 흔히 천민 자본주의라는 비평에서도 알 수 있듯이 그러한 정신이 상당히 약한 편이다. 물론 자본주의에서의 천민성은 우리에게만 유독 있는 것은 아니다. 다만 그 정도가 심하다는 의미에서 그러한 비판이 있겠거니와 이외에도 한국 자본주의에 대한 여러 인식은 대체로 부정적이다.

국가 자본주의나 국가독점 자본주의라는 인식은 자본주의가 운용되는 형태를 두고 만들어진 용어지만, 민간의 자율적 규칙을 함양하는 것과는 거리가 있을 수밖에 없던 점을 은연중 알려주는 바가 있다. 국가의 주도 혹은 국가와 독점자본의 제휴로 이루어지는 자본주의란 결국 관치성과 정경 유착이 불가피할 것이기 때문이다. 1990년대 들어 이러한 폐단을 없애겠다는 정치권의 의지가 있었던 것은 이미 앞에서 본 바이다. 정치의 사회 통제 기능이 강한 현실에서 의지대로만 되었다면 진전을 기대할 만하였지만, 결국 그것은 쉽사리 이루어질 수 있는 일이 아니었다. 예컨대 정경 유착에서 오는 비합리적 금융 배분을 관련 당사자 어느 쪽도 과감하게 탈피하는 모습을 보여 주지 못한 것이다.

다분히 대외 업적용의 느낌을 주는 OECD 가입을 실현한 것도 외환 위기의 한 요인으로 거론될 만큼 한국 자본주의에 부정적 작용을 한 바가 있었다. 좌파 학자들에 의해서 그토록 논급되어 온 한국 자본주의의 주변부 위치를 벗어나기 위해 OECD 가입이 시도되었는지는 모르겠으나 결과는 그처럼 부정적 작용을 낳기도 했던 것이다.

기업 자체의 경영도 문제였다. 경제력 집중이 진작부터 문제가 될 정도로 대기업의 문제점이 적지 않았음에도 기업 자신이나 국가 모두 이를 해결하는 데에 적극적인 자세를 보여 주지 못했다. 재벌의 제왕적 1인 지배 구조, '대마불사'(大馬不死)론에 근거한 문어발식 기업 확장, 분식 회계 등 문제는 한두 가지가 아니었다. 1997년의 외환 위기는 어디로 보나 예고된 재앙일 수밖에 없었다. 경제도 그것을 운영하는 인간의 정신, 그들의 사상적 주소와 따로 놀 수는 없는 것이었다.

발전의 계기로 삼을 수 있는 외환 위기

한국 자본주의를 두고 이제까지 세계 자본주의 체제, 즉 중심부-주변부라는 구도에 입각하여 그 위치를 규정한 경우가 꽤 있었다. 한국은 선진 자본주의를 중심으로 하는 세계 자본주의에서 주변부 자본주의에 해당된다는 것이 그 주장이다. 그러나 이러한 주장은 너무 정태적이고 단기적인 고찰이었다고 볼 수밖에 없다. 종속 이론에서 상정하는 중심부-주변부 자본주의 체제라는 것은 결코 고정적이거나 변경 불가능한 것이라고 할 수 없기 때문이다. 주변부로 불리던 자본주의도 발전하면 중심부로서의 역할을 하는 것이 상례이다.

1980년대 후반을 시작으로 해서 한국 기업들은 해외에 직접 투자를 활발히 해 왔고, 요즈음은 반도체나 생명공학 분야에서 세계의 중심적 위치에 올라 있다. 한때 저임금을 바탕으로 하던 섬유 산업 분야에서도 베트남, 중남미, 중국 등을 주변부로 두고 중심 기업으로서의 역할을 하고 있는 것이 사실이다. 또 얼마 전까지만 해도 사실상 주변부 자본주의로 볼 수밖에 없던 중국이 오늘날 세계의 중심적 경제 대국으로 부상하고 있음을 생각할 때 중심부-주변부 이론은 항구적 타당성을 가진 이론으로 볼 수 없다.

그렇더라도 사상적인 면에서 본다면 한국은 아직 세계의 중심적 자본주의 국가가 되기는 어려운 것으로 보인다. 모범적 자본주의 국가로 볼 수 없다는 말이다. 저발전 국가를 주변화시키는 자본과 기술의 우위만으로 중심부 자본주의를 말할 수는 없다고 본다. 중심부 자본주의는 생산, 분배, 소비에 걸쳐 의식과 행태 면에서 우위를 점하는 모범적 자본주의라야 한다.

결국 한 국가의 자본주의 체제는 그 나라의 정치, 경제, 사회, 문화 등 각 부문의 총체 능력에 따라 그 수준이 결정된다고 할 수 있다. 정치권력이 함부로 행사되고, 경제 논리가 무시되며, 사회 윤리가 미흡한데다가 1인 지배를 선호하는 문화 전통이 강한 한국 자본주의는 개선해야 할 과제가 적지 않은 셈이다. 이해 집단들 간의 대립보다 타협이 존중되는 문화가 함양될 필요도 있다. 1996년 12월에 국회를 통과한 노동법 개정에서 노사 모두 자신들의 이익만을 고집한 나머지 원만한 합의를 이루지 못한 것은 그러한 필요성을 절감케 하는 예이다.

이러한 조건하에서는 국가의 중립적 조정 기능이 무엇보다 중요해진다. 이 때의 노동법에서 정리 해고와 변형 근로제의 도입, 상급 단체의 복수 노조 및 교원 단결권의 허용, 파업시의 대체 근로 인정, 3자 개입 금지 규정 철폐를 이룬 것[12)]은 대체로 그에 부합되는 것으로 볼 수 있을 것이다. 이것을 두고 정부가 자본의 편을 든 것으로 보는 견해가 있으나[13)] 이는 전체의 내용을 보지 못한 데서 온 편견이라고 해야 한다. 1987년 이후 적대적 노사 관계가 국가의 입법과 중재를 통해 합의적 노사 관계로 정착되는 경향을 보이는 사실을 생각해야 한다. 국가와 자본가 계층도 노동자 계층을 일방적으로 규제하거나 억압할 수 없음을 인식하고 노사 간의 합의를 제도적으로 정착시키려 하게 된 것이다.

한국 자본주의의 문제를 해결하는 데에서는 규제 완화나 개방 또는 입법만이 능사가 아니다. 제도 운영의 당사자들에게 자율 능력이 총체적으로 존재하지 않는다면 말이다. 외환 위기 이후 한국이 적극적으로 편입될 수밖에 없던 세계 차원의 신자유주의 체제하에서는 자율 능력이 더욱 더 요청된다. 창의력도 뒷받침되어야 함은 물론이다. 민주주의에서 국민의 정치 문화 수준이 중요하듯이 자본주의에서도 그것을 생활하는 경제 문화의 수준이 중요하다. 금전의 힘이 어느 체제보다 강한 자본주의하에서 부정부패의 척결은 항상 유의하여야 할 대목이다. 외환 위기 이후 정경 유착이 줄어들고, 금융의 시장 기능이 활성화되며, 금권 선거의 풍토가 제도적으로 규제를 받고 있지만, 아직 그 잔재가 강하게 남아 있다는 사실은 누구나 인정할 수 있을 것이다. 아직도 실천을 통한 노력이 많이 요구된다는 말이다.

제도란 인간이 선천적으로 가지고 있는 규칙성을 개발하고 함양하는 데 그 의미가 있다. 실질성을 갖춘 제도의 생활을 통해 인간은 규칙의 유용함을 알게 되고 체득하게 되는 것이다. 규제 완화도 이러한 관점에서 행위자들의 규칙 준수 능력을 감안해서 이루어져야 할 것이다. 외환 위기가 정부의 금융 감독 기능이 미비한 데서 찾을 수 있다는 일부의 견해도 그래서 일리가 있다. 자율 기능이 미약한 행위자에게 규제 완화만을 추구하는 것은 바람직하지 않다. 사안(事案)이나 관련 부문에 따라서는 감독 기능이 오히려 강화되어야 할 필요도 있다고 본다. 그러나 장기적으로 보면 규칙성의 계발과 함양이 크게 이루어짐으로써 사회 어느 부문에서나 인위적 규제나 감독이 필요 없게 되는 것이 바람직한 것은 물론이다. 한 국가 사회가 추구하는 사상 수준도 그로 해서 커다란 진전을 이룰 수 있을 것으로 생각된다.

1997년 말에 닥친 외환 위기가 정치 · 경제 · 사회 측면에서 새로운 변화의 필요성을 제기하고 있는 것만은 분명하다. 그동안 개선을 필요로 하면서도 실현하지 못했던 문제점들이 여기에 함축되어 나타났다는 것을 함께 생각하면 그것의 과도기적 성격은 뚜렷해진다. 변화의 계기이자 그것의 필요성을 크게 인식시키게 되었다는 점에서 그것은 어쨌든 그 전후를 잇는 과도기의 성격을 나름대로 보여 주고 있는 것이다.

4...

탈기존 단계에서의 사상

진보라고 불리는 사상

좌파란 자유가 허용되는 어느 국가 사회에서나 있을 수 있는 진보 의식의 표출이라고 보아야 한다. 문제는 오히려 한국의 좌파가 진보의 실질성을 갖추고 있느냐이다.

1997년의 대선을 통해 좌파 성향의 정권이 탄생한 것은 사상 면에서도 한국에 여러 가지 변화를 예고하는 것이었다. 우선 반공주의에서 과거와는 다른 방향이 추구될 수 있음을 알려 주었다. 그에 따라 민족주의에 대한 자세에서도 종래와는 다른 양상이 나타날 수 있게 되었다. 이 두 가지의 흐름을 합쳐 요약해 말하자면 반공적 민족주의보다 민족적 반공주의가 더욱 강해질 것임을 말해준다.

이러한 점은 북한이 저들의 이데올로기에 입각해 사회주의적 민족주의를 고수하고 있는 것과 대조적이다. 그들은 언어, 혈통, 생활, 문화의 단일성에 기초한 민족의 공조를 내세우지만, 사실은 사회주의를 지지하는 세력만 민족으로 인정하고 있다. 이는 1950년대의 한국에서 반공적 민족주의를 내세우던 것과 다를 게 없는 편면적 민족주의관이다.

좌파는 남한 내에서라도 이러한 식의 민족주의관을 타파하고자 하는 입장을 가지게 된 것이다. '주의'에 매몰된 민족주의를 지양하여 궁극적으로는 혈연과 문화 공동체로서의 민족 동일성을 회복하려는 입장이라고 할 수 있는 것이다. 국가보안법의 폐지를 추진하는 데서 볼 수 있듯이 그들은 북한을 겨냥한 반공주의도 이러한 방향에서 생각한다. 통일되어야 할 같은 민족 집단으로 북한을 생각하면서 반공주의에 유연성을 부여하거나 궁극적으로는 국가보안법이 없어져야 한다는 입장인 것이다. 그러자 보수 입장에서는 민족적 반공주의로 요약될 수 있는 그들의 이러한 사상 토대를 대단히 위험한 친북한적 태도로 보게 된 것이다. 그러나 좌파의 입장에서는 국가 사회를 한 단계 진전시키는 역사의 과업을 자신들이 맡게 된 것으로 자임할 수 있을 것이다.

좌파는 대선을 통해 그 모습을 드러내기 전에 이미 한국 사회의 여러 부문에서 기반을 다져 왔다. 좌파의 인물들이 꾸준히 제도 정치권에 진입해 왔거니와 이외에도 학계와 출판계 등을 통해 좌파 이념의 보급에 힘써 왔다. 전망이 없어 보이던 사회 민주주의 정당(민주노동당)도 출현하게 된다. 그들은 공식 및 비공식의 각종 문화 또는 사회 단체, 그리고 언론 매체 등을 통해 활동을 벌여 왔고, 진보의 이름으로 이 사회에서 공개적으로 발언하기 시작하였다. 보수로 불리는 기존의 경직된 반공 세력이 부정부패로 얼룩지고 민주주의에 역행하려는 문제점을 비판하면서 그들의 대항 세력으로서 자신들의 기반을 다져온 것이다.

좌파라고 해도 사상의 내용에서 반드시 똑같지는 않다. 그러나 1980년대의 운동권 학생층을 중심으로 볼 때 그들은 이념 성향에서 마르크스주의를 따르는 면이 있고, 친북한적이거나 최소한 북한에 중립적인 입장을 취하고자 하는 면도 있다. 반면 한국 자본주의에 대하여서는 아주 비판적이어서 외세에 종속적이고 중심부인 선진 자본주의에 대한 주변부 자본주의로 규정하였다. 21세기에 들어서는 경제 민주화를 추구하는 입장에서 지방에 대한 관심을 높임으로써 그동안 구호에 그친 감이 있던 국토의 균형 발전에도 구체적으로 관심을 보인다. 기존의 건국 사상을 보완하고 부문에 따라서는 근본적으로 재정립하려는 시도를 하게 된 것으로 볼 수 있겠다.

그들의 이러한 사상 방향은 단일의 개념으로 요약해 말하거나 평가하기가 어렵다. 어느 부문에서는 진전된 면이 있고, 어느 면에서는 기존의 사상적 입장을 탈피하려는 면도 있다. 반면 낡은 사고에 얽매이고 사상적으로 퇴보하려는 면도 눈에 뜨인다. 그러나 확실한 것은 정치권력의 이동 여부와 상관없이 우리 사회에서 탈기존의 사상적 방향은 앞으로도 되돌리기가 어려울 것이라는 점이다. 가령 보수 정권이 집권하더라도 좌파가 추진한 정책 방향을 모조리 무시할 수는 없게 되었다. 다수결을 존중하는 선거를 통하여 국민의 요구로서 사상 변화가 이루어진 셈이고 여러 정책도 그에 바탕을 두고 나온 것이기 때문이다. 국민들은 도구로서의 기존 사상에 어떤 변화를 추구했던 것으로 볼 수 있다.

좌파는 자신들을 민주화 세력이라고 부른다. 세간에서도 민주화에 대한 그들의 공헌을 인정하고 어느 정도는 이를 수용하는 입장이다. 그러나 그들의 목표는 민주화에만 있지 않았다. 이미 언급한 바와 같이 그들 중 일부는 극단적인 이념에 따라 사회주의 사회를 건설하는 데 목표를 두어 왔다. 공산권의 몰락과 북한의 실상이 알려지면서 그들의 목표는 상당히 현실성을 잃어 가고 있지만, 그들이 토대로 삼고 있는 좌파 이념의 기반마저 사라진 것은 아니다.

그들이 권력의 자리로 나갈 수 있게 된 것은 좌파에 동조하는 이른바 진보 세력이 한국 사회에 상당히 많아진 것을 의미한다. 한국일보가 2002년 12월 24일자로 보도한 여론 조사 결과에 의하면 조사 대상자 1천 명 중에서 자신의 이념을 진보 성향으로 분류한 사람이 27.0%로 보수 34.7%와 크게 차이가 나지 않는다. 이것은 반공 일변도의 보수적 흐름에 상당한 변화가 일고 있음을 보여 준다. 현실에서도 이들 세력은 정치·노동·시민 운동 분야에서 만만치 않은 역할을 하고 있다.

1993년에 탄생한 '문민 정부'가 민간 정부로의 복귀라는 정치적 전환이라는 상징성을 가졌다면 1998년부터 그 흐름이 본격화된 좌파 정부의 등장은 사상 면에서 커다란 변화를 가져왔다는 데 의미가 있다. 그러나 처음부터 급격한 변화를 몰고 온 것은 아니었다. 정치적으로 볼 때 좌파 시대를 연 김대중의 경우는 오랫동안 보수 정치의 틀에서 활동해 왔던 만큼 과격한 좌파 노선을 걷는 데는 한계가 있었다. 김대중의 국민의 정부는 상해 임시 정부의 법통을 계승한 유일한 합법 정부라고 하였으나, 앞의 정권들과 다를 바 없이 기존의 정치 관행을 답습해 갔다. 그의 정부를 온건한 범주로 보는 일부 견해가 있는 것은 이러한 그들의 정치 행태 때문일 수 있다. 경제적 신자유주의와 사회민주적 복지 정책을 적절히 취합하고 있다고 보아 그렇게 규정하는 것이겠지만,[1)] 북한에 취하는 자세를 두고 볼 때는 좌파 성향이 강한 것으로 인정된다. 이유야 어찌 되었든 김대중이 젊은 시절에 좌익 정당에 가입했던 사실도 우연만은 아닐 것이다.

그러나 김대중을 앞에서 언급한 좌파의 여러 특성에 그대로 맞는 인물로 보기는 어렵다. 대북한 관계에서 좌파 성향을 강하게 보였더라도 김대중은 보수적인 면모를 보여 왔다. 그가 맥아더를 원수로 규정한 강정구의 친공·친북한적 발언을 부정적으로 평가한 사실은 그것을 뒷받침한다. 다만 1987년의 대선에서 그가 좌경 학생 단체인 전대협의 지지를 받았고, 운동권 출신들의 정치권 영입에 적극적이었으며, 집권 후 대북한 자세에서도 아주 전향적이었다는 점에서 그는 좌파로 분류될 수 있다.

김대중은 기존의 반공 사상에 묶여 있을 수 없다는 역사 인식을 지니고 있었다. 이는 '햇볕 정책'으로 일컬어지는 적극적인 대북한 정책으로 드러났다. 그로 인해서 국가보안법으로 표징되는 기존의 반공주의는 심각한 타격을 받게 된다. 그 결과 보수주의의 사상적 주도권은 현실에서도 약화되기에 이른다. 그를 추종하는 좌파 이론가들도 여기에 한 몫을 하였다고 볼 수 있다. 그러나 그들은 보수층의 사상을 '수구 반동'이라는 다분히 운동권적 조어(造語)로 격하시킴으로써, 자신들의 지적 입지가 오히려 진보적이지 못함을 간접적으로 고백하고 말았다. 이는 계속적인 사상의 진전을 바라는 국민의 요구나 역사의 뜻과 어긋나는 것이 아닐 수 없다.

지금, 우리 사회의 사상 지도(地圖)

좌우파란 사상 면에서의 진보 여부를 두고 나누는 편의상의 이름에 지나지 않는다. 양자의 대립은 그래서 그들을 모두 포괄하는 삶의 세계에서 본다면 부질없는 일일 수도 있다. 삶의 긍정적 측면을 살리는 방향에서 본다면 서로 타협할 길이 결코 없지 않다. 그런데도 현실에서 타협이 이루어지지 않는 것은 서로 자기가 생각하는 상대방의 상(像)에 사로잡힌 인식을 하기 때문이다.

권력을 획득한 좌파

국민된 입장에서는 국가의 체제 이념으로서의 사상을 벗어나서 살기 어렵다. 기존의 사상들은 관성화됨으로써 소속원들로 하여금 탈기존의 사상에 거부감을 가지도록 만들기도 한다. 그래서 어떤 정권이 국가의 이념에 변화를 주고자 할 때에는 갈등과 대립이 생겨날 수 있다. 당연히 비판도 많아지겠거니와 그것은 탈기존의 사상적 문제점을 한층 선명하게 드러낼 수 있다는 점에서 바람직하다고 볼 수 있다. 필자는 이러한 입장에서 좌파가 추구하는 사상 노선에 대하여 서술해 보고자 한다.

좌파가 시도하는 사상 변화는 민주주의에 대한 원론적 이해로부터 출발한다. 좌익수들을 양심범으로 부르며 관대한 조치를 취하게 된 것에서도 볼 수 있다. 국가보안법의 폐지를 끈질기게 기도하는 태도에서도 그것을 읽을 수 있다. 모두가 헌법상 양심과 사상의 자유를 존중한다는 의미에서 비롯된 것이겠지만, 현실에서 드러나고 있는 북한의 남한에 대한 태도로 보자면 이는 이상주의에 가까운 자세로 비판받을 여지가 있다. 사상과 양심의 자유를 절대적 자유로 헌법에 규정하고 있는 일부 유럽 국가의 수준[2)]을 우리 현실에 그대로 구현하기에는 국민적 동의가 쉽사리 따르기 어려운 면이 있는 것이다.

기존의 반공주의를 넘어 과감하게 대북한 관계를 변형시킨 결과는 국민들에게 실망을 안겨 준 점이 적지 않은 것으로 판단된다. 보수층의 지적이 아니더라도 북한 주민들의 인권 개선이나 강제로 북에 억류되어 있는 남한 사람들의 상태도 전혀 개선해 주지 못하였다. 인권을 강조하여 그것을 전담하는 위원회까지 두면서도 무조건 북한을 자극하지 않고자 함으로써 결과는 이토록 실망스럽게 된 것이다. 이제는 북한 정부의 핵 위협 앞에 남한 국민 전체가 생명까지 걱정해야 하는 지경에까지 이르렀으니 정부의 대북한 정책은 상당한 비판을 면하기 어렵게 되었다.

민족사의 입장에서 정통성을 가질 수 있는 남한이 사상 면에서 오히려 동요하고 있는 사실도 문제로 지적될 수 있을 것이다. 북한에서의 사상 변화를 유도하기에 앞서 이쪽에서의 갈등과 대립만 초래한 면이 있어 보인다. 체제 비교로 볼 때 결국 우월한 체제임을 확신할 수 있는 남한이 북에 대하여 당당하지 못하고 저자세를 보인 것도 국민들의 불만을 사고 말았다.

국민의 의사를 묻지 않은 채 진행된 밀실의 대북 접근은 반공주의 못지않게 민주주의의 정신도 배반하는 것으로 인식될 수 있을 것이다. 통치 행위의 이름만으로는 그에 대한 국민적 동의를 얻기도 쉬운 일이 아니라고 본다. 북한에 동조하는 일부 세력이나 사상범을 관대하게 취급하는 정책 노선도 상호주의 입장에서 조절할 필요가 있다고 본다. 악한 자에게는 한없는 포용만이 능사가 아닐 것이다.

좌파가 등장함으로써 반공주의는 커다란 동요를 겪고 있다. 민주주의와 자본주의, 그리고 민족주의까지도 강하게 지탱하면서 그 방향을 정립하는 데 큰 역할을 한 체제 이념의 한 축이 흔들리고 있는 셈이다. 이것이 탈기존의 사상을 추구하는 과정에서 겪어야 할 홍역일 수 있더라도 국민의 공감대를 형성하면서 속도를 조절해 갈 필요성이 있어 보인다.

좌파라는 것은 북한 공산주의와 대치해 온 한국의 특수성에 비추어볼 때 불이익을 입기 쉬운 위치에 있다. 그리고 그들이 보수층의 누적된 비리와 사회적 부조리에 대하여 비판의 안목을 보여 주었던 점은 인정되어야 한다. 좌파를 죄악시하거나 근시안적 입장에서 비판하는 데에만 몰두해서도 안 될 것이다. 좌파란 자유가 허용되는 어느 국가 사회에서나 있을 수 있는 진보 의식의 표출이라고 보아야 한다. 문제는 오히려 한국의 좌파가 진보의 실질성을 갖추고 있느냐이다.

이제 그들은 집권을 함으로써 자신들의 생각을 현실화할 수 있는 계기를 마련하였고, 비판하던 위치에서 비판을 받는 자리에 서게 되었다. 그들은 어떤 비판과 평가를 받고 있는가? 반공주의의 약화와 민주주의가 기대에 미치지 못하는 점은 그들에 대한 비판의 주를 이루고 있다. 불법 도청, 편향된 언론 정책, 비현실적인 인권 해석 등이 적지 않은 비판과 논란을 불러일으키고 있는 것이다.

외환 위기를 수습하였다고는 하나 이른바 신자유주의에 바탕을 둔 대규모의 기업 구조 조정으로 인한 일자리의 상실은 경제・사회적 문제를 낳고 있는 게 사실이다. 빈부의 양극화 역시 문제로 제기되고 있다. 고용 창출이 복지의 가장 큰 내용일 수 있다면 그들이 특히 강조하는 복지 부문에서 별다른 성과를 올리지 못하고 있는 셈이다. 공직자 수를 늘리거나 노인 일자리 마련 등의 노력도 보였지만 안정된 고용 구조를 만드는 데까지는 아직 갈 길이 멀다고 보아야 한다.

더구나 일부 경제학자들의 연구 결과에서 나타나듯이 많은 고용을 창출할 수 있는 제조업의 비중이 국제 분업화 등의 이유로 감소하는 추세에 있다.[3] 이른바 탈공업화 현상이 한국에서 진행되고 있다는 얘기인데, 그렇다면 비제조업 분야인 서비스업 등에서 정부가 안정된 고용 대책을 마련하도록 힘써야 할 것이다. 현대 사회에서는 기술, 두뇌, 지식 등이 화폐 자본 못지않거나 오히려 그 이상의 힘을 발휘할 수 있는 또 다른 자본 내지 생산 수단으로서 자리 잡고 있다. 그러므로 자본가-노동자로 대립해 보는 마르크스주의적인 공업 사회 위주의 산업관에서 벗어나, 이들 신종 자본 내지 생산 수단의 육성을 통해 개인과 국가 사회가 함께 발전하는 길을 모색해야 할 것이다. 또 늘어나는 노령 인구에 대해서도 그들의 축적된 경험을 자본화하여 사회에서의 활용도를 높이는 방안을 정부는 꾸준히 개발할 필요가 있다. 물론 민간 차원에서 이를 위한 각 개인의 노력도 함께 요구되는 것은 당연하다.

좌파 정부를 지지하는 이른바 진보 학자들은 재벌 정책이 후퇴하고 있다는 등 급진적 개혁을 요구하고 있다. 그러나 학자들이 현실의 개혁에 얼마나 책임 있는 역할을 하고 있는지는 의문이다. 이제 진보 학자들은 자신의 뜻에 맞는 좌파 정권의 사상적 진로에 대하여 유용한 조언을 함으로써 한국사의 앞날을 밝히는 역할을 떠안아야 한다. 정부에 반론을 펴는 보수층에 대하여서도 이론을 통해 설득력을 발휘할 필요도 있다.

그럼에도 불구하고 그들은 아직도 과거의 보수 정권이 한 일에 대한 비판에만 열중하고 있는 느낌이다. 1960년대 어려운 남북 분단의 상황에서 경제를 살리고자 한 데서 나온 '일면 국방, 일면 건설'의 구호는 군사주의 담론으로 매도되어 왔다. 그리고 1970년대의 새마을 운동은 "농민층의 정치적 지지를 얻고자" 한 것이고, 그에 따른 새마을 교육은 "정권의 위기와 경제 위기를 모면하기 위해서" 개발된 민족주의, 국가주의, 군사주의 요소가 혼합된 "국가 장치"로 거론되어 왔다.[4] 과거의 보수 정권을 비판하는 입장에서는 기분 좋은 말이겠으나 거기에 실증적 근거는 보이지 않는다. 이는 자신의 인식 태도를 되돌아봄 없이 대상을 감정적으로 가혹하게 봄으로써 비판의 올바른 자세를 결하고 있다고 보아야 한다. 새마을 운동이나 새마을 교육이 위에서 말한 대로라면 그것을 긍정적으로 평가하고 배우려는 적지 않은 수의 다른 나라들이 있는 것은 무엇으로 설명해야 하는가? 그들도 새마을 운동을 배워 정치적으로 이용하려는 것이라고 볼 수 있을까? 분명 그렇지는 않을 것이다.

개혁의 이름으로 정부가 많은 일을 추진하고 있으나 국민의 동의를 얻는 데는 성공하지 못하고 있는 것으로 보인다. 신문법, 과거사법, 사학법 등 어느 것에 대하여서도 이의와 반론이 적지 않았다. 이것은 이들 법의 내용이나 성립 절차에 문제가 있을 수 있음을 의미한다. 그런데도 실천 과정에서 제기되는 여러 반론을 정부가 무시해 버리거나 미진하게 대하는 것을 민주적인 태도라고 할 수 있을 것인가? 민주주의의 실질적 수준을 높여야 할 시대의 요구를 생각한다면 이는 퇴보의 길을 가고 있다 해도 무리가 아닐 것이다.

좌파가 만들어 가는 자본주의의 실상

좌파들은 당연히 친노동적인 입장이었으나 집권 이후에는 그대로 관철시키지 못하고 있다. 김대중이나 노무현 정부가 근로자들의 우호적 반응을 얻지 못하고 있는 사실에서 우선 알 수 있다. 노사정 위원회가 출범하여 국가의 친자본적 입장이 바뀔 것으로 기대되었으나 노동계의 반응은 냉담한 편이다. 이것은 물론 정부가 노동계의 기대를 충족시키지 못하기 때문이거니와 자본가측의 주장도 제대로 통제할 수 없었다는 얘기도 된다. 대립 관계일 수밖에 없는 노동계와 자본측의 이해 조정에 정부가 효율성을 발휘하지 못하고 있다는 얘기인 것이다. 김대중 정부에서 보여 준 재벌 지배 구조 개혁의 후퇴나 주5일제 근무 등이 자본측의 반대로 당초의 방침에서 후퇴한 내용으로 타결된 것에서 확인해 볼 수 있다.

정부와 자본가, 노동계가 대등한 입장에서 문제를 해결하는 방식, 그러니까 일부 학자들이 그처럼 주장하던 민주적 조합주의(democratic corporatism, 이를 협동체주의로 부르는 학자도 있다[5)])가 한국 자본주의에서는 그다지 성과를 거두지 못하고 있다. 양보와 타협에 인색한 문화 전통이 장애로 작용하고 있는 것으로 보인다. 제도도 중요하지만 그것을 움직이는 의식이 그에 따르지 못하면 제도 역시 그에 걸맞은 성과를 거두기 어렵다는 점을 알 수 있다. 이는 정부와 민간 모두가 노사 관계에서 생산적인 타협을 이끌어내지 못하는 의식의 한계를 보이고 있다고 해도 과언이 아닐 것이다. 한국 자본주의가 한걸음 내딛기 위한 실천 노력이 아직은 미약하다고 평가할 수 있겠다.

이제는 정부가 과거처럼 국가의 발전이나 경제 성장을 위해 근로자들을 억압하거나 또한 국가의 방침대로 자본가들을 일방적으로 통제할 수는 없게 되었다. 2005년에 문제가 되었던 삼성그룹의 지배 구조와 관련된 사안에서 여론의 비판을 받은 정부의 태도로서 알 수 있다. 정부는 금융산업구조개선법(금산법)의 개정에서 재벌 금융사의 계열사 지분을 5%로 제한하면서도 삼성그룹에 대하여서는 이를 그대로 적용하지 않는 예외 조치를 취했는데 이것이 문제였다. 이는 재벌 개혁을 끈질기게 요구해 온 일부 시민 단체들의 공세와 맞물려 여론의 많은 비판을 받았다. 그러한 비판은 금산법의 입법 취지에 비추어볼 때 도덕적인 면에서는 분명 옳다. 그러나 경제의 세계화와 이에 따른 국민 경제 차원에서 기업이 가지는 경영상의 안정성 문제 등을 고려하면 판단은 그렇게 간단하지 않다. 이러한 고려가 기업의 왜곡된 의사를 대변하는 문제를 안고 있다 하더라도 분명한 것은 그러한 생각 역시 전혀 외면할 것은 아니라는 점이다. 이 논란은 국가가 일방적인 논리로 자본가들을 통제할 수 없다는 예증이 될 수 있다.

문제는 노동계라고 없는 것도 아니다. 이 때까지 노동계는 그 방면의 이론가들이 앞장서서 친노동의 이론을 펼침으로써 득을 보아 온 면이 있다. 이들 이론가들은 국가나 자본가를 노동 계급을 탄압하는 주체로 보면서 노동계를 엄호하는 데 앞장서 왔다. 그 바탕에는 약한 세력으로서의 노동 계급, 억압과 착취를 당하는 노동 계급이라는 인식이 강하게 깔려 있었다. 그러나 노조 간부들이 불법적으로 근로자들의 취업에 관여하고 뇌물을 받는 등의 행태는 노동계에 대한 기존의 우호적 시선을 돌려놓기에 충분했다. 부조리와 불법은 자본 계급뿐만 아니라 노동 계급 쪽에도 있다는 사실이 명백해진 것이다. 이에 따라 일방적으로 친노동적인 이론이 발붙일 여지는 많이 줄어들게 되었다.

정부가 추진하는 노사 관계의 개선 내용도 이러한 추세를 반영하고 있다. 노조 전임자에 대한 임금 지급 금지, 1기업 복수 노조, 그리고 병원과 전기, 수도, 가스, 철도, 석유, 한국은행 및 국민 · 건강보험 등 필수 공익사업에 대한 파업 제한 내지 필수 업무 유지 의무, 대체 근로의 허용 범위 확대, 긴급 조정건의 발동 요건과 기간의 연장은 어느 것이나 노동계로서는 유리한 것이라고 할 수 없다. 정부로서는 좌파 성향을 떠나 중도 입장을 보이고 있는 셈인데, 이는 결과적으로 자본가측에는 대체로 유리한 내용이라고 할 수 있을 것이다.

그런데 위의 내용에서 특히 관심을 끄는 것은 필수 공익사업이라고 하여 그 범주에 드는 업체 종사자들에게는 노동권의 제한을 가하고 있는 점이다. 친노동 입장을 이론과 실천 면에서 강조해 온 좌파로서는 자기수정적인 면이 아닐 수 없다. 1970, 80년대를 통해 민주화 운동을 해 오면서 그들은 노동권에 대한 제한을 언제나 공격해 왔다. 가령 유신 헌법(제29조)과 제5공화국 헌법(제31조)에서는 공무원과 공익사업체 등 국민 경제에 중대한 영향을 미칠 수 있는 사업체의 종사자에게는 단체 행동권을 제한하거나 아예 인정하지 않았는데, 이에 대해 좌파는 아주 비판적이었다. 노동권의 제한은 민중의 생존권에 제약을 가하는 것으로 생각하였기 때문이다.

그래서 1987년에 개정된 현행 헌법(제33조)에서는 좌파의 뜻이 반영되어 노동권의 제한 대상을 공무원 및 주요 방위 산업체의 종사자로 대폭 축소하였다. 그런데 참여 정부는 오히려 노동권의 제한 대상을 확대하고 있는 셈인데(이에 대하여서는 현행 헌법에 비추어볼 때 위헌이라는 주장도 제기될 가능성이 없지 않다) 이는 과연 무엇을 의미하는가? 그들이 좌파 이론에만 머물지 않고 이제는 노동 문제에서 책임 있는 방향을 취하고 있다는 의미가 아닐까? 이것은 좌파의 친노동적 입장이 중도 입장으로 선회하는 모습을 보여 주는 것으로 한국 자본주의가 노사 관계에서 중도 노선을 지향하게 된 것으로 해석된다. 그것이 좌우의 대립 과정을 거친 실천 차원의 결론이라면, 이는 하나의 진전으로 평가해도 좋을 것이다. 그러나 위에서 말한 노사 관계의 개선 내용은 노동계의 요구로 3년간 실시가 유보되는 등 과감하게 추진되지 못하고 있다. 이는 한국 자본주의에 변화를 주려는 좌파 정부의 중도적 의지가 아직은 현실과 타협할 수밖에 없음을 말해 준다.

분배의 면에서 정부는 기초생활보장법을 제정하는 등 정책에서 전보다 적극적인 노력을 보여 주고 있다. 극빈층에 대한 현금 지급이나 은행 채무 조정, 건강 보험료 탕감 등을 실시하고 있다. 다만 이 같은 미시적인 재분배와 더불어 일자리 제공 등을 통한 거시적 차원에서의 정책이 필요한데, 이 부문에서는 국민의 공감을 얻을 만한 성과를 아직 내지 못하고 있는 것으로 보인다. 그 원인은 여러 가지로 분석될 수 있겠지만 경제에서 도덕성이 강조되는 시대의 요구를 정부가 상당 부분 수용하면서 기업의 투자 의욕이 활성화되지 못한 것도 한 요인으로 생각된다. 말하자면 기존의 경제 관행과 행태를 바로잡으려는 정부의 개혁적 시도가 무시할 수 없는 요인으로 작용하고 있는 것이다. 그러한 개혁의 시도에는 친좌파적인 일부 시민 단체들도 가세하고 있어서 정부와 민간 부문의 일부가 합동으로 한국 자본주의의 보완적 발전에 공동으로 참여하고 있다는 느낌을 준다. 장기적으로 볼 때 그 취지는 긍정적으로 작용할 수 있으리라고 생각된다. 문제는 현실에서의 부작용도 최소화할 줄 아는 현명함이 필요하며, 이를 위해서는 이념의 과잉을 자제할 줄도 알아야 한다. 다시 말하여 실용성을 살릴 줄 아는 현명한 이념의 구현이 필요하다는 것이다.

현존하는 자본주의와 민주주의의 체제성을 부정하지 않는 바탕 위에서 한국의 좌파는 정치권의 실체로서 존재하고 있다. 혁명적 좌파라면 이 사회는 그들의 존재를 용납하지 않을 것이고 집권에 성공할 수도 없었을 것이다. 그렇더라도 그들이 기존의 민주주의와 자본주의를 그대로 고수하는 태도를 보인다면 좌파로서의 존재 가치는 없을 것이다. 그렇다면 그들은 다수가 공감하는 새로운 생산적 결과물을 내놓을 수 있어야 하는데 현실에서의 평가는 별로 그렇지 못한 듯싶다. 빈부의 양극화가 심화되면서 중산층이 몰락하고 있는 현상은 민주주의에 대한 낙관적 전망마저 약화시키고 있다. '국민의 정부'와 '참여 정부'에 들어서 경제 성장률과 개인 저축률, 설비 투자율이 모두 과거 정권에 비하여 감소하고 있는 것은 유의할 점으로 지적되고 있다.[6)]

외환 위기 이후 기업의 재무 구조가 개선되고 방만한 경영에 정비가 이루어지기도 했으나, 정상적인 기업 운영과는 아직도 거리가 있어 보이는 면이 있다. 기업 비자금의 존재는 바로 그 같은 점을 보여 주는 일례이다. 경영 외적인 일에 기업이 아직도 신경을 쓰지 않을 수 없다는 사실을 보여 준다. 시장 원리로만 작동되지 않는 한국 자본주의의 한 단면을 보여 주는 것이기도 하다. 아직도 유지되고 있는 제왕적 재벌 기업 구조와 그에 따른 독단적 경영에서 오는 위험성, 실질 기능 면에서 미흡한 사외 이사제, 삼성 그룹의 예에서 볼 수 있듯이 축소되었던 계열사의 재(再)증가(외환 위기 후인 1999년에 44개로 줄었으나, 2005년 4월 현재 62개로 증가했다)[7]에서 나타나는 방만함과 경제력 집중, 정치적 배려에 의한 공기업의 장 임명과 그에 따른 비효율 경영 등 문제는 그 외에도 많다. 자신들의 이익 챙기기에는 목소리를 한껏 높이면서 뒤로는 부조리를 일삼는 일부 대기업 노조의 행태도 문제이기는 마찬가지이다. 자본주의의 문제점을 개선해 가는 데 한 몫을 해야 할 중요한 실천 주체들에 이토록 문제점이 있는 것이다.

자본주의는 개인의 경제 역량을 충분히 발휘하도록 함으로써 공동체가 잘 살 수 있다는 믿음을 전제로 한다. 이 경우 개인의 경제 역량은 시장의 규범을 준수하면서 경쟁력을 통해 나타나는 것이어야 한다. 규범이 무시되어서도 안 되고 경쟁력이 저하되도록 해서도 안 될 것이다. 결국 자본주의는 이 양자가 조화를 이루는 바탕에서 경제가 운영되는 것을 목표로 할 수밖에 없다. 그러므로 경제 주체로서의 각 개인과 기업이 어떻게 이러한 방향으로 가도록 할 것이냐 하는 문제가 중요하다. 한국 자본주의는 이 점에서 아직도 해결해야 할 과제가 많다고 할 수 있다. 국가 및 세계 차원에서 그러한 과제들이 정부 주도로 해결의 길을 찾아야 할 것이다. 그렇더라도 근본은 경제 활동에 대한 각 주체의 의욕과 그 의욕을 저해하지 않는 환경이 무시되어서는 안 된다는 점이다.

깊이 모색하는 민족주의라야 한다

오늘날 일부 학자들은 거의 한목소리로 한국 자본주의가 추구해 온 성장 정책에 대하여 성장 이데올로기니 발전주의니 하며 부정적으로 보기에 여념이 없다.

그들에 의하면 성장 이데올로기는 정치적 억압을 조성 내지 심화하고 노동자들의 삶에 대한 권리를 부정함으로써 인간 관계에서 소외를 초래한 것과 함께 개발에 치중함으로써 자연의 관계에서도 소외를 낳았다고 본다.[8] 이 말이 전혀 근거 없거나 틀린 말이라고 할 수는 없다.

그러나 성장 이데올로기는 발전을 지향하는 어떤 나라에서나 보편적 동의를 얻을 수 있는 이념인 것도 사실이다. 경제가 가장 큰 관심사가 되고 있는 현대 국가의 성격에 비추어 보더라도 성장 이데올로기는 여전히 의미를 가지는 위치에 있다. 한국에서는 국가 사회 구성원들의 적극적인 동참에 의해 성장이 추진되어 온 것도 사실이다. 한국의 시민 사회, 문화, 그리고 정치에 대한 국민들의 비판 수준이 높아진 것도 성장 이데올로기와 무관하다고 볼 수 없을 것이다. 성장 이데올로기는 문제점도 낳았지만, 그로 인해서 국민의 질적 수준이 높아진 사실도 부인할 수 없다. 이렇게 볼 때 성장 이데올로기는 그 단점을 보완하면서 계속 추구해야 할 이념이자 가꾸어 가야 할 생활의 엔진이라고 할 수 있다. 누구나 하는 말이지만 좌파가 그토록 관심을 가지는 분배의 효율적 해결을 위해서도 성장 이데올로기는 그대로 유지되어야 한다.

좌파가 언어, 혈연, 문화 공동체로서의 민족주의에 입각하여 북한을 동족으로 생각하며 과거에 비해 우호적인 접근을 시도한 것은 익히 알 수 있는 바이다. 제17대 총선에서 다수의 좌파 인물들이 국민의 심판을 거쳐 권력 집단의 일원으로 등장한 것은 그들의 입장에 자신감을 줄 수 있었겠으나 현실의 상황은 반드시 그렇지도 않았다. 무엇보다 국가보안법의 폐지를 통한 반공주의의 폐기가 여론의 반대에 부딪혀 실현되지 못하고 있는 것으로도 알 수 있다. 반공주의를 완전히 넘어설 만큼 북한을 동일 민족으로 받아들이고자 하는 탈이데올로기적 민족주의는 북한의 실체가 변하지 않는 한 아직 시기상조라는 말이 된다.

남한에 대립적이고 자기 우월성을 고집하며 무력에 의한 통일을 추구하는 북한의 사상적 교조성이 극복되지 않는 한 탈이데올로기적 민족주의는 의미가 없다는 말이다. 북한도 진심으로는 수용하지 않는 그러한 민족주의는 통일을 위한 과도적 전술 차원에서 오히려 북에 이용될 가능성만 있다. 사상의 진로를 이상주의만으로 설정하는 것은 위험하고 무모한 일이기도 하다. 사상은 그 사용 여부에 따라 그것을 생활하는 개인이나 집단에 엄청난 결과를 가져올 수 있는 것일진대 기존 사상 노선에서의 탈피는 진지한 숙고가 전제되어야 할 것이다.

길게 보면 남북한의 관계는 반공주의나 동일 민족이라는 차원에서만 생각할 수 있는 것이 아니다. 사상을 넘어 남북한이 그동안 정착시켜 온 체제의 성격과 수준을 가지고 민족사의 정통이 어디로 가야 하는가를 이제는 생각할 때이다. 많은 문제를 가졌음에도 불구하고 자유를 존중하며 경제적 부를 이루어 낸 남쪽의 체제를 택할 것이냐, 폐쇄와 억압된 상태에서 극도의 경제적 낙후성을 보이고 있는 북쪽의 체제를 택할 것이냐? 앞으로의 관심사는 이러한 선택적 물음에 어떠한 답변을 할 것인가에 두어져야 한다. 그렇다면 선택은 너무나 자명하지 않은가? 이제는 반공주의라는 이름만으로 북한을 반대해야 할 이유가 있는 것은 아니다. 북한이 문명국으로서의 사상 수준을 거부하고 남한에 대하여 적대적 태도를 포기하지 않는 한 반북한의 근본 입장은 한국사의 현재와 미래를 위해서도 정당성을 가진다.

혹자는 "남(쪽)의 권력자와 자산가, 식자층의 자질을 보더라도 통일이란 쉽게 꺼낼 말이"[9] 못되는 것으로 남한의 지배층을 평가절하한다. 그러나 이 경우도 북한에 비하면 그래도 선택의 우위성을 가진 것으로 보아야 한다. 아주 단적인 예로 자유를 억압하되 밥은 먹여 준 박정희에 비해 자유도 밥도 주지 못한 김일성을 비교할 수는 없지 않은가? 또 어떠한 비판의 자유도 광범하게 보장되고 있는 남한이 그렇지 못한 북한에 비하여 비교 선택에서 선차성이 있음을 누가 부인할 수 있겠는가? 남한의 지배층에 대한 비난의 강도를 북한에 대해서도 그대로 할 수 있어야 학문적 형평성을 가진다고 할 수 있을 것이다. 그렇게 할 수 있어야 학문에서의 진전도 기대할 수 있는 것은 물론이다. 그리고 정부도 사상적인 면에서의 진전을 추구하는 것은 좋으나 만일 편향된 학문적 입장을 그대로 정책에 수용하려고 한다면 문제일 것이다.

민주주의를 잘 한다는 것은

남한이 정통성을 가져야 할 근거는 체제의 성과에서만이 아니라 이념의 유연성에서 더욱 두드러지게 발견된다. 자본주의를 반대하고 국가보안법의 폐지와 미군 철수를 주장하는 등 북한의 주장과 상당히 일치하는 진보정당(민주노동당)이 존재하는 현실은 한국이 사상 면에서 자유를 대폭 확대해 가고 있음을 보여준다. 폭력혁명과 의회주의를 부정하지 않는 한 공산주의 사상도 활동할 여지가 있다고 할 수 있다. 한국의 반공주의는 이제 그 정도로까지 자신의 외연을 넓히고 있는 것이다. 바로 이러한 자유의 성장이야말로 남한이 북한보다 민족사에서의 정통성을 가져야 할 가장 큰 이유일 것이다.

일부에서는 사상의 절대적 자유를 허용함으로써 주체 사상 등도 공공연히 신봉할 수 있도록 하는 조치를 지지한다. 국민의 의무 중 하나인 병역에 대하여서도 국가 안보에 대한 고정된 관념을 혐오한 나머지 징병 거부의 자유까지 지지하는 태도를 보이고 있다.[10] 이 모두가 수긍할 면이 없지 않으나 어떤 사상도 민주적 논의와 절차를 수용한다는 원칙이 전제되어야 한다. 그렇지 않을 경우 사상의 제한적 허용은 불가피하다. 북한이 추구하는 사상이 이러한 민주적 절차를 수용하지 않는 것은 명백하므로 그들의 사상 공세에 방어를 취하는 것은 필요하고도 정당한 일이다.

의도적으로 한국 사회의 파괴에 나선 것이 아니라면 사상의 절대적 자유는 현재의 시점에서 함부로 주장할 수 있는 것이 아니다. 징병 거부 문제도 진보의 이름으로 그 자유를 쉽게 입에 올릴 수 있는 것은 아니다. 국가 안보라는 용어 내지 관념이 한국 현대사에서 남용되어 왔고, 국민들에게 식상해지도록 만든 것도 사실이지만, 민주적 기초를 무시하는 사상과 집단이 존재하는 현실에서 국가 안보는 여전히 중시되어야 한다. 민주주의의 폐단으로 지적될 수 있는 자유와 권리의 과잉을 경계할 필요가 있다. 징병 거부 문제는 이러한 차원에서 생각해야 할 문제로 현 시점에서의 답은 명백해 보인다.

좌파 정권의 등장과 함께 반미의 움직임도 광범위해졌고 공공연해졌다. 2002년에 발생한 파주에서의 두 여중생 사망 사건에 대한 항의로 서울 광화문에서 개최된 촛불 집회는 오랜 시일 동안 많은 군중을 모이도록 만들었다. 한국에서의 반미 운동은 1980년대 들어 뚜렷해졌지만, 그 시초는 4・19 혁명 후까지로 거슬러 올라간다. 민주당 정권 때 민간의 시위나 한・미 경제 협정을 둘러싸고 나타난 학생들의 미국 비판에서 반미의 움직임을 찾아볼 수 있는 것이다. 물론 이것은 민족주의라는 관점에서 비롯된 것이지만, 미국의 우월적 자세나 한국 주둔 일부 미군의 만행이 불러온 측면도 있다. 특히 1950, 60년대의 미국은 원조의 주체로서 고압적으로 행동해 왔으며, 한국에 주둔해 온 미군은 린치, 여성에 대한 난행, 민간인 사살 등 만행적인 범죄를 저지르고는 하였다.[11] 이러한 사실들은 분명히 반미 감정을 불러일으킬 수 있는 일들이었다.

그리고 좀 더 세계사적인 면에서 보자면 미국의 오만은 한두

가지가 아니다. 미국은 스스로 국제법상의 인권 범죄에 해당되는 일을 저지르고도 면책되는 지위를 당연시해 왔다. 아프가니스탄이나 이라크에서 미군이 저지른 범죄는 법으로 충분히 다루어지지 않고 있다. 미국의 한 진보 학자가 언급했듯이 미국은 "그 자신이 저지른 전쟁 범죄나 인권 침해에 대해서는 국제 법정에 기소되기는커녕 심각한 비판조차 받지 않고"[12] 있는 실정이다. 그러면서도 자신들의 뜻에 맞지 않는 국가들에 대하여서는 자신에게도 해당되어야 할 '불량 국가'라는 이름을 마구 붙이기도 하는 나라가 미국이다.[13] 이러한 사실들을 고려할 때 반미가 무조건 비난될 이유는 없다.

그러나 한미 관계는 감정보다 냉철한 이성을 전제로 해서 다루어야 할 문제이다. 오만한 미국을 미워하는 것이 한국에 불리한 결과로 돌아올 수 있다면 그것은 신중하게 생각하고 행동해야 할 문제가 아닐 수 없다. 더구나 한국은 한미 동맹을 통해 그래도 북한보다는 나은 남한의 자유 체제를 확보하고 경제 발전도 하게 된 사실을 간과해서는 안 된다. 미국이 좋아서가 아니라 필요하기 때문에 한미 동맹은 유지되어야 한다. 한미 동맹을 지지하는 보수층의 움직임은 이런 차원에서 긍정적으로 받아들여질 필요가 있다.

좌파가 집권하면서 국가 정책에 대한 민간 부문의 참여가 그 이전에 비해 상당히 늘어나는 양상을 보이고 있다. 국가의 '과대 성장'을 비판하는 입장이라 그런지 별나게 시민 단체들과의 연합 논의를 국정에 반영하려는 행태가 현 정권에서는 많아 보인다.

시민 사회의 생각을 국가 운영에 적극 반영하려는 의도로 해석되지만 이 경우 친정부 단체와만 논의의 장을 마련한다면 유용한 결과를 기대하기 어려울 가능성이 있다. 비판적 단체들에게서 정부는 오히려 유용한 처방을 기대할 수 있다고 보아야 한다.

좌파 정권은 민주주의를 진전시키고 있는가? 경제에 발전을 가져와 국민들로부터 긍정적인 평가를 받고 있는가? 이에 대하여서는 50여 년 전 제2공화국의 총리를 지낸 장면이 한 말을 참고로 들어볼 필요가 있다.

> 근본 문제는 민주주의를 발전시켜야 될 것입니다. 남한만이라도 민주주의를 잘 해서 북한 동포들이 따라오도록 해야 할 것입니다. 즉, 북한 동포들이 정말 대한민국에 오면 공산 독재에서 사는 것보다도 훨씬 낙원이고 그야말로 민주주의 생활을 할 수 있다는 것을 그 사람들로 하여금 동경하게끔 우리들이 잘 살아야 될 것입니다. 우리가 아우성을 치고 살 수 없다고 하는 이 판에 저 사람들이 우리를 따라오겠습니까? 그러므로 우리가 민주 정치를 잘 해서 북한에 있는 사람들로 하여금 우리들에게 동경심을 가지도록 기초를 만들어야죠.
>
> (문장 중 시대에 맞지 않는 일부 철자법은 고쳤음)

월간 『신세계』(창간호, 56쪽)에 실린 「1956년도 국내외 정세를 논한다」에 나오는 말인데, 여러 면에서 의미가 있어 보인다. 오늘날에 이르러 장면이 대북한 관계에서 강조한 민주주의의 발전은 외형상 성공을 거둔 면이 없지 않다. 인간의 기본적 자유가 북한에 비하면 엄청나게 보장되고 있는 사실은 분명하다. 경제에서도 같은 평가를 할 수 있다는 데 이의를 제기할 사람은 없을 것이다. 자유와 인권도 신장되었고, 국민들의 생활 수준도 절대적인 면에서 비약적으로 좋아졌다.

그럼에도 불구하고 지금 현 시점에서 자신들이 잘 산다고 만족하며 사는 한국인은 많지 않을 듯싶다. 중산층이 급격하게 감소하고 양극화가 심화되는 것은 문제이다. 좌파 학자들은 성장 이데올로기와 발전주의를 공격의 단골 메뉴로 삼아 왔지만 성장이 저하되면서 생겨나는 유휴 인력을 이 사회는 감당해 내지 못하고 있다. 그들은 분배와 복지를 자주 강조한다. 그러나 고용의 증가가 수반되지 않는 분배와 복지는 사회 전체의 부담만 가중시킬 것이다.

그리고 발전의 수준이나 생활의 질에서 수십 년이나 뒤진 북한으로의 편향된 사고와 행태를 보이는 일부 세력의 동태는 다수의 국민들을 불안하고 화나게 만들기도 한다. 과거와 달리 국민들은 사상 면에서 좌우로 양분되어 심한 갈등을 겪고 있는 것이 현실이다. 이러한 양상이 앞으로 사상을 전 국민으로 진전시키는 데 긍정적으로 작용할 여지도 있겠으나, 상호간 올바른 비판의 자세와 노력이 수반되지 않는 한 반드시 낙관적으로만 볼 수는 없다.

그렇더라도 외형적 · 절대적인 수준에서는 이제 북한인들이 부러워할 수준의 국가 사회를 남쪽이 이루어 놓은 사실은 부인할 수 없다. 그러나 그들이 "대한민국에 오면 공산 독재에서 사는 것보다도 훨씬 낙원"이라고 느끼며 자랑스러워할지는 의문이다. 처음에는 낙원이라고 생각했다가도 차차 실망을 느끼게 된다면 대한민국의 현 상태는 장면의 말에 비추어볼 때 긍정적인 것으로 볼 수 없다.

삶의 눈으로 민주주의, 자본주의, 민족주의, 반공주의를 본다면

현 정부 들어 더욱 뚜렷해진 좌파 성향은 그들 자신을 이념의 틀 안에 가두고 있다는 느낌을 주는 면이 있다. 그들이 매도하는 1970, 80년대의 보수 독재를 비난하면서도 자신들은 이념의 독재를 하고 있다는 인상을 주기도 한다. 1989년의 동의대학교 사태 때 경찰관들에게 화염병을 던져 죽게 만든 좌경 학생들을 민주화 운동가로 평가한 것은 그 예에 속한다. 그런데도 2005년 10월에 헌법 재판소에서 이를 다시 민주화 운동으로 확인해 준 것은 참으로 이해하기 어려운 일이다. 이것은 '의문사 진상 위원회'에서 간첩을 민주화 유공자로 인정하는 등 납득하기 어려운 일부 결과를 내놓은 것만큼 비판을 면하기 어려운 일이다. 이는 어느 특정 정권이나 정파의 문제가 아니라 인간으로서의 한국인 전체가 유념해야 할 사항일 것이다.

좌파에 대한 반대와 비판에 나서고 있는 우파에서도 주목할 만한 사상의 변화를 보여 주지 못하는 것도 함께 포함해서 이러한 말을 할 수가 있다. 뉴 라이트 운동이나 2006년 2월에 나온 『해방 전후사의 재인식』 등 실제와 이론 면에서의 노력이 있지만 보수층의 기대를 충족시키기에는 아직 거리가 있어 보인다. 좌파에 대한 대응 자체에 주력하는 나머지 그를 넘어서는 노력에 아쉬운 점이 있는 것으로 보여 하는 말이다.

어쨌든 이제 민주주의 · 자본주의 · 민족주의 · 반공주의는 좌파의 집권을 계기로 과거와 다른 변화의 길에 들어섰다. 얼마

되지 않는 과정에서 미흡한 점이 발견되더라도 그것을 보완해서 생활의 유용한 도구로 사상을 만들어 가는 실천적 노력이 한국인들 앞에 놓인 과제이다. 정권의 변화에 따라 그 길을 마음대로 바꿀 수 있는 것은 아니다. 물론 이러한 실천적 노력은 사상의 이름을 무조건 그대로 지키는 데 있지 않고, 사상의 실질을 유지하고 발전시켜 가는 데 있음은 물론이다.

1970, 80년대를 비판하는 좌파 이론가들은 이념의 편향성을 가지고 보수 정권이 하는 일을 왜곡해서 인식한 면이 적지 않다. 보수층의 도덕적 타락을 비난하며 자신들의 깨끗함을 자랑한 것도 사실이다. 그러나 집권한 좌파에게서도 문제가 있기는 마찬가지이다. 이상주의에 기운 정책과 자신들의 사상적 입장대로 역사를 재구성하려는 태도에서 그들의 편향된 시각을 볼 수 있다. 이에 보수층의 반발과 비판이 따르는 것은 자연스러운 일이라고 보아야 할 것이다.

이 상태에서 민주주의・자본주의・민족주의・반공주의는 변화 속에서의 사상적 진전을 더욱 주의 깊게 추구해야 할 단계에 놓인 것으로 보인다. 좌파 정권이 인권, 복지, 민족적 반공주의를 추구하는 데 대하여 민간의 보수층에서 반론을 제기하고 있으나, 그들의 사상적 진도는 이에 값하는 내용을 보여 주지 못하고 있다. 비난에 치우쳐 있을 뿐 건설적인 대안을 제시하는 수준에 이르지 못하고 있다고 보인다. 한편 진보를 표방하는 민간 쪽에서도 자신들의 사상적 정당성에 대한 실증 차원에서의 논리적 근거를 충분히 제시하지 못하는 문제점을 가지고 있다. 그들은 정부에 대하여 더욱 세차게 진보의 입지를 강화하도록 요구하고 있어 보수층과의 대립을 격화시키는 면도 있다.

좌우파란 사상 면에서의 진보 여부를 두고 나누는 편의상의 이름에 지나지 않는다. 양자의 대립은 그래서 그들을 모두 포괄하는 삶의 세계에서 본다면 부질없는 일일 수도 있다. 삶의 긍정적 측면을 살리는 방향에서 본다면 서로 타협할 길이 결코 없지 않다고 보아야 한다. 그런데도 실제에서 그대로 이루어지지 않는 것은 자기가 생각하는 상대방의 상(像)에 사로잡힌 인식을 하기 때문이다. 다시 말하자면 감정, 편견, 자기가 가진 지식, 일방적 판단 등에 기초해서 상대방을 자기 식으로 만들어 보기 때문인 것이다. 그 결과 좌파에서는 우파를 '수구 반동'이나 '냉전 세력'으로 보는 반면, 우파에서는 좌파를 사상이 불순한 인간들로 보기도 하는 것이다. 사실 인간은 누구나 사물 자체를 그대로 보기보다 자기가 만드는 사물의 상을 그 자체인 듯이 인식하는 경우가 허다하다. 그래서 오해가 생기고 대립과 갈등도 촉발될 수 있는 것이다.

이를 해소하려면 자신의 생각이 절대적으로 옳다는 태도를 버리고 상대방의 논지에도 귀를 기울일 줄 아는 태도가 필요하다. 자신의 사상에 대하여 겸손하고 상대방의 사상에 대하여 관용을 가지려는 태도가 중요한 것이다. 인간은 대립 상태에서 어느 편에 서는가에 따라 사고 내용이 좌우되는 경우가 적지 않거니와 오늘날 한국에서의 좌우파에 따른 사상 대립도 이와 다를 게 없을 듯싶다. 그것은 요컨대 입장이 다르다는 데에서 비롯될 텐데,

역지사지(易地思之)하는 자세가 필요해 보인다. 나의 주관을 절대시하지 않고 상대를 객관적인 대상으로만 보지 않으려고 할 때 이는 가능할 것이다. 누구나 할 수 있는 당연한 말이지만 실제에서 이것은 그대로 실행해 가기는 대단히 어렵기 때문에 이런저런 문제가 생기게 마련이다.

그리고 상호의 이해를 원활히 하여 사상에서 진전을 이루고자 한다면 무엇보다 감정의 순화가 요구된다. 『대학』에 보면 "좋아하면서 그 나쁜 점을 알고, 미워하면서도 그 좋은 점을 아는 자는 세상에 드물다."(好而知其惡 惡而知其美者 天下 鮮矣)고 하였는데 이것은 경험 예에 비추어 보더라도 수긍이 가는 말이다. 감정에 사로잡히면 이성도 감정의 노예가 되어 사물에 대한 판단을 그르치기가 십상이다.

감정을 떠나 합의적 목표를 발견하여 통합된 입장을 구축할 때 사상의 진전과 함께 현실적인 삶에서의 건설적 변화가 이루어질 수 있다. 이분법적인 구도에서 어느 한쪽의 승리로 귀결된 서양에서의 사상 변화와 달리 한국에서는 특히 양자 통합에서 그것이 이루어진 경우를 주목할 필요가 있다. 신라의 유불도 통합정신을 바탕으로 한 화랑도의 세속 오계나 일제하 대한민국 임시정부의 독립 운동 과정에서 민족주의·공산주의 양 진영이 말기에 통합을 이룬 예를 보자. 신라는 유불도 통합으로 인해 삼국통일의 주인공이 될 수 있었고, 대한민국 임시 정부도 주체적으로 독립을 전취하지는 못했어도 양자 통합 이후 활발하게 광복 운동을 할 수 있었다. 반면 사상적으로 분열 상태에 있던 19세기 말의 개화·보수파의 대립은 결국 망국의 길을 재촉하고 말았다.

현 시점에서의 좌우 대립도 민간 부문에서 공통분모를 발견하여 통합을 이루고 정부도 민주적 입장에서 이에 협조하며 타당한 것은 정책에 반영하려는 태도가 있어야 한다. 현대는 과거에 비해 갈등이 야기되기 쉬운가 하면 그것을 해소할 수 있는 국가 사회 차원에서의 제도 장치도 많이 갖추고 있다. 계층, 지역, 성별, 세대 등에 따른 이해 관계의 대립 가능성이 높은 반면 정당이나 언론 등의 제도화된 기능 주체들, 그리고 주권자의 위치에 있는 국민 모두가 하기에 따라서는 통합에 유효한 기능을 할 수 있다. 감정을 떠나 좌우를 통합시키는 노력이 각 주체들 모두에게 있어야 할 것이다.

그러나 지도층의 노력이 어느 부문에서나 가장 중요시된다. 신라에서의 사상 통합이 원광이나 원효와 같은 불교 사상가들에 의해 선도되고, 독립 운동 과정에서의 좌우 통합이 김구와 김원봉 같은 지도자들에 의해 이루어졌듯이 말이다. 지금은 좌우 어느 쪽에서나 이 양자를 함께 아우를 수 있는 사상이 제시될 필요가 절실한 때이다. 좌파의 이상적 논지를 선택적으로 목표화하고, 우파의 현실 중시를 그에 이르는 과정에서 감안하되 어디서나 실질이라는 안목을 가지고 민주주의·자본주의·민족주의·반공주의를 계속 살려가는 방향이 어떨까? 그렇게 될 때 우리에게 더욱 유용한 생활 도구로서의 사상이 만들어질 수 있는 것이 아닐까?

전망과 모색

> **인간에게 보편적으로 유용한 사상이 되기 위해서는 의식주에 대한 인간의 기본적 욕구, 그리고 자유와 평등 등 일상에서 각 개인이 가지는 물질 또는 정신적 욕구를 존중할 수 있어야 한다. 그것은 요컨대 실용성의 존중이라고 할 수 있겠는데, 한국이 추구해 온 민주주의, 자본주의, 민족주의, 반공주의도 바탕은 여기에 있다.**

민주주의·자본주의·민족주의·반공주의는 총합적으로 오늘의 한국을 만들어 놓은 사상들이다. 이들 사상에 의해 한국인의 생활은 변화하고 발전된 면도 있음을 부인할 수 없다.

한국 사상사의 흐름에서 볼 때 체제 이념으로서의 이들 사상은 과거의 어느 사상보다도 실천의 효과가 강하다는 특성을 가지고 있다. 민주주의가 추구하는 자유, 평등, 규칙 및 상호 존중의 정신은 인권의 소중함을 일깨우고 독선적 사고와 체제를 용납하지 않는 비판과 저항의 정신 및 태도를 키웠다. 1970, 80년대에 나타난 민주화 투쟁을 통해 우리는 과거 어느 시대의 한국사에서도 볼 수 없는 행동하는 저항의 면모를 보았다.

자본주의가 잠재되어 있던 한국인들의 영리욕을 일깨워 왕성한 경제 활동을 하게 함으로써 물질 생활 면에서 비약적인 성장을 가져온 것도 특기할 일이다. 조선 시대 후기로 오면서 자본주의의 요소가 자라고 있었더라도 그 양상은 미약한 편이었는데, 1960년대 이후 근대화를 거치면서 그에 대한 활동력의 촉발이 산업화의 성과를 가져온 것이다. 자본주의에 의해서 뒷받침되는 영리에의 강한 욕구가 단기간에 경제의 성과를 이룰 수 있었다는 말이다.

민족주의가 현대 한국에서 동원 체제로 활용된 사실은 이미 앞에서 수차례 지적한 대로이다. 민족 단위에서 잘 살아야 한다는 관념은 근대화의 과정에서 각 사람들의 열성적 경제 활동에 지대한 역할을 하였다. 이 모든 것은 민족주의가 지닌 감성적이고 본능적 행동을 유발하는 특성이 크게 작용하였기 때문일 것이다.

반공주의도 건국 이후 한국인의 사고와 행동을 규율하는 데 커다란 기능을 하였다. 반공은 그것을 지지하거나 반대하는 측 모두에게 행동에의 강한 동기를 부여한 것으로 볼 수 있다. 오늘날 주로 반공과 관련해 보수와 진보의 대립이 행동을 통해 첨예화되는 양상도 그 때문이다.

요컨대 이들 사상들은 한국인들에게 강력한 행동을 촉발시킨 점이 인정된다. 그리고 이러한 점은 정부와 민간 부문에서의 상호 투쟁이나 협의 등으로 이루어진 실천 과정을 통해 사상에서의 진전을 가능하게 하였다. 실천을 통해 민주주의 · 자본주의 · 민족주의 · 반공주의는 정착, 보완 및 변화의 길을 걸어왔고 앞으로도 그러한 길을 가리라는 전망을 할 수 있다.

그런데 사상의 진전이란 무엇을 말하는가? 이 책의 서두에서 이미 언급했듯이 생활에 유용한 도구가 될 수 있을 때 사상은 의미가 있는 것이고 그러한 관점에서 진전의 여부를 평가할 수 있다. 이제까지 한국인들은 민주주의의 이름으로 행해지는 독재나 정경 유착, 그리고 불합리한 경제 제도 등의 개선을 통해 사상에서의 진전을 이루어 왔다. 여기까지에서는 문제점이 분명했으므로 어려운 가운데에서도 명확한 목표하에 진전은 이루어질 수 있었고 그로 해서 생활의 질도 높일 수 있었다.

그러나 이제부터는 좀 더 사려 깊은 자세가 있어야만 사상에서의 진전이 가능할 것으로 예상된다. 민주주의와 자본주의도 그렇지만, 민족주의와 반공주의에서 이러한 자세가 더욱 요구된다. 세계화 시대에 민족주의를 어떻게 만들어 갈 것인가, 남북한의 상황에 맞추어 반공주의는 또 어떻게 이끌어 갈 것인가 하는 섬세한 문제가 있기 때문이다. 좌・우파가 진보와 보수의 이름으로 대립을 격화시키고 있는 것도 이러한 문제에서 기인한다고 보아야 한다.

그래서 사람들은 좌우 통합의 주제로 실용을 거론한다. 글자의 풀이 그대로 실생활에 유용한 것이 실용이니 그것은 특정한 사상의 굴레에 구속되지 말아야 함을 의미하는 것이 된다. 사상이 흔히 저지르기 쉬운 이념 내지 관념의 과잉을 피하고 보편적 차원에서 인간에게 유용하게 쓰이는 것을 사상의 목표로 하자는 생각이 실용론의 근거일 것이다. 당연히 타당성을 가진 입론임에 틀림없다.

그런데 어떻게 하면 인간에게 보편적으로 유용한 사상이 될 수 있는가? 그것은 인간의 기본적인 욕구를 존중하는 데서 가능하다고 보아야 한다. 의식주에 대한 욕망, 부당하게 간섭받지 않고 살 수 있는 자유, 차별이 없는 평등 등 일상에서 각 개인이 가지는 물질적 · 정신적 욕구가 우선 존중되어야 할 것이다. 우리가 건국의 사상으로 정립하여 생활해 온 민주주의 · 자본주의 · 민족주의 · 반공주의도 근원을 따지고 보면 이러한 실용성에 바탕을 두고 있다. 그런데 권력자나 다수의 무지, 혹은 소수자의 횡포로 인해 본래의 그러한 정신이 훼손된 게 사실이다. 인간 사회에서 기능성을 발휘하는 어떤 사상도 궁극적으로는 자신들의 실용성을 주장할 수 있겠지만, 이념의 과잉이나 왜곡이 왕왕 그것을 구현하지 못하게 만드는 경우가 있다. 현재의 한국에서 이념을 떠나 실용이 요구되는 현실은 바로 그러한 상태를 지적해 주는 증거라고 할 수 있을 것이다.

지금 진보를 자처하는 측이 현실보다 이상주의에 사로잡힌 나머지 이념 과잉의 면을 보이는 것에는 적지 않은 비판이 따르고 있다. 좌파 이념에 갇혀 부정적 국가 사회 모델의 하나인 북한에 대하여 중립적 비판의 입장에 서지 못하는 점은 문제가 아닐 수 없다. 그러나 좌파가 바탕으로 삼는 사상이 낡음에도 불구하고 국가의 기존 사상에 반론을 제기하고 나선 것은 사상사의 입장에서 볼 때 오히려 긍정적으로 평가할 점도 없지 않다. 반론이 없는 사상, 그렇게 만들어지는 사상사란 희망의 반대편으로 우리를 몰고 갈 뿐이다.

그러므로 좌파에서 나타나는 이념의 과잉을 미워한 나머지 무조건 실용만을 강조할 일은 아니다. 사실 실용도 깊이 들어가면 이념을 배제할 수 없는 것이고, 좌파의 이념도 근원에서 실용을 배제하고 있는 것으로 볼 수는 없다. 현실을 보는 눈과 방법론에서 주로 차이를 보인다고 해야 할 것이다. 그러므로 그들에게서 나타나는 이념 과잉의 면은 배제하되 실용적 이념성은 살려가는 관용의 태도가 필요하다.

민주주의는 인간의 보편적 욕구를 존중하기 때문에 세계인의 지지를 받으며 오늘날 시대의 정신이 되었다. 건국과 더불어 한국이 이를 제도로 수용한 지도 이제는 반세기가 넘었다. 그러나 법과 도덕의 의무를 지킬 줄 아는 수준 높은 인간성이 전제되지 않는다면 민주주의는 반드시 좋은 것만도 아니다. 정치에서 권력의 획득이나 유지를 위해 민주주의가 빠지기 쉬운 포퓰리즘의 극복도 과제임에 틀림없다.

그러나 더욱 큰 과제는 이미 다져놓은 정통성 위에서 정치의 효율성을 극대화하는 일이다. 이를 위해서는 국민의 노력도 중요하지만 정치 자원을 공급하는 정당이 더욱 효과적인 인물 검색 장치 기능을 갖추어야 할 것이다. 정당의 특성상 권력 획득에 유리한 인적 자원을 선호하는 것은 불가피하다. 그러나 해당 인물의 능력 유무를 먼저 효과적으로 판정해서 국민에게 제공할 수 있을 때 정당은 국민과 역사에 대한 최상의 기여를 하게 된다는 점을 잊어서는 안 될 것이다.

자본주의는 이해 당사자들 간의 양보와 타협, 그리고 시장의 규칙을 준수하려는 의사가 지켜지지 않는다면 우리에게 바람직한 경제 생활을 보장해 주기 어렵다. 민주주의와 마찬가지로 자본주의도 법과 도덕의 의무를 지킬 줄 아는 수준 높은 인간성을 요구하는 것임에 틀림없다. 그러나 자본주의가 용허하는 영리성과 실제에서의 강한 금전 지배력은 늘 인간의 천민성을 촉발하는 것도 사실이다. 우리는 그 점을 사실로서 인정하고 국가 사회와 집단, 그리고 개인 차원에서 천민성의 극복에 함께 나서야 할 것이다. 온갖 탈법과 비리를 통해 부를 축적하려는 기도가 방지되도록 해야 한다. 그렇다고 천민성 극복의 목표로서 청교도적인 기대 수준을 삼을 수는 없다. 인간의 본성이나 국가의 복합 기능에 비추어볼 때 그것은 가능하지도 않고, 어느 의미에서는 바람직하지도 않다. 천민성의 극복을 통한 건강한 자본주의의 유지는 여러 차원의 생활 과정에서 끊임없는 목표로서 살아 움직일 수 있는 것이 무엇보다 중요하다.

민족주의는 이제 한 국가 사회의 한계를 넘어 인류애 차원으로의 진전이 요구되는 시점에서 새로운 변신이 불가피하다. 그리고 주의(主義)를 앞세운 민족주의를 극복하고 혈연 내지 문화 공동체로서의 민족을 복원하는 데 남북한이 함께 노력할 수 있도록 꾸준히 길을 모색해 가야 할 것이다. 반공주의도 이미 공산주의 체제가 실패로 끝난 것이 확인된 이상 북한에 대하여 반드시 경직된 태도로만 적용할 일은 아닐 것이다. 실제에서의 반공주의는 한시적일 수밖에 없거니와 북한은 더 이상 경쟁 상대라고 할 수도 없다.

그러나 민주주의를 외면한 채 계속되는 적대적 대남 자세,

남한보다 긍정적인 면이 훨씬 결여된 사회 체제상의 개선이 이루어지지 않는 한 북한을 포용 일변도로만 대하거나 반공주의를 포기해야 할 이유는 없다. 인간의 물질적 · 정신적 삶이 추구하는 행복의 기준에서 볼 때 한국 역사의 정통성은 분명코 북한이 아니라 남한에 있다. 현존의 이데올로기적 사상을 창조적인 방향으로 발전시켜 가기 위해 기대되는 사상의 풍토와 바탕에서도 이는 마찬가지이다. 통일 후의 한국을 내다볼 때 북한은 물질적인 면 못지않게 사상적으로도 그 낙후성으로 인해 우리에게 커다란 짐이 될 것이 틀림없다. 골치 아픈 사상의 낙후성 극복을 한국은 역사의 과제로 떠안게 되었다.

사상의 자유를 불변의 것으로 확보하는 바탕 위에서 민주주의 · 자본주의 · 민족주의 · 반공주의의 토대를 생활의 유용한 도구로서 계속 발전적으로 변화시켜 가는 것이 한국 사상의 방향이 되어야 할 것이다. 인간의 보편적 삶을 존중하는 실용의 정신이 거기에 있겠거니와, 폭력 혁명이나 강요에 의해서가 아니라 사상을 생활하는 당사자들의 동의에 기초하여 그 방향이 모색되어야 한다. 그렇게 될 수 있다면 사상의 명칭 변경이나 가령 반공주의의 폐지도 반대할 이유가 없을 것이다. 중요한 것은 사상의 명칭이나 정해진 사상을 고집스럽게 지키는 데 있지 않고 그 정신을 민주적 토대 위에서 지켜가는 데 있다. 이름이나 형식보다 사상의 실질 내용을 살려가는 게 중요하다는 말이다.

사상의 진리성은 실천을 통해 검증될 수도 있지만 그 과정을 통해 보완됨으로써 더욱 생명성을 가질 수 있다는 사실도 염두에

둘 필요가 있다. 그리고 어느 경우에나 인간의 바른 마음 자세가 절대적으로 요청되는 것도 잊지 말아야 할 것이다.

이데올로기 내지 체제 이념으로서의 사상은 힘을 가질 수 있는 것이어야 한다. 민주주의 절차에 기초한 다수의 지지, 사상의 실천 주체가 가진 바른 마음 등 이 모든 것이 힘으로 작용할 수 있음은 물론이다. 아울러 그러한 힘이 현실적으로 작용할 수 있는 정치권력과 그것의 획득을 위한 다방면의 노력도 힘의 차원에서 배제할 이유는 없다. 이 책의 본문에서 조선 시대의 율곡 이이나 다산 정약용의 사상들이 소기의 성과를 거두지 못한 것으로 보았는데, 그 주요인을 실질적인 힘의 결핍에서 찾을 수 있지 않을까 생각된다. 정말로 정의로운 사상임을 확신하고 사회 구성원 다수의 지지도 확인할 수 있다면 여러 방향에서 힘을 배양하는 노력이 함께 따라주어야 할 것이다.

주 해

서론

1) Maryann C. Love, "Sovereignty's Future", edited by David Tatom, *Beyond Sovereignty*(Thomson, 2003), 360-363쪽 참조.

1장 건국의 사상과 그 초기 양상

1) 유진오, 『헌법해의』(명세당, 단기 4282), 186쪽.
2) 조기준, 「한국형 자본주의의 성장과정」, 『민족지성』(1987. 5), 23쪽.
3) 『자료 대한민국사 17』(국사편찬위원회, 2001), 642쪽.
4) 홍덕률, 「한국 자본가계급 서설」, 박현채 외, 『한국자본주의와 사회구조』(한울, 1987), 188쪽 참조.
5) 백범 김구선생전집 편찬위원회 편, 전집 제8권 『건국·통일운동』(대한매일신보사, 1999), 132-133쪽 참조.
6) 이대근, 『해방후 — 1950년대의 경제』(삼성경제연구소, 2002), 170-172쪽 참조.
7) 앞의 『자료 대한민국사 17』, 73쪽 참조.
8) 위의 책, 246-247쪽 참조.
9) 위의 책, 438쪽.
10) 위의 책, 496쪽.
11) 위의 책, 648쪽 참조.
12) 위의 책, 553쪽.

13) 조석곤, 「농지개혁과 한국자본주의」, 유철규 편, 『한국자본주의 발전모델의 역사와 위기』(함께읽는책, 2003), 307-308쪽 참조.

14) 김영호, 『한국언론의 사회사(상)』(지식산업사, 2004), 250쪽의 인용문에서 재인용.

15) 로버트 T. 올리버, 「박정희 이전 시대: 이승만 정부와 장면 정부」, 조이제 · 카터 에커트 편저, 『한국 근대화, 기적의 과정』(월간조선사, 2005), 73쪽.

16) 앞의 이대근, 『해방후 — 1950년대의 경제』, 417쪽 참조.

17) 위의 책, 472-483쪽 참조.

18) 앞의 『자료 대한민국사 17』, 401쪽 참조.

19) 서중석, 「민주당 · 민주당정부의 정치이념」, 『한국정치의 지배 이데올로기와 대항 이데올로기』(역사비평사, 1994), 125쪽 참조.

20) 앞의 『자료 대한민국사 17』, 314-317쪽 참조.

21) 위의 책, 723쪽 참조.

22) 앞의 김영호, 『한국언론의 사회사(상)』, 177쪽 참조.

23) 앞의 서중석, 「민주당 · 민주당정부의 정치이념」, 108쪽 참조.

24) 고영복, 「4월혁명의 의식구조」, 강만길 외, 『4월혁명론』(한길사, 1983), 95-112쪽에 나오는 인용문 참조.

25) 김삼웅 편저, 『민족 · 민주 · 민중선언』(한국학술정보, 2001), 28쪽 참조.

26) 앞의 김영호, 『한국언론의 사회사(상)』, 319쪽 참조.

27) 앞의 고영복, 「4월혁명의 의식구조」, 116쪽의 인용문 참조.

28) 위의 글, 117쪽의 인용문 참조.

29) 위의 글, 115쪽의 인용문 참조.

30) 위의 글, 116쪽의 인용문 참조.

31) 위의 글, 122쪽의 인용문 참조.

32) 위의 글, 124쪽 참조.

33) 한모니까, 「4월민중항쟁 시기 북한의 남한정세 분석과 통일정책의

변화」, 한국역사연구회 4월민중항쟁 연구반, 『4·19와 남북관계』(민연, 2000), 233쪽 참조. 여기에 보면 김일성은 평양 주재 소련 대사였던 푸자노프에게 사회대중당 등이 자신들과 관계가 있음을 말하고 있다.

34) 앞의 김삼웅, 『민족·민주·민중선언』, 31쪽 참조.

35) 앞의 서중석, 「민주당·민주당정부의 정치이념」, 112-117쪽 참조.

2장 갈등 속 사상의 전개 과정

전기: 5·16에서 유신 이전까지

1) 김영훈·조희연, 「지배담론으로서의 반공주의와 그 변화」, 조희연 편, 『한국의 정치사회적 지배담론과 민주주의 동학』(함께읽는책, 2003), 142쪽의 주 22) 참조.

2) 한완상 외, 『4·19혁명론 1』(일월서각, 1983), 82-83쪽 참조.

3) 정윤형, 「한국 경제개발계획의 체제적 성격」, 한국기독교사회문제연구원 편, 『한국사회변동연구(1)』(민중사, 1984), 10쪽의 〈표 1〉 참조.

4) 앞의 한완상, 『4·19혁명론 1』, 79쪽 참조.

5) 박명림, 「분단과 남북관계, 1945~1995: '적대'와 '의존'의 대쌍관계」, 한국정치학연구위원회 편, 광복 50주년기념 남북한관계 학술대회(한국정치학회, 1995), 11쪽 참조.

6) 김일성이 1960년 8월 14일에 행한 「조선인민의 민족적 명절 8·15 해방 15돐 경축 대회에서 한 보고」, 『북한』(동아일보사, 1989), 172쪽 참조.

7) 이와 관련해서는 앞의 조희연 편, 『한국의 정치사회적 지배담론과 민주주의 동학』(함께읽는책, 2003)의 제2장을 참조하기 바람.

8) 박정희, 『우리 민족의 나갈 길』(동아출판사, 1962), 227-228쪽.

9) 위의 책, 2쪽.

10) 박정희, 『국가와 혁명과 나』(향문사, 1963), 259쪽.

11) 위의 책, 259-260쪽.

12) 앞의 박정희, 『우리 민족의 나갈 길』, 1쪽.

13) 한국사상연구회 편, 『한국사상』 제11집(경인문화사, 1974), 202쪽 참조.

14) 조기준 저, 『한국자본주의 발전사』(대왕사, 1991), 487-488쪽 참조.

15) 위의 책, 483쪽 참조.

16) 민족 경제론의 대표적 학자라면 박현채를 들 수 있는데 그가 한국경제를 문제 삼으면서 내놓은 석사 학위 논문 「자본주의와 소농경제」가 1961년에 나왔기 때문에 한 말이다. 이 논문에는 민족 경제라는 단어가 직접 나오지는 않았다. 그러나 미국의 잉여 농산물에 의한 한국 농업 생산력의 정체를 말하고 있는 등 민족 경제론의 제기 가능성이 이미 나타나고 있다. 이외에 민족 경제론에 대하여서는 정윤형 외, 『민족경제론과 한국경제론』(창작과비평사, 1995) 등을 참조할 것.

17) 신병현, 「1960, 70년대 산업화 과정에서 노동자들의 사회적 정체성에 영향을 미친 주요 역사적 담론들」, 이종구 외, 『1960~70년대 노동자의 생활세계와 정체성』(한울, 2005), 105쪽 참조.

18) 최장집, 『한국의 노동운동과 국가』(나남출판, 1997), 38쪽 참조.

19) 한승조 외, 『남북한의 인성 · 사상교육』(집문당, 1998), 28쪽의 주 4) 내용 참조.

20) 조희연, 「'반공규율사회'형 자본주의 발전과정에서의 노동자계급의 '구성'적 출현」, 앞의 이종구 외, 153쪽 참조.

21) 앞의 박정희, 『우리 민족의 나갈 길』, 130쪽.

22) 위의 책, 130-131쪽.

23) 정진석, 『역사와 언론인』, 477쪽 참조.

24) 앞의 박정희, 『우리 민족의 나갈 길』, 131쪽.

25) 앞의 김삼웅, 『민족 · 민주 · 민중선언』, 105쪽.

26) 『제3공화국 연표』(인간, 1984), 52쪽.
27) 앞의 고영복, 「4월혁명의 의식구조」, 125쪽의 인용문.
28) 김경재, 「김재준의 정치신학: 신학적 원리와 사회 · 정치변혁론」, 『신학사상』 제124집(한국신학연구소, 2004. 3), 59쪽 및 64쪽 참조.
29) 박재순, 「한국 에큐메니칼 운동의 전통과 신학적 유산」, 『신학사상』 제128집(한국신학연구소, 2005. 3), 109쪽.
30) 앞의 김삼웅, 『민족 · 민주 · 민중선언』, 113쪽.
31) 김주연 편, 『독일학 연구』(문학과지성사, 1990), 37쪽 참조.
32) 이창범 엮음, 『서양사의 에피소드』(백양출판사, 1999), 103쪽 참조.
33) 앞의 김영호, 『한국언론의 사회사(상)』, 542-543쪽 참조.

중기: 유신 체제

1) 갈봉근, 『유신 헌법 해설』(한국헌법학회출판부, 1975), 83쪽.
2) 위의 책, 87쪽.
3) 박종홍, 『철학계설』(박영사, 1961), 332쪽.
4) 위의 책, 331쪽.
5) 위의 책, 340쪽.
6) 박종홍, 『현실과 구상』(박영사, 1976), 15쪽.
7) 위의 책, 16쪽.
8) 박종홍, 『자각과 의욕』(박영사, 1978), 72쪽.
9) 앞의 박종홍, 『철학계설』, 338쪽.
10) 앞의 박종홍, 『현실과 구상』, 325-326쪽.
11) 박종홍, 『한국의 사상적 방향』(박영사, 1968), 259-260쪽.
12) 앞의 박종홍, 『현실과 구상』, 26쪽.
13) 앞의 박종홍, 『자각과 의욕』, 92쪽.
14) 위의 책, 392-393쪽 참조.
15) 앞의 박종홍, 『한국의 사상적 방향』, 196쪽 참조.
16) 함석헌, 『죽을 때까지 이 걸음으로』(한길사, 1996), 391쪽.

17) 함석헌, 『생각하는 백성이라야 산다』(한길사, 1996), 117쪽.
18) 함석헌, 『들사람 얼』(한길사, 1996), 117쪽.
19) 함석헌, 『씨알에게 보내는 편지』(한길사, 1996), 506쪽.
20) 앞의 함석헌, 『들사람 얼』, 181쪽.
21) 위와 같음.
22) 위의 책, 183쪽.
23) 앞의 함석헌, 『씨알에게 보내는 편지』, 505쪽.
24) 위의 책, 18쪽.
25) 앞의 함석헌, 『생각하는 백성이라야 산다』, 180쪽.
26) 위의 책, 99쪽.
27) 앞의 함석헌, 『들사람 얼』, 87-88쪽.
28) 위의 책, 513쪽.
29) 앞의 함석헌, 『생각하는 백성이라야 산다』, 509쪽.
30) 앞의 함석헌, 『씨알에게 보내는 편지』, 505쪽.
31) 위의 책, 19쪽.
32) 앞의 김삼웅, 『민족·민주·민중선언』, 314쪽.
33) 김효전, 「칼 슈미트에 있어서 독재의 개념」, 칼 슈미트/김효전 옮김, 『독재론』(법원사, 1996), 303쪽 참조. 합법적 독재를 칼 슈미트는 위임적 독재라고 불렀다.
34) 함석헌, 「제2의 종교개혁」, 『씨알의 소리』(2005. 1·2월호, 사단법인 함석헌 기념사업회), 82쪽 참조.
35) 임현진·송호근, 「박정희체제의 지배 이데올로기」, 『한국정치의 지배 이데올로기와 대항 이데올로기』(역사비평사, 1994), 181쪽 참조.
36) 앞의 최장집, 『한국의 노동운동과 국가』, 269쪽 참조.
37) 김동원, 「노동조합의 미래에 대한 소고」, 김동원 편, 『세계의 노사관계 변화와 전망』(한국국제노동재단, 2003), 10쪽의 표 1 참조.
38) 앞의 조희연, 「'반공규율사회'형 자본주의 발전과정에서의 노동자계급의 '구성'적 출현」, 145-146쪽 참조.

39) 민족 경제론을 주창한 박현채의 경우가 그 예에 속할 수 있겠는데, 그는 예컨대 「한국 자본주의를 보는 비판적 시각」(『민족지성』, 1987. 5)에서 한국 경제의 종속성을 강조하고 있다. 그러나 박현채는 이에 앞서 발표한 「현대 한국사회의 성격과 발전단계에 관한 연구」(『창작과 비평』, 1985, 가을호)에서 종속 이론을 비판하고 있어 그의 입론이 반드시 종속 이론과 일치하지 않음을 보여 주고 있다. 그러므로 종속 이론에 대한 그의 입장은 긍정적인 면이 있다 하더라도 제한적일 수밖에 없다고 보아야 한다. 다만 종속 이론에 비판적인 그도 어쨌든 이 이론의 세례를 받고 있는 것으로 볼 때, 종속 이론이 한국 자본주의 비판에 많은 영향을 끼친 사실은 인정되어야 할 것이다.

40) 앞의 임현진 · 송호근, 「박정희체제의 지배 이데올로기」, 170쪽 참조.

41) 염홍철 편저, 『종속의 극복』(풀빛, 1983), 78쪽 참조. 종속 이론이 레닌의 이론에 영향을 받았다고 해도 마르크스주의자들로부터 비판을 받을 만큼 공산주의 사상과 차이가 있다는 점도 잊어서는 안 된다.

42) C. A. Barone, 「종속 이론과 한국의 자본주의」, 『민족지성』(1987. 5) 내용 참조.

43) R. H. 칠코트/염홍철 옮김, 『종속 이론과 정통 마르크스주의』(한울, 1984), 45쪽 참조.

44) 심상필 외, 『프랑스경제』(홍익대학교출판부, 1999), 11쪽 참조. 1950, 60년대에 프랑스가 미국을 비롯한 외국으로 수출한 실적은 국내 총생산의 11%에 불과했다고 한다.

45) 서정익, 『세계경제사』(혜안, 2005), 186쪽 참조.

46) 앞의 임현진 · 송호근, 「박정희체제의 지배 이데올로기」, 177쪽 참조.

47) 양재진, 「발전 이후 발전주의론: 한국 발전국가의 성장, 위기, 그리고 미래」, 『한국행정학보』(제39권 제1호), 5쪽.

48) 조희연, 「박정희 시대 재평가 논의의 인식론적 성격과 쟁점들」, 『경제와 사회』(2005, 가을호), 318쪽 참조.

49) 서중석, 『배반당한 한국 민족주의』(성균관대학교출판부, 2004), 71쪽.

50) 위의 책, 65쪽 참조.

51) 위의 책, 66쪽 참조.

52) Ronald Wintrobe, "How to understand, and deal with dictatorship: an economist's view", A. Glazer, K. A. Konrad editors, *Conflict and Governance*(Springer-Verlag, 2003), 60쪽 참조.

후기: 제5공화국

1) 앞의 서중석, 『배반당한 한국 민족주의』, 72쪽 참조.

2) 지병문 외, 『현대 한국정치의 전개와 동학』(박영사, 1997), 386-387쪽 참조.

3) 김진균, 『진보에서 희망을 꿈꾼다』(박종철출판사, 2003), 66쪽.

4) 위와 같음.

5) 위와 같음.

6) 이해찬, 「한국 학생운동의 발전과 민중지향」, 『한국민족주의론 III』(창작과비평사, 1995), 412쪽.

7) 위의 글, 417쪽 참조.

8) 윤소영, 「한국에서의 '마르크스주의의 위기'와 한국사회성격 논쟁」, 『사회평론』(1992. 9/10, 사회평론사), 101쪽 참조.

9) 그레고리 엘리어트/이진경 · 이경숙 옮김, 『알튀세르』(새길, 1992), 462쪽 참조.

10) 에티엔 발리바르 외/윤소영 엮음, 『루이 알튀세르 1918~1990』(민맥, 1991), 22쪽 참조.

11) 김형기, 「알튀세르를 다시 읽을 것이 아니라 변화된 현실을 다시 읽어야」, 『진보평론』(1992. 9/10), 143쪽.

12) 한상진 편, 『계급이론과 계층이론』(문학과지성사, 1988), 27-29쪽.

13) 서관모, 「한국사회 계급구성의 특징과 접근방법」, 박현채 외, 『한국자본주의와 사회구조』(한울, 1987), 165쪽.

14) 박형준, 「한국의 사회계급」, 위의 책, 182쪽 참조.

15) 김대중, 『김대중옥중서신』(한울, 2000), 273쪽.

16) 앞의 함석헌, 『들사람 얼』, 36쪽.

17) 앞의 이해찬, 「한국 학생운동의 발전과 민중지향」, 409쪽 참조.

18) 앞의 김삼웅, 『민족·민주·민중선언』, 179-180쪽.

19) 앞의 김영호, 『한국언론의 사회사(상)』, 221쪽 및 앞의 박정희, 『우리 민족의 나갈 길』, 228쪽 참조.

20) 홍진표, 「한 골수 386 주사파 출신의 체험적 고백」(월간조선, 2004년 10월호) 참조.

21) 『이데아』 제1권 제9호(민주문화아카데미, 1990. 5. 19), 17쪽.

22) 김승대, 『러시아헌법론』(법문사, 1998)의 부록 「러시아연방헌법」 참조.

23) 김진균, 『사회과학과 민족현실』(한길사, 1988), 17쪽.

24) 편집부, 『학생운동논쟁사』(일송정, 1988), 206쪽.

25) 신복룡, 『한국분단사연구』(한울, 2001), 717쪽에서 인용.

26) 역사문제연구소에서 1994년에 발간한 『한국정치의 지배 이데올로기와 대항 이데올로기』라는 책 제목에서 따온 표현이다.

3장 과도기의 사상 변화

1) 성경륭, 「정치민주화와 경제민주화를 위한 국가의 역할」, 최장집·임현진 공편, 『시민사회의 도전』(나남, 1993), 334쪽 참조.

2) 정진성·이병천 편저, 『한국사회발전연구』(나남출판, 2003), 177쪽 참조.

3) 현봉철, 「산업의 첨단화와 기술정책 네트워크」, 『경제와 사회』(2005년, 봄호)는 여러 곳에서 이러한 사실을 말하고 있는데, 수긍이 가는 점이 있다.

4) 정성기, 「80년대 한국사회구성체 논쟁, 또 하나의 성찰적 재론」,

『역사비평』(2005, 여름), 61쪽.

5) 고려대학교 교육사철학연구회 편, 『민족교육의 사상사적 조망』(집문당, 1994), 244쪽.

6) 앞의 『이데아』(민주문화아카데미, 1990. 6. 2), 21쪽.

7) Myungsoon Shin, "Confidence in Public Institutions and Democracy in South Korea", KOREA OBSERVER 2006 SUMMER(IKS), 299쪽의 Table 10 참조.

8) 김영삼 취임사 참조. 여기에 보면 많이 가지고 있는 사람과 힘 있는 사람의 양보를 요구하고 서로가 많은 몫을 가지기 위해 경제 성장에 힘쓸 것을 다짐하고 있다.

9) 앞의 신복룡, 『한국분단사연구』, 729쪽에서는 김영삼이 주도한 '문민정부'가 효율적인 통치를 하지 못한 데 대하여 "(오랫동안의) 민주화(운동)에 탈진했을 뿐만 아니라 국가경영을 위한 경륜이 없었다."는 말을 하고 있다. 여기서 경륜이 없었다고 하는 것은 결국 지도자 개인의 무능을 말하는 것이겠거니와, 이는 결국 그의 무능성을 사전에 확인해 내지 못한 제도상의 민주적 여러 절차를 문제 삼는 데로 모아져야 할 것이다.

10) 김영삼 대통령의 취임사 중 일절임.

11) 앞의 박정희, 『우리 민족의 나갈 길』, 252, 255쪽에 경제 활동에서 개인의 창의성과 국가의 역할이 간접적인 수준에 그쳐야 함을 말한 부분 참조.

12) 김영삼 저, 『김영삼 대통령 회고록(하)』(조선일보사, 2001), 264-272쪽 참조.

13) 최장집 외 공편, 『한국사회와 민주주의』(나남출판, 1997), 384쪽 참조.

4장 탈기존 단계에서의 사상

1) Kim Ho-Ki, "Changes in Ideological Terrain and Political

Consciousness in South Korea", *Korea Journal*(Autumn, 2005), 124쪽 참조.

2) 예컨대 독일 헌법(1995년 개정 헌법) 제4조에서는 사상과 양심의 자유를 절대적 자유로 규정하고 있다.

3) 김종일, 「1990년대 이후 한국경제의 구조변화와 고용문제」, 『한국경제의 분석』 제12권 제2호(한국금융연구원, 2006년 8월) 참조. 이 논문에 의하면 한국 경제는 1990년대 이후 탈공업화에 따라 제조업에서의 고용이 감소하고 금융, 보험, 부동산과 기타 서비스업 분야에서의 고용은 증가되는 추세를 보이고 있다.

4) 앞의 신병현, 「1960, 70년대 산업화 과정에서 노동자들의 사회적 정체성에 영향을 미친 주요 역사적 담론들」, 98-100쪽 참조.

5) 민주적 조합주의에 관해서는 최장집 · 임현진 공편, 『시민사회의 도전』(나남, 1993)에 나오는 관련 논문들을 참조할 것.

6) 최광, 「민주주의와 자본주의 시장경제」, 『한국경제의 분석』(2004년, 12월), 79쪽의 역대 정권별 경제 성과를 비교한 〈표 2〉 참조.

7) 송원근, 「삼성의 경제력과 성장의 그늘」, 『역사비평』(2005년 가을), 37쪽 참조.

8) 이광일, 「성장 · 발전주의 지배담론의 신화와 딜레마」, 조희연 편, 『한국의 정치사회적 지배담론과 민주주의 동학』(함께읽는책, 2003), 232쪽 참조.

9) 앞의 서중석, 『배반당한 한국민족주의』, 277쪽 참조.

10) 권혁범, 『권력으로부터의 탈퇴』(삼인, 2004), 68-69쪽 참조.

11) 김지형, 「4월민중항쟁 직후 민족자주통일협의회의 노선과 활동」, 한국역사연구회 4월민중항쟁 연구반, 『4 · 19와 남북관계』(민연, 2000), 123쪽 참조.

12) 마크 셀든, 「미국의 대아시아전쟁과 민간인 희생」, 『역사비평』(2003년 봄), 116쪽 참조.

13) 노암 촘스키/장영준 옮김, 『불량국가』(두레, 2001), 54-55쪽 참조.